农家书屋实用手册

方允璋 著

國家圖書館出版社

图书在版编目(CIP)数据

农家书屋实用手册/方允璋著. —北京:国家图书馆出版社,2010.4

ISBN 978 - 7 - 5013 - 4009 - 5

Ⅰ.①农…　Ⅱ.①方…　Ⅲ.①图书馆管理—手册
Ⅳ.①G251 - 62

中国版本图书馆 CIP 数据核字(2010)第 049833 号

书名　农家书屋实用手册

著者　方允璋　著

出版　国家图书馆出版社(原北京图书馆出版社)

　　　(100034 北京市西城区文津街 7 号)

发行　010 - 66139745　66151313　66175620　66126153

　　　　66174391(传真)　　　66126156(门市部)

E-mail　btsfxb@ nlc. gov. cn(邮购)

Website　www. nlcpress. com→投稿中心

经销　新华书店

印刷　北京联兴盛业印刷股份有限公司

开本　880 × 1230(毫米)　1/32

印张　8.875

版次　2010 年 4 月第 1 版　2010 年 4 月第 1 次印刷

字数　230 千字

书号　ISBN 978 - 7 - 5013 - 4009 - 5

定价　32.00 元

序　言

　　认识方允璋是偶然，也是必然。以书为媒，我知道了她；从她的导师为她的著作所作的序言中，我初步了解了她。方允璋是福建省图书馆研究馆员、机读目录顾问，常年在一线从事图书馆服务、辅导与研究工作。她长期担任福建省图书馆研究辅导部主任、机读目录总监。进一步的接触，我感觉她是一位难得的坚持刻苦学习的人，是一位具有强烈的事业心，认认真真做事、勤勤恳恳治学的人，更是一位自觉关注民生，身体力行地帮助平民百姓、帮助弱势群体提高阅读能力和寻找知识能力的专家型践行者。据了解，她深受基层同志的支持和许多农民朋友的欢迎。可以说，允璋是我们时代造就的、保留着社会责任感和社会关怀的特殊知识分子群体的代表之一。前些日子，得知她又完成了一部实用性、普及性的专著《农家书屋实用手册》，很高兴，没想到她不久就送来书稿，让我得以先睹为快。

　　今日中国，正在积极转型，并努力行进在缩小城乡差距、城乡一体化发展的进程中。改革开放以来，国家连续颁布了 12 次惠农政策，并开始了旨在满足农民文化知识和精神需求的"农家书屋"建设工程。

　　其实，城乡差距并不仅仅表现在经济上和物质上，实际上更存有精神上和文化教育上的差距。三十年前，奥莱利奥·佩切依领导的罗马俱乐部，在奥地利萨尔茨堡召开的会议上形成的《回答未来的挑战——学无止境》的报告中深刻指出，对于农民来说，"即使在他过着贫困卑贱的生活时，他仍有一种天生的脑力，因而也就有一种学习的能力，这种能力目前尚处在相对中庸的水平，它可以被激发和提高到现有水平所望尘莫及的程度"。

　　建设"农家书屋"，是新农村公共文化建设的重要内容之一，也是激发农民内在潜能和提高农民文化水平，促使农民践行终身教育、终身学习和建设学习型社会的重要举措,允璋又一次走在了时代的前沿。探索在新农村公共文化服务体系建设中,如何提升公共服务效益,让送往农村的知识能"种"下去并且生根开花结果,帮助农民群众更好地自我学习、自主学习、自觉学习,激发和提升自身素质和学会终身学习的能力,这是一批有识之士所焦虑所期待的。多年来他们淡泊名利,风雨兼程,在农村广袤的田野里辛勤耕耘,结出了一批硕果,允璋的这本《农家书屋实用手册》就是其中杰出的成果之一。

首先,该书立意高远,视野宽阔,但又立足现实。作者运用信息学、图书馆学、人类学、社会学、民俗学、政治学(公共产品理论、公共服务理论)的理论和计算机网络知识,探讨了"农家书屋"的性质和建设问题,对于更好地建设"农家书屋"这个国家级的公共服务工程提出了重要的理论叙述,使这个综合性的公共服务平台更加贴近农村、贴近农民、贴近生活、贴近现实。

第二,该书注重指导性内容的可操作性。作为一本手册,作者针对当前互联网信息丰富、传播媒介多样、图书文献面临挑战的背景,致力于让农民群众更有效地读书学习,重在指导"农家书屋"建设的具体方案和民众获取知识信息的具体方法。书中每一个问题的设计都立足于简明阐述"是什么",对农民朋友有什么作用,并侧重于"怎么做"的过程性知识表达,一步一步地分解,具有极强的可操作性。

第三,注重"可行性"的实证检验。作者注重实地调研,注意从"他者"的立场去听、去记录、去参与、去观察农民的阅读特点、知识信息需求特点,进而在她的这本著作中采用了当下环境中各地乡村书屋因地制宜建设的生动事例,进一步说明了"农家书屋"这一公共服务平台的建设方法,从而使得该书指导性意见的可行性得到增强。

第四,本书注重"差异性引导",即提出了不同条件下"农家书屋"应该具有差异性的新观点。为此,该书注重论述怎样在农村地域差异、农户经济组织结构差异、文化传统差异、农村公共产品差异等不同情况下开展针对性服务,提升服务效益的问题。

　　第五，在写作上，该书的叙述采用问答方式，但在编排上有很强的专业逻辑性，也注意了文句的深入浅出，做到了图文并茂。因此它不仅十分适合广大农村读者，也适合为"三农"服务的各级机构的人员阅读，适合的读者群是很广泛的。

　　新农村建设离不开广大民众的学习和进步，学习型社会的建设需要"农村书屋"和学习型乡村的更大发展。允璋的这本著作在这方面作出了自己的贡献。虽然书中的一些具有前瞻性的阐述，有的带有理想主义的色彩，在复杂的农村环境中一时还难以实现，但是没有理想就没有社会发展的整体目标，没有理想也就缺乏身体力行的实践的动力。相信有更多的学者会积极参与到这项伟大的事业中来，为新农村建设发出自己的光和热！

陈宜安

2010 年 3 月 19 日于福州

目　录

第一章 写在"农家书屋"前面

1. 乡村有必要建农家书屋吗?

现代乡村建农家书屋有必要吗?回答是肯定的:"有必要。"

为什么"有必要"?可从以下4个层面回答。

(1)农业生产、农民生活需要知识信息,使得农村需要有"书屋"这么一个知识存储传递机构来承载

①农业生产需要知识信息。现代农业生产科学种田、科学种养殖知识含量不断提高;乡村生产结构调整需要更多的知识信息;农业日渐社会化的生产对社会依存加大,需要知识信息。

②农民需要知识信息。当前乡村正发生着深刻的变化,人们面对的是一个开放的大社会,在这个日益市场化和充满流动性的社会中,生产方式的改变,生活方式的改变,使得乡村人们与知识、信息的关系越来越密切。

从知识信息对农民个体的作用来看,乡民们获取生产资料、生活资料,科学种田,农产品加工、文化休闲、转移出来的劳动力就业培训等信息需求增加,农民,不管是个体还是群体,在面对机遇却又充满风险的现代社会中,必须获得政府有关"民生"的公共信息。农民必须学习,提高获取、吸收、分析、辨别信息的能力。从农民个体精神生活需求看,村民的价值观、人生观正发生前所未有的变化,农民的精神生活也正面临着改变。正如费孝通先生所说的:"在现代社会里知识即是权力,因为在这种社会里生活的人要依他们的需要去作计划。从知识里得到的权力是一种时势

权力。"①

(2)新农村建设需要"农家书屋"这样的公共知识空间

①农村公共文化建设滞后。毋庸讳言，一段时间来，农村公共文化建设滞后，农民精神生活状况不容乐观。原先集体制下（虽不是高质量，但是稳定和具有起码条件）的公共服务出现了普遍的危机②，乡村普遍修建的文化站、大礼堂等公共空间逐步蜕变为权力与经济的附属物，或者"空壳化"，一些农村文化建设处于"无阵地、无队伍、无作品"的"三无"状态。③公共文化产品缺乏，乡村公共文化生活日复一日，贫乏、枯燥，给农村消极文化现象的产生和发展留下巨大空间。不少乡村已出现"三知（资）（知识、资本、智慧）出农村，'五鬼'（老鬼、小鬼、残鬼、病鬼、懒鬼）留农村"，村民整体素质下降，主体性缺乏的现象。虽然，广播电视村村通已基本实现乡村全覆盖，丰富了乡村人们的文化生活，扩展了知识视野，电视已成为村民获取信息的主要来源，但广播电视也存在传播效果稍纵即逝，信息储存性差，记录不便也难以查询的缺陷。调查表明，农村互联网用户虽在提升，但在互联网应用的深度上，农村网民比城镇更浅，娱乐化倾向更为明显。④所以必须看到，电视资源、网络资源在农户家庭私人空间实现的同时，尚缺乏乡村公共知识空间去载荷，去对村民的公共文化生活产生更大的影响。

②贫困村民无经济力购买文化商品。国家出版总署领导接受中国政府网专访时谈到：从现实情况来看，图书在农村还是非常匮乏，农村人均拥有图书量，如果不包括小孩的课本，人均0.1册书/年，也就是10个人一年才有一本书。许多地方的农民，尤其是西部农民，

① 费孝通．从实求知录．北京：北京大学出版社，1998：175

② 黄宗智．制度化了的"半公半耕"过密型农业（下）．读书，2006（3）

③ 加强新农村建设是当务之急．光明日报，2009-04-03

④ 赵樨．去年新增网民四成来自农村：互联网发展潜力巨大．经济日报，2008-06-05

有十年没有买过一本书的家庭。① 这反映了农民个体、家庭缺少读书条件、缺少文化知识的情况依然普遍存在。知识贫困的"代际继承效应"又直接或间接影响农家孩子的受教育条件。然而读书受教育，提高公民素质，获取公共知识信息不仅是个人的事，而是农民基本的文化权利，是政府的责任——政府必须提供的公共物品，提供必要的公共服务。

（3）有利于改善农民的能力贫困

与收入贫困概念相比，能力贫困是一个更深层次和更加全面的概念，是基本生存与发展能力的匮乏与不足。在目前的中国农村，由于农民基本生存能力的贫困、教育的贫困、知识和信息的贫困、精神和观念的贫困以及农民组织化的贫困等"能力贫困"的制约，导致了农民即便在丰富的信息资源面前仍处于无法或无力发现、表达、获取、吸收的弱势状态。由此更加重了农民主体地位的"弱位"状态。信息化专家提出农村信息化扶贫"两点论"，即"农业和农村信息化扶贫建设，最重要的是要有丰富的信息资源实现共享，农村信息化要多元化、低成本、本土化"是很切合乡村实际的。建设好农家书屋将使得农民可以在家门口近距离获取知识信息，并在书屋这样的公共知识交流场所参与交流，改善能力贫困。

（4）丰富村民的公共生活

虽然不少村庄已有了村文化活动中心、老人会、祠堂等村民公共生活空间，但是农家书屋不管是独立的空间也好，融入到传统的公共空间也好，它都以公共性为宗旨，以知识信息提供与服务为特征，丰富、充实着村民的公共生活。

总之，农业转型需要知识信息，农民的知识信息诉求需要农家书屋，新农村建设需要农家书屋。向农村提供农家书屋这样的公共物品是政府的责任，也是农民自己的事。

---

① 　柳斌杰．中国政府网专访．http://baike.baidu.com/view/2032177.htm

2. 农家书屋是不是就是一个图书馆?

农家书屋就是一个图书馆吗? 回答应该为:不全是。农家书屋在功能、管理及运营机制上有自身的特点:

(1)农家书屋是公共图书馆的一个节点,但书屋一定要与图书馆发生关系

农家书屋是图书馆延伸服务中直接面对乡村群众的低端口,农家书屋的文献资源采集、归类整理、阅览流通借阅、推广辅导、数字信息服务等与图书馆工作相通,需要得到图书馆的支持。

(2)"非专业化"、"非标准化"

"乡镇工作有强烈的非标准化、非专业化、临时性和综合性的特点。"[①]书屋非专业化体现在两个方面,一指书屋管理员多为身兼数职,处于"上面千条线,下面一根针"状态,忙于应对执行上级各部门的部署,大都无法很"专业"地学习掌握信息组织知识技能。二指乡村书屋文献资源存量不大,不需要很多复杂的信息组织专业知识。"非标准化"则指不同的农家书屋差异性大,受众的"地方性"明显。

(3)村民自我服务、自我管理

倡导农民主体自我服务、自我管理是书屋可持续发展的重要保证,也是农民自己的事。书屋管理员来自村民,他们与广大村民互为主体的同时,扮演着乡村知识受众与公共文化服务人员的双重角色。他们中多为兼职或半义务。但他们多没有稳定的"工资"收入,流动性大,也就影响着服务的延续性。

(4)综合性较强,运营机制较灵活

书屋在运营中需要社会多渠道援助。一方面,政府各部门、各地区在推动农村文化建设中,不少地方政府逐渐在类似项目中开展诸如"三网合一"、资源整合、信息共享,构建多元化、低成本的知识信息传播体系。另一方面.农家书屋、村信息站需要积极配合农民合作

---

① 贺雪峰. 农村公共服务市场化改革为什么错了. 南方周末,2008-01-27

经济组织等,参与调动涉农单位、农产品经纪人、农技员、村干部、农村信息员的积极性,促使产生有效互动等工作,其综合能力、运营机制就不能太"教条"。否则,不仅书屋"孤掌难鸣",村民利用也不方便。例如新闻出版总署就同意:具备条件的书屋,政府鼓励支持其开展出版物经营活动,通过经营收入支持"农家书屋"的良性发展。①

3. 一个好的农家书屋到底能发挥哪些功用?

（1）要有村民"用得上"的书刊

农家书屋,顾名思义,是为农家所开,为农民所用。那些与农民生产、生活密切关联的实用类书报刊才是农民朋友们所盼所需所喜爱的。江苏新沂市港头镇新圩村一村民在该村"农家书屋"阅览时说了一番话:"我们农家书屋里的品种繁多,不仅有养殖业的、保健知识的,还有供电公司送来的安全用电书籍,这让我们老百姓不出村就能学到安全用电常识。"农家书屋的书架上存有这些知识性、实用性的图书报刊,农民读者的进屋率、阅读量肯定是会大幅提升的。

（2）知识与信息共存并举

农民是讲求现实的。这是农业生产靠天吃饭,农民面对残酷的市场竞争的双重风险的现实性决定的,农民在生产经营中除了知识需求,还需要大量的种子、肥料、农药等生产资料信息,灾、疫、市场经营、务工信息。"中央和政府为了保护农民利益,发展农村经济作了多少批示,颁布了多少法规,给农民补贴了什么钱……这些信息,他们无从知道。农民关心自己的命运,却不知道怎样保护自己。"②政府信息公开、地方政务公开可以缓解农民信息不对称状况,可是农民要去哪里查阅,他们不知道。所以,农家书屋承载与传递交流的必须是知识与信息共存并举。这也是当代农家书屋的重要特征之一。

---

① 新闻出版总署等 . 农家书屋工程实施意见 . http://baike. baidu. com/view/2032177. htm

② 汪洪亮 . 农民为什么不读书 . 四川农村日报,2006-10-30

知识与信息就表面上看,他们的功用有所不同,换句话说,"信息"与"知识"是"标"与"本"的关系。信息只能是"展示"当前状况,而无法改变现实,能改变农民个体现实的必须靠知识、靠智慧。所谓"知识改变命运"就是这道理。"农民需要读书"也是这个道理。

(3)书屋应成为寻找知识的窗口、通道

当代有一句名言叫做"知识的一半就是知道到哪里去寻找它"。意思是说有知识的人不仅指广闻博记,还要知道查找知识的方法、路径。事实上,即便一个大图书馆也装不下海量的知识信息。所以,书屋不仅要有适量的书刊提供,还应该有接受社会各种延伸服务、获取知识信息的通道,成为乡村与外界信息交流的窗口,传授读者查找获取知识信息的方法,提高农民获取信息的能力。不仅要"授人以鱼",还要"授人以渔"就是这个道理。

(4)书屋应成为乡村公共知识空间

公共知识(信息)空间是公共空间的一种类型。"公共空间一般指称公共生活领域,主要由公共场所、民间社团以及传播社会舆论的媒介等组成,它是专门用于人们交往的环境和空间"。[①] 农家书屋、农村信息站、村文化活动中心、村图书馆(室)都应是这样的公共知识(信息)空间。其间理应汇集各种书、报、刊、广播、电视、互联网等媒介,承载着包括国家的、地方的、科学技术的、文学艺术的信息资源。村民们在书屋阅览、培训、讨论、听讲座、看电视、聊天,发表自己的见解,书屋成为村民们一种新型的公共生活场所。

(5)书屋必须是一个乡村社会道德"公器",是村民们精神慰藉的标志之一

农家书屋与图书馆一样是一个独立的社会"公器",一个开放的社会"场域",一个独立的话语空间。它不受宗教的、社会的、商业的权利的粗暴支配,村民们在书屋自由阅读、查阅政府公开信息、村务

---

① (德)尤尔根·哈贝马斯著;汪晖译.公共领域,1964.转引自:汪晖,陈燕谷译:文化与公共性.三联书店,2005:125-133

公开信息,发表意见产生公共舆论,参与文化创造,营造文明乡风。书屋就像传统乡村的祠堂、太平仓(粮仓)、学堂等准公共建筑与其所蕴涵的内容,都是某个村落共同体精神与物质可慰藉的标志。

4. 为什么强调书屋要有"差异"?

"差异"是农家书屋的特质。"差异"是农家书屋切实发挥作用所不可忽视的。为什么这么说?

(1)区位经济发展差异的影响

"区位"是自然地理区位、经济地理区位和交通地理区位在空间地域上有机结合的具体表现。我国幅员辽阔,不同的地理位置、气候、地质等自然环境下,乡村人们所能获得的自然资源不相同,生产条件各异决定了农民对知识信息需求表现出地域差异性和多层次性。因地利,因工业化、商业化程度差异等外部条件作用,地方经济发展的速度与途径不相同,区位经济发展差异影响着政府农村信息化建设的进程,也影响着农家书屋建设的规模。

从区位受众群体看,以福建为例,在城市化工业化进程中,农村区位也随之发生变化。大体可分为城郊农村、沿海农村、偏远农村。区位性、群体性贫富不均明显,村民文化消费层次差异明显。

(2)结构性差异的影响

与传统比较,当今农村的人口结构、产业结构、农户经济组织结构已经发生很大变化,出现了结构性的差异。首先,农村两亿劳动力外出,对农村的人口结构、家庭结构产生巨大的影响,出现九九六一"两头沉"。其次,快速工业化、城市化进程,农村产业结构分化明显。第三,农户经济组织结构的差异。当今,农民已经分化,出现分层。调查表明,当前农户经济组织结构大致分为:一是以农业为主,目前在乡村种养殖规模小、专业化、社会化、市场化程度低,生产结构单一的是最贫困的。二是兼业经营。大量外出兼业经营农民工更是典型的例证。三是专业化农户出现,农民合作经济组织相继建立。其生产目标已不再是为家庭生产粮食,或为城市生产剩余,而是为了通过最大限度地利用自然资源、人力资源,即多种经营。其生产方式已是知识、技术较密集与资源密集型的结合体。四是农业户籍,但已是非农性质的了。农户经济组织结构的差异对整个村庄生产结构、生产方式有着极大影响,也使得村民个体的知识信息需求在类型上、系统性、系列化方面出现差异,以至于不同乡村书屋在提供文献资源、提供服务功能上产生差异。

（3）农村公共产品的差异

根据公共经济学理论,农村公共产品按基本属性可划分为:农村纯公共产品(如义务教育、公共卫生、最低社会保障、农业科技成果推广、病虫害防治等)和准公共产品(如农村职业教育、农村水利灌溉系统、农村道路、乡村电网、农村电信、农村文化馆等)。纯公共产品具有均衡发展的特征,准公共产品则具有差异发展的特征。农村公共产品按受益范围可分为全国性(由中央政府负责提供)、地方性(由不同层级的地方政府组织提供)、农村社区范围内(由农村集体来提供)三类。①

综上所述,农家书屋是纯公共产品与准公共产品的集合体,也就是说,地方政府、村集体也有提供这样的公共产品的职责,才能满足不同地域、不同社区村民生产、生活需求的差异。

（4）"本土知识"差异

"本土知识"(Indigenous knowledge)指"某一特定区域内的人民在过去比较长的时间内创造出来的,并在继续创造的知识"。"本土知识"根植于原住民小区的社会理想和实践、制度、关系、习惯和器物文化之中,是传统文化的重要组成部分;本土知识特别与农业生产、人类健康、生物多样性保护、自然资源管理以及教育和知识创新密切相关,是穷人生存的重要资本,是发展不可或缺的知识财富。②

---

① 樊继达．统筹城乡发展中的基本公共服务均等化．中国财政经济出版社,2008:49-50

② 张永宏．本土知识与人类学传统．广西民族研究,2009(2)

（5）地域文化传统差异的影响

俗话说，"一方水土养一方人"。不同的地域环境孕育出不同的地域文化。从地域文化传统来解读一地的经济发展模式，可以明显看出不同文化传统对知识信息需求价值取向的影响。仍以福建为例，福建境内多山，山脉与河流将它基本分割为闽东、闽南、闽西、闽北、闽中几大部分，在此基础上形成的多方言区，加剧了福建各区域间交流的障碍，因而历史上也形成了相对独立的文化区域，各区域又形成了有自己特点的文化，不同区域文化传统深深影响着乡民求知心态。闽北地区自古以来山林资源丰富，土地肥沃，自给自足的自然经济的长期浸润，理学的熏陶，熏染了乡民勤劳、平淡、安土重迁的乡风。注重在农地山林科学种养殖，发展生产，乡民读书求知风气较浓，多年来民众自发的各种读书结社此起彼伏可见一斑。闽中莆仙地少人多，向来有"地瘦栽松柏，家贫子读书"古训，知识改变命运观念根深蒂固。而在沿海，虽有"爱拼才会赢"的精神，地方也有出洋谋生求生存求发展传统，但亦存在"海洋游牧"的敢拼搏但不守秩序的莽撞、投机、浮躁。不同的文化传统至今仍影响着民众的知识信息需求的价值取向。

总之，"差异"是藏在"乡土味"之后的另一种别样的东西——没有差异就没有农业生产的多样性，就没有农产品市场的丰富度，就没有文化的多样性。没有差异中国文化就没有了个性，农民也没了个性，农家书屋也就失去了动人的鲜活性。

需要强调的是，不管各地农家书屋差异有多大，综合性有多强，农家书屋的社会职能还是有其相应边界的。即：其性质是公共物品，其服务以村民读书学习休闲、引导公共知识信息发现、获取、交流为主旨。

5. 寄语农家书屋

在国家正在加大的新农村公共服务体系建设中，有人称农家书屋工程、文化共享工程、送书下乡工程"犹如一颗颗珍珠洒向广大农村",诗一般的语言令人陶醉。可作者宁愿将它们比作一颗颗早春的种子,播种入广袤的乡村,通过辛勤耕耘,生根、发芽、开花、结果。因为,众所周知,"公共资源的最大麻烦就在于公共所有。属于所有人的东西就是不属于任何人的东西,愈是公共的东西就愈没有人认真加以照顾,这是亚里士多德早在几千年前就认识到的问题。既然搞不清楚这些东西究竟属于谁,于是很多人都想从中大捞一把,那么公共资源很快就会变得稀缺了。对于土地、牧场和林场还好说,流动的水和游弋的鱼又如何产权清晰化呢"。① 同样的,国家"自上而下"送往乡村基层的"纯公共物品",几乎遍布乡村的居民健身器材、篮球场,由于其钢筋铁骨地钉在地上,农民群众为能从中长期受益而拍手叫好。但像图书、电脑这样"珍珠"般的公共物品,不仅是可移动的,还需要配以公共服务这样的"中介"才能发挥效用,从这个角度讲,它们只是起推动作用的"外生力"。农村种种差异决定了农民主体必须参与农家书屋发展,才能促使其产生"自下而上"的"内生力"。二者有着方法论上的区别,一是"送文化",一是"种文化"。

农家书屋虽不及乡村的村部那样具有"村民自治"行政权力的显赫,不及宗族那样有天然的血缘纽带的关联,不及村庙那样朝圣者众多香火缭绕,不及中小学校义务教育那样已受专门法律保障,作者也无意把农家书屋比作"乌托邦",描绘得无所不能包打天下,但农家书屋作为乡村公共知识空间有自己独特的任务——追求自由、平等、和谐、开放、资源共享,提升乡村人们生活质量。社会发展至今天,虽然中国农村已发生很大变化,但还保留着浓郁的乡土性。在改革开放三十年历经"书荒"到"书海"到"海量信息"的嬗变中,人们面对海量知识信息,一方面信息泛滥,一方面信息贫乏。尤其是贫困村民,发现、获取、吸收、消化知识信息能力的弱势,严重影响着有效利用知识信息。而二十年来乡村图书馆建设潮起潮落,"前仆后继"似成规律,其中的经费问题、管理与人员问题、信息资源不对称问题

---

① 顾昕.诺贝尔经济学奖缘何颁给政治学家.读书,2010(1)

都是耳熟能详的,而一味地套用城市图书馆传统那一套服务方式也是难以适应乡村图书馆的原因之一。

所以,农家书屋在建设进程中还将出现许多困难与问题,并因其差异性、动态性、综合性、非专业化、非标准化等特点,必定让人们不断地提出问题,不断地去实践、探讨、解决问题。但这并不妨碍我们从不同角度去考察当代农家书屋的基本特征与基本功能及其合作方式。因为,毕竟文字、书籍是沟通社会思想的最重要的交流工具,"农家书屋"、"村信息站"、"村文化活动中心"、"乡村图书馆",不管用什么称呼,不管以哪种模式出现,都必须具备一定的职能。而履行这些职能必须具备的,相对可供参照的科学性与规范化管理是不可或缺的。为此,作者尝试着结合在新农村文化建设中政府与社会"外推力(送文化)"与激活乡村人们主体获取知识信息的"草根性"、"国民性"的"内生力(种文化)"在农家书屋的相互作用,阐述当代农家书屋是什么、怎么做,以求能给农家书屋工作一些帮助。作者期待着来自农家书屋管理者、农家书屋利用者、专家对本手册的批评。

第二章　农家书屋设置

1. 农家书屋怎样选址？

无论是私人宅院还是公共场所建设,选择合适的地址从来都是最受人重视的一个环节。千百年来中国广大乡村祠堂、太平仓、寺庙、戏台、戏场、村口、"饭场"这样的乡村公共空间,人们不仅在其中进行信息交流传递、娱乐休闲、社交,并在传统血缘关系的族规、家训规范下,在社缘关系乡约的约束下,乃至在宗教民间信仰的禁忌威慑下产生公共舆论。农家书屋作为公共场所(空间)是乡亲们获取公共知识信息、过公共生活的地方。这种新型公共信息空间建设,选址更应注意以下问题:

第一,持续性、常在的独立空间。指农家书屋选址要从实效性出发,一般情况下,可利用现有的诸如村俱乐部(村活动中心)、农民文化技术学校、乡村中小学校、村礼堂等村公共文化设施,也可以设在祠堂、寺庙等乡村传统的公共场所这些"常在的"公共场所,不一定要独立建馆舍,但必须有独立的空间。

第二,地理位置上接近村民。我们来看国家对相关类型的公共建筑要求。国家文化部第 48 号《乡镇综合文化站管理办法》对文化站选址要求:文化站定位于交通便利,人口集中,便于群众参加活动的区域,一般不设在乡镇人民政府办公场所内。《公共图书馆建设标准》第十七条"公共图书馆选址的要求:宜位于人口集中、交通便利、环境相对安静、符合安全和卫生及环保标准的区域"。

2. 农家书屋面积有什么要求？

农家书屋"麻雀虽小五脏俱全"，一样要有馆舍、图书、设备、管理员等基本要素。同时，农家书屋作为乡村文化知识信息的集散空间，应具有集信息服务、教育培训、文化娱乐等多种文化服务功能和能力。那么，基本满足现代农家书屋履行职能的面积要多大？《乡镇文化站管理办法》指出，文化站基本功能空间应包括：多功能活动厅、书刊阅览室、培训教室、文化信息资源共享工程基层点和管理用房，以及室外活动场所、宣传栏等配套设施。基本面积一般不低于60平方米。当然越宽敞越好，否则难以履行基本职能，也难吸引群众。

3. 现代技术因素对书屋使用面积的影响如何？

有人认为，电子图书的使用，互联网上的海量信息，电视节目丰富多彩，获取信息媒介越来越多，纸质图书利用率在减少，所以书屋面积也会越来越小的。实际情况并不是这样。根据公共经济学理论，农村信息基础设施建设和信息服务具有明显的效用的不可分割性。

第一，电子图书、网络信息利用时必须有电脑，电脑桌、椅，上互联网的设备设施等。它们占用的空间位置并不小。

第二，数字技术正广泛地融入到文化知识服务中，成为公共服务的一个项目。人们看到，北京奥运会开幕、闭幕式、各种大型节日庆典、重大公共事件公开等，城镇广场人流集中区都开放了巨大电视荧屏，群众自发地聚集收看，虽然大部分乡村没那么大型的设施，但是像远程视频会议，农村党员远程教育等也都普遍地采用相关设备，组织集体收看活动。所以村活动室、书屋也一样要有电视节目服务和越来越多的数字电子信息资源服务，这些服务是通过书屋提供电视机、计算机终端实现的。电视节目、数字资源的增加将导致计算机设备的增加，而计算机终端数量的增加又将导致书屋空间的扩展。

第三,纸质书刊仍然是人们读书的重要载体。纸质书刊仍是图书馆、书屋重要的物质基础。即便是发达国家对公共图书馆的文献类型配置,也是以纸质书刊为主的。

4. 农家书屋内部如何布局?

农家书屋内部用房布局可以有多种方法。传统的有:根据动静(学习室、休闲室等)区分法;按读者对象(老、少)区分法;按文献类型区分法,如印刷型书、报、刊室,电子阅览室等。也可以几种方式相互交叉兼顾。总之,以实用、方便、集聚人气为宗旨。以下推介近年国内外社区图书馆(室)越来越多采用的、较为实用的布局法。

(1)综合一体格局

集书刊阅览、讲座、培训、展览、文化休闲活动综合一体的格局,不仅方便阅读获取信息,利于聚人气,灵活安排活动空间,也有利于集中管理,节省人力物力。经过多年实践检验,国内新建扩建的乡村文化站、图书馆(室)多为综合一体格局。

(2)按功能分区

实际上,这是上述"综合一体格局"的细化。具体而言,就是将纸质书报刊借阅区,电子书刊阅读及网络信息资源查寻区,电视、视频节目播放、培训讲座区,乡土读物区,儿童区(读书、讲故事、手工技艺传习),休闲娱乐区等整合在一个大空间内,各个分区(角)各取所需,各得其所,并然有序。

图2-1　福建沙县青州镇文化站阅览室

图2-2　厦门图书馆灌口镇分馆内
"乡土读物"区、共享工程阅览区、少儿角

图2-3　美国俄勒冈州社区图书馆

（3）分室布局

这是传统的布局方式。具体视该书屋建设的规模、功能多寡、综合性强弱而定。近年乡村文化活动中心有不少利用中小学大量合并后留下的校舍，利用修建的祠堂等公共建筑，这些建筑物格局就是分间的。书屋借阅室、活动室、培训室、棋牌室等分开设置，也很不错，但各室管理多要依仗使用者自我服务。

5. 农家书屋设备配置有哪些要求？

书屋的设备包括家具配置与现代技术设备两部分。

家具是书屋开展服务必不可少的物质保证。技术设备是现代书屋越来越普及的配置，与开展有效信息服务具有不可分割性。同时，家具和现代技术设备也制约着书屋的使用面积。家具和现代技术设备配置应注意以下几方面。

（1）设备型号的通用性。通用性的好处一是保证相对规范化、标准化；二是可降低设计制作成本；三是便于上级业务部门辅导，解答疑问；四是便于各村书屋之间设备维护的知识技术交流与促进。关于通用性的好处，不妨打个比方，现在农村居民购买家用电器，一般都希望国内质量较好的、通用性高、售后服务好、维修方便的，正是此道理。

（2）适用性。适用性的意思是并非家具越多越好。设备包括：①用于纸质书刊存放的书架、书橱、报刊架，读书阅览桌椅。②读者培训、听讲座、观看电视节目、视频资源用的桌椅等。③越来越多的农家书屋已经或将要增加接收、存储、传递数字资源的设备，如电脑、投影仪、移动播放器以及电脑桌椅等等。

（3）经济性。是指设备配置要讲求实惠，要量力而行。

书、报、刊架配置要注意的问题：

①书、报、刊架的材质要求。书报刊架承载纸质文献密度高，重压大，最好用钢架或实木或合成材质，比较稳妥不变形。钢书架还有一好处是可以根据需要，灵活调节层架的高度，最大限度地利用空间。

②书架用度测算。

A. 书架长度测算："每册图书平均厚度×预设藏书量＝书架基本长度"。例如按图书平均1.5厘米/册的厚度测算，某书屋计划藏书2000册，即1.5厘米×2000册＝3000厘米（30米）。一般情况下，还必须为图书分类排架预留一些长度，譬如按书架30米基本长度的五分之一量增加，即36米，为某书屋书架总长度。

B. 书架高度测算：由于现代图书版式多样，建议每层高度不低于35厘米，每个书架一般不超过五层（太高不方便，视室内布局设计情况，靠墙的用单面架，非靠墙的用双面架）。如果每个（面）书架长1米，高五层，那么这个书架长度就是5米。

C. 书架设置的密度测算：参照我国《公共图书馆建设标准》，书屋各服务项目用房面积配置（表2-1）。

表2-1　《公共图书馆建设标准》中有关设备配置

项目	内容	用房配置
阅览藏书区	包括工作人员工作、休息使用面积。开架书库还包括出纳台和读者活动区。	使用面积:闭架书库280—350册/m²;开架书库250—280册/m²;阅览室藏书区250册/m²;
少儿区	少年儿童的期刊阅览室、图书借阅室、玩具阅览室等。	阅览坐席使用面积:1.8—2.3 m²/座。
多媒体阅览室	电子阅览室、视听文献阅览室	阅览坐席使用面积:4 m²/座。总面积要满足"全国文化信息资源共享工程"终端设置和开展服务的需要。
综合活动区	用于陈列展览、讲座、读者活动、培训等。	设50—300 m²的综合活动区

开架阅览的双面架间距离一般80厘米左右,以方便读者读书、找书、选书活动。

闭架书橱用处:用带玻璃门书架展示与管理,闭架书橱一般用于保存并展示少量的有特殊史料价值的文献(如家族谱牒文献、家乡名人手稿真迹资料等),需要时由管理员提供阅览。

阅览桌椅高度:阅览桌一般高度75厘米,椅子一般高度45厘米。

闽西永定县政府在实施农家书屋工程中,采用统一配置书架、阅览桌椅设备的方式,确保援助农家书屋项目落实到位。以下是福建永定县农家书屋设备配置方案中设备样式参考(见下页图2-4)。

数字信息传递设备村级服务网点配置标准:

数字资源的接收、存储、传递、播放设备的配置因信息技术发展快、电子产品更新快等原因,成为农家书屋设备配置中亦喜亦忧的新问题。文化部文化共享工程国家管理中心每年为村级服务点提供有"数字信息传递配置的'选配项目'方案",可供农家书屋选择参考。表2-2是为2009年文化共享工程村基层服务点按照5000元预算提供的配置方案。

图2-4　福建永定县农家书屋设备配置方案图版

表2-2　村级服务网点配置标准（2009 年度）

选配项一

分类	序号	设备名称	配置及关键特性	单位	数量	备注
普通 PC	1	PC	Intel E7400 以上或 AMD 同档次处理器，内存容量 2 GB，硬盘容量 160 GB，光驱类型：DVD-RW，19 英寸液晶显示器，正版操作系统，具备系统还原功能，原厂商 3 年以上免费现场质保，建议具备主动管理或同等远程管理技术。	台	1	IPTV

选配项二

分类	序号	设备名称	配置及关键特性	单位	数量	备注
投影机	1	投影机	DLP 显示,标准显示分辨率 1024 * 768,对比度 2200 : 1,光亮度不低于 2500 流明,投影灯泡寿命不小于 3000 小时,配 100 英寸以上幕布。	台	1	互联网、卫星、有线/数字电视。

选配项三

分类	序号	设备名称	配置及关键特性	单位	数量	备注
IPTV	1	电视机	32 英寸以上,屏幕比例 16 : 9,分辨率 1366 * 768,兼容 1080P 信号,	台	1	互联网、有线/数字电视。
	2	IPTV 机顶盒	支持视频格式:MPEG-2MP/ML、MPEG4 SP/ASP、MPEG4 AVC/H. 264、AVS;支持音频格式:MPEG-1/2/3,MPEG-4 AAC;支持图像格式:JPEG、BMP、PNG、GIF;支持网络接口:双 RJ45 10/100Base-T 接口;视频输出格式:PAL/NT-SC。	台	1	

选配项四

分类	序号	设备名称	配置及关键特性	单位	数量	备注
移动播放器	1	移动播放器	容量 250 GB 以上,支持高清数字资源播放,具备身份认证、资源录入、日志记录、统计汇总功能,数据格式符合运行管理系统相关要求。	台	1	IPTV、互联网、卫星、有线/数字电视。
	2	电视机/投影机	电视机 32 英寸以上或投影机标准显示分辨率 800 * 600,对比度 2000 : 1,光亮度不低于 2200 流明,投影灯泡寿命不小于 3000 小时,配 100 英寸以上幕布。	台	1	

选配项五

分类	序号	设备名称	配置及关键特性	单位	数量	备注
电视机	1	等离子电视机	42 英寸,分辨率 1366 × 768,等离子电视比例16:9,面板寿命 60000 小时,PAL、NTSC、SECAM 接收制式,TV 端子/AV 端子/分量/HDMI/D-Sub/S-Video 输入至少各一组。	台	1	IPTV、卫星、有线/数字电视。

选配项六

分类	序号	设备名称	配置及关键特性	单位	数量	备注
高清播放	1	高清视频播放机	1 GB 内存,500 G 硬盘;10/100 M 网卡;支持用户使用记录监管,自动升级;支持高清数字电影放映;支持遥控器操作;支持活动硬盘。	台	1	IPTV、互联网、卫星、有线/数字电视。

选配项七

分类	序号	设备名称	配置及关键特性	单位	数量	适用类型	备注
5000 元增值方案	1	IP电话	2 个以太网接口(RJ45):10Base-T/100Base-TX,10/100 Mbps 自协商,MDI/MDIX 自适应,兼容 IEEE802.3/802.3u,VLAN 标记。其中 LAN 口支持 IEEE802.3af 标准以太网供电(PoE)。	部	1	IPTV、互联网	该方案是在 5000 元方案的基础上增加 IP 电话设备。要求当地要有网络条件,且县中心需要选择相关设备。
		5000 元方案	相关标准参见上表。	台	1		

6. 农家书屋如何配置文献资源?

农家书屋文献信息资源配置包括:文献数量配置、文献类型配置、复本控制和剔旧更新。

(1)文献数量与类型配置

关于"数量"的基本配置。国家新闻出版总署出台的《农家书屋工作建设管理办法》(以下简称《办法》)规定,每个农家书屋配备图书一般不少于1500册,报刊不少于30种,电子文献不少于100种,还规定了农家书屋必备出版物的配备保证(具体见《办法》)。一些省政府部门制定本省农家书屋实施计划中也规定了相应的文献配置数量。可见馆藏量是书屋建设各项指标的核心。但是《办法》尚未规定"人均"数量,也就未能实现农村群众的"文献保障率"。

有条件的农家书屋最好是根据村庄"人均拥有图书"的基本量来配置,以保证有基本量的文献投入流通。具体配置量可参照我国《公共图书馆建设标准》第二十一条"文献资源的数量与品种调整的方法":人均藏书量不应低于0.6册(5万人口以下的,人均藏书量不应少于1册)。美国爱荷华州公共图书馆的馆藏数量以人口测算为基本依据订立的《服务爱荷华:公共图书馆质量指标》要求:传统纸质藏书量的配置不低于人均3册,[①]即3册×村庄人数。

关于书屋文献的补充与更新。调查统计表明,一个拥有3000册藏书量的书屋,若不补充,两年以后就基本没有读者了。因为,在这个知识呈几何级数增长,科学技术迅猛发展的时代,文献(尤其是科技文献)的"半衰期"(时效)越来越短。因此农家书屋的文献资源配置不是"一劳永逸"而是要不断补充,动态更新。

(2)品种与复本控制

所谓复本,指同一种图书收藏多册时,第一册以外的称复本。

[①]　张广钦.国外公共图书馆建设标准与规范概览.北京:国家图书馆出版社,2009:40

复本量指所收藏的每个品种图书的数量。书屋为每个品种图书配置的复本数量不可能是统一的,例如为某一种书配置两个复本,而为另一种书配置三个复本。复本率则是以某一书屋的藏书总册(件)数量÷藏书的种数。例如,某书屋藏书总量2000册(件),计1000种,那么其复本率为2000÷1000=2。

复本量与复本率的确定,主要要考虑该书屋的服务对象情况,即村庄人口数量与构成(如某村庄居民知识结构怎样、该地区经济主业是什么)以准备出借图书的期限等要素。一般有如下表现形式:

①种多册少。主要指使用率较高,可使用时间较长的工具书等资料。如《辞海》《现代汉语词典》。

②种少册多。有共同需要,使用时比较集中的知识性文献。例如某村大部分农户以葡萄种植为主,那么,与种植葡萄及产品加工有关的图书复本量应相对多点,以满足用户需求。

③种多册多。普及性的,例如少儿读物,安全、保健等常用性书籍。

④种少册少。具有史料价值的、地方记忆的,如家族谱牒等。

(3)更新

在新书入藏的同时应及时剔除旧书,以保持藏书的活力。(参见第三章关于"剔旧"的叙述。)

7. 农家书屋管理员的岗位职责怎样?

人力资源是农家书屋保障正常运营的重要因素。国家出版总署给农家书屋管理员的岗位职责主要概括为管理、服务与创新3个方面。

管理:做好农家书屋的各项管理工作是书屋得以正常运转的前提与基础。农家书屋管理的主要对象可分为图书等各类出版物,场所与配套设施,以及接收、服务各运行环节。基本要求是保证农家书屋正常运营,保证农家书屋发挥功效。

服务:管理好农家书屋的目的是向农民提供服务。农家书屋管理员的服务对象是所在村子的每一位村民。为农民群众服务是农家书屋最基本的功能，也是农家书屋管理员最根本的任务。管理员首先要做好借阅服务，保证服务质量，包括保证农家书屋的开放时间、服务态度，方便村民来农家书屋阅读和外借阅读，并做好信息服务。

创新：指在做好基本服务的基础上，书屋管理员还应该开动脑筋，多想办法，发挥自己的主动性和创造性，以农家书屋为平台，为村民提供更多的延伸服务。农家书屋不仅是村民家门口的图书馆，而且是村民身边的信息交流站，是农村的文化生活园地，是塑造新型农民的文化课堂和培训基地。

要履行以上书屋管理员职责须要具备以下条件：

（1）热爱图书工作，有敬业精神；

（2）有一定的文化素养，较宽广的知识面；

（3）了解乡土文化；

（4）有较强的亲和力，善于沟通与交流。

当代美国著名的教育家、图书馆学家杰西·豪克·谢拉认为，一个优秀的图书馆员应具有以下三点：其一，具有综合性知识并熟悉自己负责管理的各种资料；其二，具备以对他人有用和有意义的方式将这些知识传播给他人的能力；其三，还有幽默感。[1] 国内权威媒体也指出，"新农村文化建设的主体应该是农村的高人、能人、强人和文化人。应该是集组织者、参与者、活动专家于一身，让他们通过传授具有乡土特色的文化知识和文化技能，去编织农村文化绿洲"。[2] 这些论述都是很具现实意义的。

农家书屋管理人员应有怎样的基本保障？

责任与权利从来都是相辅相成的。农家书屋管理员既然有准入条件，有责任，就必定要予以相应的权利基本保障。书屋管理员无论

---

① （美）杰西·H.谢拉著；张沙丽译. 图书馆学引论. 兰州：兰州大学出版社，1986

② 拒绝农村消极文化，四步切实推进新农村文化建设. 人民日报，2008-01-09

专职还是兼职都必须有固定的酬劳,否则管理人员无法长期工作下去,也就谈不上书屋的"可持续发展"。作者在长期乡村调研中感受过农民自办图书馆、读书社、文化站的动人事迹,但创办者大多坦言,举办像图书馆这样的公益服务机构,缺少投入,没有报酬而陷入生活困境时,需要靠顽强的精神支撑,即便这样还是难以为继。所以管理员合理的报酬是农家书屋可持续发展不可或缺的基本条件。福建省政府已开始实施"村级文化协管员"补贴政策,武夷山市实行了"村信息员"补贴政策。

8. 农家书屋怎样争取并使用经费?

经费是制约农家书屋生存发展的最重要因素,有道是"巧妇难为无米之炊"。但经费不足不等于不要谈书屋的经费构成。从本手册第一章阐述中,读者已了解农村公共产品的基本属性,于是我们就有了怎样向各级政府、向社会争取经费支持并用好经费的思路,减少呼吁援助的"无用之功"。农家书屋经费开支主要包括:购书费,读者活动费,业务办公费,水电费,接收、存储、传递数字资源的设备费及其维护费,通信线路资费等运行保障费。农家书屋经费来源通常有以下几方面:

(1)政府投入主渠道

农家书屋政府投入主渠道责无旁贷,包括场所建设、基础设施建设(如网络通道等);设备(包括接收上级传送的数字文献资源所需要的电视机、电脑等)配置;文献资源建设费和书屋服务运营保障费。多数地方采用政府逐级分担负责制,即基本设备、电视机、电脑、部分图书等采用实物配送方式。在服务运营方面,有的地方政府采用"以奖代补"等机制激励机制。而互联网通信费,一般由地方政府与当地电信公司达成协议,以较低的资费加上政府补贴的方式,让乡村以可以接受的费用和质量,安全而又低成本地利用网络信息资源。

不可否认,农村税费改革后,因地理差异,因经济区位差异,许多乡村没了税源,乡村公共物品供应缺乏远比发达地区严重。已建成的农家书屋运营后续保障还是需要政府统筹解决。

（2）村庄共同体投入

一般指村民自治委员会。除了提供场所外，主要提供书屋服务人员劳动补贴，书屋开放的日常业务费用，重大读者活动补贴，购买与本村经济发展、特色文化密切相关的书报刊资料补贴等。

（3）社会多渠道援助

在乡村的公共服务提供机制建构中，政府是最重要和最必需的，但却不是唯一的。社会多渠道援助是指社会各部门、民间团体、民间基金会、社会志愿者以及农民主体自救互助等方式。社会援助像农家书屋这样的社会公共事业的"低端"有"补缺"和保障公民文化权利的作用。书屋要取得社会援助须做好以下几件事：

第一，主动寻找有关社会援助的信息线索。一是主动找地方文明办、民政局、工青妇等群众组织挂钩，因为社会援助团体多依据这些单位推荐援助对象。二是关注媒体报道的相关信息，如报纸、电视、公益性网站，如"中国农家书屋网"（http://www.zgnjsw.gov.cn），民间团体的北京天下溪教育咨询中心（http://www.brooks.ngo.cn）等。三是村庄民间资源的激活（将在第十章阐述）。

第二，坚持开放服务群众。坚持开放服务群众绝不是简单应付，绝不是仅热衷于"政绩式"的秀一秀。综观那些能"可持续发展"、坚持下来的农家书屋、农民读书社，与其"金碑银碑不如群众的口碑"产生的社会效应从而获得社会各界的支持分不开。

（4）经费使用透明公开

运营好民间资金，可以设立由捐助者监督执行的"图书购置基金会"，购买读者适用的书报刊，定期公开明细账。事实表明，无论是政府拨款还是社会援助的资金，但凡用得合理、透明，多能得到后续支持补充。

9. 农家书屋需要配置图书自动化管理系统吗？

农家书屋需要配置图书自动化管理系统吗？回答应该是：因地

制宜。农家书屋的图书实现自动化管理是件好事,但不一定要成为一种"必备的"。建议条件不具备的书屋不敢单独使用。理由如下:

(1)图书自动化管理软件是一个系统,在日常运行时需要维护。计算机故障、病毒侵害都有可能造成系统崩溃,所有的记录可能丢失殆尽,即使数据异地备份有时也无法逃脱困扰。

(2)农家书屋管理员计算机操作水平整体偏低,参差不齐,很多管理员无法应对操作中出现的各种情况。且书屋管理员大多处于"独立作战",遇到问题不太可能有随时请教和得到指导的条件,以致对图书管理产生恐惧感、厌倦感,更有可能因"系统故障"影响读者服务。

(3)系统更新难。信息技术发展很快,任何一个自动化管理系统都呈现动态性,一段时间后需要更新。图书管理软件更新需要技术、资金、时间保障,这一点农家书屋很难落实。

(4)图书管理自动化并不代表书屋"现代化"了。随着图书馆延伸服务的铺开,有的农家书屋可能会成为某一总馆(或中心)的流通点,继而成为总馆(中心)图书自动化管理系统的一个终端用户,那时所有的技术、业务、资金都由总馆支持与承担。如果这样,农家书屋图书自动化管理便可实现。

10. 农家书屋标识标牌有什么作用?

标识是表明特征的记号。伴随着"与国际接轨"步伐,我国各级政府大力倡导、统一、规范公共标识的行业标准,强调《公共信息标志图形符号》的应用,可使表达的信息内容一目了然,让国际与地区人们的交流无语言障碍,并且易被各种文化程度的人所接受。"农家书屋"是我国广大乡村的公共文化基础设施,采用统一的标识势在必行。国家新闻出版总署官方网站公布的"农家书屋"标识与标牌样式为:

图2-5　农家书屋标识图与标牌图示

（http://www.gapp.gov.cn/cms/html/21/1166/200708/450520.html）

注：标牌大小为 65×40cm，铜质材料，上为红色汉字、拼音及农家书屋标识（标识内汉字、拼音及麦穗图案颜色可采用铜牌底色）。下方空白处填捐建单位名称。

第三章　文献资源采集

1. 为什么说农家书屋应有文献资源采集任务？

　　文献信息资源是书屋存在的物质基础,没有书刊还叫书屋？建农家书屋干什么？不就为了农民可以看书用书、获取信息。信息时代没有及时补充文献信息资源,不就等于瞎子、聋子？但据目前情况看,不少书屋的藏书主要来自政府部门统一配送和一些社会团体、个人的捐赠,这对于差异性、多样性明显的中国广大乡村,不可避免地存在一些现实问题。第一,与乡村生产、生活现实知识信息的需求还存在较大差距。第二,无法满足千差万别的乡村需求。第三,统一配送图书同质化现象和"水土不服"现象严重。"不少地方为农家书屋选配的出版物品种基本相同,对不同地区的差异尤其是农业生产方面的差异性考虑不够,还有一些书屋配备的出版物针对性不强,对农村阅读人群和阅读需求了解不够"。① 第四,在科技迅猛发展,知识信息呈几何级数增长的时代,知识(尤其是科技知识)老化期缩短。所以,要让书屋发挥作用,必须不断补充新的书刊,必须根据乡亲们的需求不断补充,这就是农家书屋应具有信息资源采集任务之所在。

　　农家书屋文献资源采集工作,包括"采"和"集"。采,指采购图书、报纸、期刊、声像资料等。集:指征集,搜集购买之外的各种图书、资料,数字资源和少量的实物(如民俗生产生活器具等)。换句话

---

　　① 贵州省出版局发行管理处. 在新起点上做好农家书屋工程建设工作. http://www. gzpp. gov. cn/index. htm

说,文献资源的补充更新不仅仅依赖钱去买,更需要书屋管理员的智慧去发现,依仗书屋管理员的辛勤采集。

文献资源采集渠道主要有:上级配送、书屋购买、社会援助、征集、数字资源下载、网络链接导航等方式。

2. 农民需要什么信息?

农民需要什么信息? 站的角度不一样,答案肯定会不一样。所以我们还是要领会一些基本的理论阐释。

马克思认为,人的各种需要是分层次的,各个不同层次之间又是有机联系的。"生存"是人的最基本的需要,它是以物质为基础的生理需要;"发展"是人的最高层需要;人的享受需要介于生存需要和发展需要之间,既有物质的,又有精神的,既有生理的,又有社会的。人的需要是由低级向高级不断递进和发展的。美国心理学家、行为学家马斯洛提出的"需要层次理论"则把人的各种需要归结为生理需要(衣、食、饮、性、休息)、安全需要(生命保障、职业、收入、保健、法律保护、劳动保险)、社会需要(友谊、爱情、归宿——家庭、集体、群体)、尊重需要(自尊、自重、权威、信任、独立)、审美需要(生活享受、艺术欣赏)、求成需要(自由发展、自由创造)等七大类。马斯洛认为这七种需要是分层次的,由低级层次向高级层次,由简单层次向复杂层次发展。由于人的心理发展水平不同,各种需要在人的动机结构中所形成的优势不同,各层次之间可能会有交替、重叠或跳跃。①

在这里,根据人的需求层次规律,我们结合当今农村、农民生活状况试作如下排位:

(1)保障"民生"方面。即民众生存与安全的最基本需要,用当代的话来说就是关乎"民生"的。它主要来自政府信息公开层面的,如惠农政策法规、基本生活保障、基本安全保障、基本教育保障、突发

---

① 黄葵,俞君立. 阅读学基础,武汉:武汉大学出版社,1996:99

性事件管理等信息。

（2）健康与保健方面。基本医疗保险、健康保健等。

（3）实用技术方面。科学种养知识、生产技能培训、农业专家咨询等。

（4）便民服务方面：呼叫中心、短信服务、通知公告、本村动态、办事指南、热点内容等。

（5）市场供求方面：农村市场流通、农产品信息发布等。

（6）生活消费方面：衣、食、住、行、购物、消遣、看戏、看电影、娱乐等。

（7）自我提升方面：读书、学习、文化欣赏等。

（8）政治民主参与方面：村民自治、村务公开、财务状况、廉政文化、政风行风执行情况等。

（9）电子商务方面：网上交易、企业管理等。

而从农村信息化带动当代农民的生活方式、表达方式、生产方式改变与农村发展角度，我们又可以试着将"农村信息化对农村、农民的作用"基本排位如下：①

（1）农民生活消费信息化，因为它将带动农民生活质量的改善。

（2）农业结构调控信息化。因为市场化信息化体系支持农业结构调整，包括农产品供求信息。

（3）农业基础设施信息化。即农田基本建设信息化和生产过程自控化等生产管理信息化。

（4）农业科学技术信息化。如农作物栽培管理、病虫害的管控等生产技术操作信息化。

（5）生产经营管理信息化。如农村市场流通信息、电子商务发展。

（6）农村资源环境信息化。

---

① 梅方权．中国农业和农村信息化的发展分析．http://www.sdny.gov.cn/art/2007/12/21/art_627_35310.html

　　所以，书屋的文献资源建设，还是要以较理性的引导与农民生活感性认识相结合，才能比较切合当地农民的知识信息需求。

3. 文献资源采集应把握哪些原则与要求？

　　了解了农民需要什么信息，采集时还应注意把握以下原则：

　　（1）系列化原则。系列化是针对乡村人们的阅读面相对集中但系列化诉求高的特点而言。譬如，脐橙种植经营是福建永安洪田镇各村的经济主业，村集体出资买书时农户提出要买全关于脐橙的品种介绍、种植方法、病虫害防治，脐橙加工、安全保鲜贮藏等最新技术、市场经营和预测信息等系列化的书刊，可忙坏了帮助调配图书的当地新华书店，实在难以组织到相应内容的图书。似这种在乡村具有广泛代表意义的配置图书要求，极大挑战着负责集中采购的镇文化站站长和组织书源的新华书店。所以，系列化原则不仅是农民的心声、农民的诉求，也是组织撰写"三农"出版物中需高度关注的问题，更应引起农家书屋管理员关注。

　　（2）连续性原则。连续性出版物如期刊、报纸、居民办事指南（年度性出版物）、多卷书、年鉴等，其中一些关于村经济主业的，是乡亲们经常要查用的，应保持它们的连续性，不可随意中断。因为中断不仅让常用性价值大打折扣，更让乡亲们对书屋信息的依赖感降低。

　　（3）动态性原则。知识处于不断增长中，信息更处于不断更新中，承载知识信息的设备也在老化中，书屋信息资源也必须保持动态性的增长。其理由：

　　①书屋藏书讲求实用性，不必保存那些材料老化（指纸张老化破碎，音像磁带材质老化、格式老化）、内容过时文献。

　　②受众需要的各种生产信息、市场信息、务工培训信息、日常生活常识信息、文化休闲娱乐信息是动态的，不断变化的，必须密切关注，时时更新。

　　③老化的阅读设备。如那些已无法识读的电脑、电视机、录音

机、录像机等。

（4）制度化原则。应制定出针对本村具体情况的书屋文献资源采集规则并形成制度，保证书屋资源结构的稳定性和延续性。对此，肯定会有人提出，农家书屋的文献资料多为政府各部门配送的，社会团体个人捐赠的，农家书屋即便制定了信息资源采集规则也难以实施。这的确是个问题，但是农家书屋信息资源采集制度的确立，有助于提高信息资源建设科学化、系列化和动态更新；也有助于提请配送者、捐赠者调节送书的针对性，减少图书配置中严重的同质化现象；更有助于维护农家书屋的尊严。打个比方，我们从这几年向灾区、贫困地区捐衣物的质量被要求不断提高和规范中，可以感受到需要维护受捐助者应有的尊严，捐书的道理也一样的。

那么文献资源采集有哪些基本要求？

（1）明确农家书屋的任务，熟悉本村读者的构成，了解本村读者的基础性、特殊性、技能性、趣味性的文化知识信息需求；

（2）切忌个人兴趣选书，更不能假公济私，要有高度的责任感和事业心；

（3）坚决不买盗版书。

4. 什么叫文献，书屋常用的文献类型有哪些？

（1）文献泛指"记录有知识信息的一切载体"。无论是记录有知识的纸张、磁带、光盘，还是数据库、网页等等，它们都叫做文献。

（2）文献的种类

农家书屋较常用到的类型有：

①非学术文献。根据文献的内容和性质，将文献分为学术文献和非学术文献。学术文献指那些面向专业人员报道学术研究成果的文献，如学术专著、学术期刊、研究报告等。非学术文献指学术文献以外的其他文献类型，如实用技术书刊、科普作品、文学艺术作品、日常生活常识等通俗读物。适合书屋用的大多为非学术文献。

②纸质型与数字型文献信息。根据文献演化结果,进入 20 世纪后,文献形式进一步多样化。如纸张型文献、视听(音像)型文献、缩微文献(如缩微胶卷、平片)、数字文献等。数字文献是文献演化过程中一次深刻的革命,根据现实与发展趋势,书屋常用文献应是纸质型与数字型(包括音像型)的资源兼顾。

了解常用的一些文献类型与划分方法有利于管理员在采集文献信息资源,在向读者推介辅导中,能较准确把握不同文献的功能,有利于向乡亲们推介"读得懂"的文献。

5. 农家书屋文献资源的内容结构包括哪几方面?

文献资源应包含一切社会文献源、情报源,它是有层次、分类型、具有分布特点的,只有建立起"大文献资源观,才能对文献资源有更深刻更全面的认识,对其进行更有效的开发与利用"。[①] 农家书屋集结的文献资源内容应以基础性(普适性)文献、重点文献(包括特色资源)、热门热点文献三大块构成。主要指:

(1)基础性文献

主要指:①政府惠农政策、安全、自我保护(如法律保护)等文献。②面向未成年人的经典读物、科普读物、励志读物。调查表明,乡村缺乏公共文化产品受害最大的是未成年人。③有助于提高乡民文化素质的普及性书刊,这方面内容涵盖面较广,包括综合性百科读物等。

基础文献资源以精选、读得懂为原则。

(2)重点文献源与特色文献

主要指:①与乡村经济发展、日常生产生活相关的实用性、技能型的资源。所谓实用性,即村民用得上的(甚至还买得起的出版物)。②村务公开、村规民约、乡村动态等村民自治信息。③乡土文献。主要指村情村史村志,民情民风;民间文艺作品,如诗、谣、谚、民

---

① 王子舟. 文献学的忽略:文献生产方式研究. 图书与情报,1996(4)

歌、俗语、传说、文学艺术小报、地方戏曲、手工技艺作品等；民间文书，如碑刻、族谱、村庙文书；岁时节庆、庆典记录；天文气象实践知识等各种正式和非正式出版物；④相关的实物资料，例如传统生产工具、生活用品、祭典器物等。

我国正在积极抢救保护文化遗产，广大乡镇文化站、村文化协管员都参加了文化遗产普查工作，要抓好这样的机遇，尽量采集乡土文化资料。

（3）热门热点文献

所谓热门热点主要指时效性强的时事读物，更新换代快的技术如计算机工具软件读物，娱乐性、消遣性和所谓"时尚性"、"流行性"的一些通俗读物等。

热门热点文献时效性强，以适当采集为原则。

6. 静态馆藏与动态馆藏在书屋中各处何种"地位"？

静态馆藏：指书屋收藏的基础性和重点收藏的文献资料，是书屋的"固定居民"。

动态馆藏：主要有两种情况，一是指时效性强的信息，如市场经营等过时快的信息等；二是指上级图书馆流动服务中定期更换的书刊，即"流动图书"。它们都因不能成为书屋长久"居民"而必须"流动"。

流动图书是上级图书馆开展延伸服务送到书屋资源共享的一种方式。流动那一部分的图书虽然不属于某个特定分馆的固定馆藏，但流动图书在定期或不定期转换流动中，将进一步激活农家书屋馆藏形态，提高图书利用率和共享面。

7. 实体资源与虚拟资源在书屋中关系如何？

实体资源：指本书屋所拥有的，实实在在的纸质型文献、数字文献（包括存储在光盘、磁带、计算机磁盘的数字文献）以及部分实物资料等现实资源。实体资源是农家书屋存在的物质基础。

虚拟资源：指非本书屋所拥有的，但可以通过各种方式去获取而得到服务的。主要指通过计算机、通信网络获得各级政府网站资源、公益性涉农网站资源，以及文化信息资源共享工程、各级图书馆提供给农家书屋共享免费的各种电子图书、数据库。

　　虚拟资源因其大都不受时间空间限制日益受到关注，虚拟资源也因此极大扩展了农家书屋文献资源获取范围，一定程度提升了文献保障能力。所以，农家书屋不仅需要拥有实体资源，也需要虚拟资源补充。二者在书屋的地位是以实体资源为主，虚拟资源为辅的互补关系。

8. 区分知识层资源与信息层资源有什么作用？

　　关于信息、知识之间的关系，我们可以用体检抽取血液样本并生化检验报告单来体验。众所周知，人们体检一般需要抽血做生化检测，受检人必定被要求"早晨空腹"，因为，这样才能保证血样数据的"原生态"。体检后取回生化检验报告单，报告单上面显示着各项化验结果，这是一组"经过整理"的数据，就是信息了。如果某人"胆固醇"数据超过了正常指标值，此人就得到了"胆固醇偏高"的信息。而医生根据报告单上的信息，并针对患者的症状提出治疗的方案，这就是知识了。

　　有了上述例子的初步了解，我们再进一步理解"知识层资源"与"信息层资源"。

　　所谓"知识层资源"主要指经过原创的，具有智力成果形态的，通常如图书。知识层的资源一般对社会个体具有广泛的普遍性和适用性。

　　所谓"信息层资源"，通常指提供检索查考的目录、通讯录、联系方式等，一般情况下不享有知识产权保护的。信息层的资源对社会个体的普遍性、适用性远远要低于知识层的资源，一般具有地方性和专门性的特征。例如：

表3-1　实用技术信息资源

资 源 分 类		
	A 知识层	B 信息层
实 用 技 术	农副产品加工技术（粮食、果品、蔬菜、畜禽、木材、竹藤产品等的生产、加工、储藏、包装、运输等技术）图书、讲座及科教影视片	农副产品加工技术书目，讲座节目和科教片内容介绍，农副产品加工培训信息，农副产品市场行情、信息
	农作物保护技术（病虫害防治、鸟兽害防治、有害植物防治、农药防治、其他灾害防治）的图书、讲座及科教影视片	农作物保护技术书目，讲座节目和科教片内容介绍，农作物保护技术培训信息，自然灾害及病虫害预报，植物保护机构名称、地址及联系方式
	养殖技术（家畜、家禽、水产生物疾病防治技术）的图书、讲座及科教影视片	养殖生物疾病防治技术书目，讲座节目和科教片内容介绍，养殖生物疾病防治技术培训信息，兽医机构名称、地址及联系方式，突发疫情预报与联系方式
	能源技术（地热、太阳能、小水电、沼气技术）的图书、讲座与科教片	能源技术书目，讲座节目和科教片内容介绍，能源技术培训信息
	各种手工艺制作技术的图书、讲座与教学资料片	各种手工艺制作技术书，制作技术讲座和教学片内容介绍，相关培训信息
	务工实用技术（建筑、水电、餐饮、缝纫、家政、保安、物业管理、绿化、保洁、护理、家电维修等）图书、讲座	进城务工实用技术书目，进城务工实用技术培训信息；相关的市场务工需求（招工）信息；讲座预告

解读：如表3-1显示，"实用技术"知识层上的基础资源以普及性实用性图书为主，重点资源以农民致富增收先进适用技术和农村劳动力转移技能培训的相关内容为主，以及农产品深加工知识。

信息层上的重点资源则以各种实用技术的书目及各种实用技术的培训信息及相关机构联系方式为主。

表3-2　生活百通信息资源

资　源　分　类	
A 知识层	B 信息层
食品储存、运输（食品储存、运输）书刊	各地市场粮油副食品价格、行情、销售点
日用品质量与购买知识的书刊	各地日用品市场价格、销售点
消防知识的书籍与讲座	消防机构布局与紧急联系方式、途径
防灾减灾、突发事件（宣传手册、案例）	突发事件报告与紧急联系方式、途径
安全、自我保护常识读物，如交通、家庭急救、个人信息、个人财产、公共场所安全等（宣传手册、案例）	突发事件报告与联系方式
理财、存款、汇款（知识读物、宣传手册）	理财、存款、汇款部门布局
现代通讯（读物与宣传手册）；电话与手机使用方法	通讯资费信息，全国邮政编码、黄页（电话号码簿）
中长期天气预测知识，地质灾害普及宣传读物，防疫防传染病普及读物与宣传手册	中长期天气预报，地质灾害预报，森林火险等级预报，疫情、病虫害预报等
素质教育：学龄前儿童教育、青少年基础教育、成人家庭伦理教育的书刊、讲座、视频资源	相关的各种书屋目录，出版发行目录推介、讲座预告、读书活动宣传预告
文化娱乐：地方上受欢迎的戏剧、曲艺及反映农村地方现实生活的影视剧等	相关的目录推介、节目预告，活动组织预告

（表格左侧纵向标注：生 活 百 通）

解读：如表3-2显示，"生活百通"知识层上的重点资源以各种与农民日常生活关系紧密的生活知识、文化娱乐知识为主。

信息层上的重点资源则以各种粮油副食品和日用品购销点与市场价格信息、市场预测信息，交通、消防、突发事件报告、存贷款机构、气象部门、防疫部门等的布局情况与联系信息以及素质教育的书目信息、文化娱乐的节目预告、活动组织预告信息为主。

一般情况下,政府部门配送和社会团体、个人捐赠书刊应以知识层的资源为主。而信息层资源建设主要靠书屋管理员和村集体从各种不同渠道去组织去提供。

针对农民朋友因增收压力大而重视信息,忽视相关知识的认识偏颇,学会区分知识层资源与信息层资源有利于受众进一步理解在生产经营、日常生活、学习中不仅需要信息,更需要知识的重要性。举一个近年关乎民生问题的例子。随着乡村养殖业大发展,市场菜篮子日益丰盛,农产品农药残留问题已成为居民食品安全的担忧,实际更让农户受损失。究其原因,与农户只知某动植物患病用某种药的信息,追求的是"治病",而欠缺对用什么药、怎样用药、用药的后果、与用药同时的环境治理等相关知识的追问有很大关系。

9. 什么叫普通图书,购买图书要注意哪几方面的选择?

普通图书,指以印刷方式单本刊行的出版物,包括汇编本、多卷书、丛书等。不包括线装古籍、连续出版物及各种非书资料(国家标准 GB 3792. 2—85 的定义)。

这里,介绍采选图书时鉴别的几个要素,供农家书屋采选和村民选书买书参考。

(1)图书的著作者、出版社与图书质量关系

图书的著作者与图书的质量有着密切关系。著作者的学识、经历、实践,直接决定其著作的水平。图书的出版者也与图书的质量(包括内容质量高低、文字措辞准确与否、是不是多有错别字等)有一定的关系,负责任的出版社是不会滥制图书的。

(2)察看图书出版特征

考察图书的出版特征有助于判断图书是否值得收藏,包括考察图书形式特征和内容特征:

考察图书形式特征:一是考察出版时间的远近。尤其是农业科技、科学普及、生活实用技术发展很快,其内容过时(老化)很快,一

般较近期出版的内容越实用。二是考察某一图书版次、印次、印数。一图书多版次、多印次，反映了该书的使用价值与社会影响。三是参考图书价格。图书价格也可反映图书载体质量（如印书的纸质量、光盘质量等）、制作工艺（如图书插图、表格、光盘的画面质量等），可用作选书的参数。四是考察图书的内容特征。书名之外的其他书名信息或出版事项中标有的图书内容特征的文字如"普及本"、"农村版"、"节本"等，均可供选书参考。

10. 怎样选订期刊，如何采集期刊信息？

期刊，又名杂志，是定期或不定期连续出版物。期刊每一期由不同的责任者的许多单篇文章组成，具有内容新、信息量大的特点。

给期刊划分类型亦有多种角度。根据期刊文章的内容和性质，期刊可分为学术性与非学术性（如各种文学艺术作品、各种休闲、时尚作品）两大类。根据知识分类，可大致分为专业性与综合性（如各种文摘、百科知识等）。根据阅读对象，可分为老年、青年、妇女、儿童类。我国每年出版的期刊近万种，调查表明，深受广大农民朋友欢迎的期刊首先综合性的，如《读者》、《百科知识》、《南风窗》、《半月谈》、《家庭医生》、《故事会》、《今古传奇》、《农民文摘》等等。再是实用性的、非学术性的专业期刊，即能帮助农民朋友科学致富的相关专业技术知识刊物。

期刊的信息采集应分两个层面进行。第一层面，订购适用性期刊。第二层面，对期刊中的某一专栏（专题）文章浏览、采集、编辑专题的"信息集萃"。福建上杭县信息中心就订有五十种适合本县经济主业的刊物，配专门信息员负责采集分类，同时上网搜索补充相关主题的信息整合"打包"成"信息集萃"、"三农咨询"（如"数字武夷"网站上的"三农咨询"版块），传送给已覆盖本县90%的乡村信息站、农家书屋，推介给乡亲们。一些地方乡镇村文化中心、农家书屋管理员也采集编制了本村主业的专题信息，汇集特色文化专题资料，为乡亲们服务。

农家书屋采集、摘编的专题"信息集萃"应作为入藏资料进行编号(如××年××期),加工提供读者使用,并作为业务档案保存。

11. 报纸有哪些特点,如何采集报纸信息?

报纸是以登载新闻报道、时事评论为主的定期出版物。比较于图书、期刊,报纸时效性强,周期短,种类也相对较少。给报纸分类方法也有多种,乡村基本还是注重从内容(如都市报、文摘报)与阅读对象(如老年报、青年报、少年报、农民报等)区分法来选择的。正式出版的报纸专门供农民朋友阅读的不是很多。《农民日报》《农民大众》和一些地区的农民报,近年发展很快的各地市民报如《海峡都市报》《东南快报》《东南早报》因其生活性的内容丰富、版面多、各类广告多信息量大、价格不高(因广告多)而受农民朋友青睐。

值得一提的是一些地方文化工作者、农民朋友自发编制的民间文艺刊物、小报,是典型的"草根层"描述地域风土人情,展示自身才华的载体。这些民间小报是书屋乡土文献采集的重要对象。

报纸的信息采集与利用亦分两个层面。第一层面,因报纸时效性强,书屋收到报纸后应立即登记上架,乡村许多老年读者都很清楚本村订的报纸每日投递时间,风雨无阻地准时去阅读。第二层面是对报纸信息的进一步摘录。例如,征得分管的乡镇村领导同意后,书屋管理员将过月报纸中的文章信息进行分类、剪辑、粘贴在纸上装订成册,图书馆专业术语称其为"剪报"服务。这种剪报工作虽是一项"细活",但劳动强度不大,书屋管理员定下主题后,也可以请一些志愿者操作。剪报主题可按类"归贴",如生活常识类、经营有道类、科普知识类等。

书屋编辑而成的剪报资料亦应作为入藏资料编号(如××年××期)加工,提供读者利用,并作为业务档案保存。

12. 为什么要开展征集工作,怎样征集书刊资料?

征集指以非购入的方式获得图书资料信息。有的实用性很强的、适用度很高的、历史价值很高的资料没有进入书刊市场,买不到,必须通过征集获取。征集对象主要有:①宣传教育普及型的,主要指公共服务机构发放的防灾减灾、防病防疫、公共安全教育、法律保护等内容的宣传资料(小册子);②乡土层面的,即那些非正式出版但有价值的如家族谱牒、家训族训、不同时代村规民约等乡土文献资料;③信息层面的,即各种生产、生活的信息资料,如居民办事指南,公开的电话号码本(黄页)等等。书屋管理员千万不敢因它们多是免费的而忽视它们

　　征集非正式出版物的成效是否显著,首先在善于发现资料,再是抓住时机。征集非正式出版物的方式有:①书信联络;②登门采集、田野采集;③向有关的文献资料编印部门获取;④发布文献资料征集广告;⑤开展捐书、赠书活动等。

13. 接受社会捐助书刊应注意哪些问题?

　　社会捐助是农家书屋文献资源补充的重要组成部分。针对以往许多基层图书馆接受社会捐助的书刊适用性不高的尴尬现象,为了提升捐赠图书的有效性,为了让捐助者更了解农家书屋,调动捐助者的积极性,农家书屋接受捐赠前应向有关机构、个人提请以下几方面要求:

　　(1)事先向有捐助意向者说明本书屋藏书结构情况和村民知识信息需求情况,有助于提高捐助的针对性。

　　(2)中小学教材不属于接收之列,因为义务教育阶段教材已由国家免费发放。

　　(3)时事读本,计算机应用技术等时效性较强的,应严格控制复本量。

　　(4)书刊破损较严重,特别是内容陈旧或内容不全的,谢绝接收收藏。

　　(5)不要忘记给捐助者发捐书致谢函。

14. 什么样的馆藏属于剔除范围?

　　藏书剔除是图书馆剥离陈旧无用的藏书的过程。实践证明,农

家书屋不是藏书累积量越多越好,而是需要一定的规模控制。通过科学合理剔除,达到优化馆藏,活化藏书,节约空间,提高馆藏利用率的目的。农家书屋藏书剔除应考虑以下因素:

(1)藏书的知识内容老化失效,挤占空间。例如时效性强的时事政治类,计算机软件的更替等。

(2)复本太多,有效期已过。

(3)载体老化。包括纸质老化损坏和磁性材料使用超期或使用不当损坏的。磁性载体电子文献(包括光盘、录影带、录音带等)不仅有材质老化和损坏问题,还有因相关的设备过时而无法再现知识信息的现象,这类资料的内容如果是特色馆藏范围,必须及早向大型图书馆请求转换载体保存。也就是说,这类资源剔除更新的是文献载体而不是文献内容。

15. 验收图书有哪些手续?

验收是指书刊到书屋后对实物进行检查核对的具体工作,也称清点和登记。验收内容包括数量验收与质量验收,二者在验收时交织在一起。必须建立图书财产登记册。

(1)固定财产的验收

①及时将到屋的书(包括购买、配送)拆包,一般会配有清单,清单上开列有书名、价格等,逐一进行品种、册数、单价、总额核对。

②检查购买的新书是否有缺册、重册,是否有缺页、破损、错装、倒装或印刷不清等质量问题。

③购买图书验收无误后,采购和验收人员共同在单据上签字为证,并附验收单到财务部门申报。

④捐赠的图书验收时,不管捐赠者是否附有清单目录,都应进行品种、册数的清点,填写好感谢函回捐赠者。

⑤保存好清单,最好将清单贴在财产登记册上。

⑥凡购买、配送、捐赠的图书验收后都要在每本书的书名页上、书中暗页上(固定在自选的,每一书的 3、5、7、9、11、13、15 等奇数

页)、书的末页上加盖书屋藏章。

(2)流动图书暂时验收

这类图书到馆要进行暂时验收和到期转场登记工作。(可用临时财产账本。如果配有计算机管理系统终端则按相关业务流程办。)

①及时将到屋书拆包,与清单进行品种、册数、单价、总额核对。

②流动图书验收无误后,送书员和验收人员共同在清单上签字为证,此类清单一般一式两份,书屋管理员应集中妥善保管好其中的一份。

16. 怎样登记图书?

图书登记包括总括登记与个别登记。

(1)总括登记

表3-3　"图书总括登记"示例

2007 年		登记号	书刊来源	总计			图书分类						光盘资料	接收人
月	日			种数	册数	金额	社会科学		自然科学		综合性图书			
							种	册	种	册	种	册		
1	7	07609	购买	186	370	5565	94	174	37	74	15	26		
3	5	07662	赠送										33	县文联

以每批图书为对象,作用是可随时掌握馆藏数量等状况。总括登记用的是"总括登记簿",包括入藏、注销、结存三部分,换句话说,图书不管是入藏、注销、结存,都是登记范畴。

入藏登记是按每批图书的验收凭证(如发票、调拨单等),将该批书的总册数、总金额进行登记。它以批为单位,每批一号,登记号每年起新号。

注销登记是将每批注销图书的总册数、总金额以及注销原因分别记入"总括登记簿"的注销部分中。

结存登记是按年度统计并登记的图书实存累积数量、总价值等。

(2)个别登记

①图书登记

A. 个别登记对象:每一册须登记的图书。

B. 个别登记作用:是反映每册书的入藏情况,可以作为清点、移交、核查和剔除文献的依据。

C. 个别登记号怎么取? 个别登记号又称"流水号"。取流水号要分两步走。首先,个别登记取号位数多少合适? 一般来说,根据本书屋预设藏书量的目标,如上万册。那么可取五位数来表示,该书屋第一本被登记的为00001,第二本被登记的为00002,以此类推。其次,个别登记号可以每"种"(套)集中顺序取号,也可以按每册书先来后到"顺手拈来",拿到哪一本就登记哪一本,因为它毕竟只是"流水号",不像将在第四章阐述的"分类索取号"那样,应根据图书内容的学科属性确定。

D. 个别登记用的是《个别图书财产登记簿》,一册书一号占一行(见表3-4)。

表3-4 "个别登记"簿示例

登记日期	登记号	题名	著者	出版者	出版年	载体	单价	来源	注销时间及注销原因	清点人	移交人	分类索书号(排架号)	备注
2007.03.01	06785	大众应用文	赖永彩	福建科学技术	2001		10.00	赠送					
2007.03.01	06786	怎样学会生存	李淑华	兵器工业	2001		22.00	购买					
2007	06787	俗语中的科学	黑丫 小丰	福建教育	1993		1.70	赠送					
2007	06788	影响历史的100本书	苏渐生	文汇	2002		15.00	购买					
2007.08	06789	神话寻踪	廖群	上海古籍社	1996		9.20	赠送					
2007.08	06790	儒家与儒学	钱茂民	上海古籍社	1996		8.20	赠送					

（续表）

登记日期	登记号	题名	著者	出版者	出版年	载体	单价	来源	注销时间及注销原因	清点人	移交人	分类号（排架号）	备注
2007.09	06791	养龙大全	冯天哲等	中国农业	1996		25.00	赠送					
2007.09	06792	福州方言俗语歌谣	陈泽平	福建人民	1998		10.50	赠送					
2007.09	06793	茶酒话百病	《百病防治丛书》编写组	上海科学技术	1991		8.80	赠送					
2007.09	06794	茶文化	闪夫	中国经济	1995		6.60	赠送					
2008.04	06795	大话方言	易中天	上海文化	2006		18.00	购买					
2008	06796	于丹《庄子》心得	于丹	中国民主法制	2007		20.00	购买					
2008	06797	于丹《论语》心得	于丹	中国民主法制	2007		20.00	购买					

表3-4解读:A. 在进行个别登记之前,要给每册须登记的图书按入藏先后顺序打上登录号(位置与馆藏章同),以便登记。B. 表中"索取号"栏目为选用项,具体用法将在第四章17题"怎样提高图书清点效率"细述。C. 表中的"题名"、"责任者"具有很强的兼容性,"题名"可以表示书名、刊名、光盘名等,"责任者"可以表示著作者、歌曲作者、影视表演者等。

②期刊登记格式。分两步进行。

第一步:期刊到馆登记。见表3-5。

表3-5 期刊到馆登记表格

刊号	刊名		出版频率		编辑机构		出版机构		定价		份数	
ISSN1005-1805 CN62-1118	读者		半月刊		《读者》编辑部		读者出版集团				1	
到馆情况	1	2	3	4	5	6	7	8	9	10	11	12
2007年												
2008年												
备注:												

表3-5解读:A. 刊号可用ISSN,也可用国内统一刊号,还可用邮发代号。B. "备注"栏记录的内容包括:a. 该期刊订阅情况,如缺期、期刊份数变化等;b. 期刊收藏情况,如停止入藏、历年有无合订本;c. 期刊自身出版发行变化情况,如期刊停刊、期刊改名、刊期变化等。

第二步:期刊入藏登记。图书馆界把当年的期刊称"现刊",把非当年的期刊称"过刊"。现刊为了保证更多人阅览,不要马上合订成册,应等过了年再合订。届时应视某刊物的出版频率(如半月刊、月刊、双月刊、季刊等),按年度(或按半年,或按季度)为单位合辑装订成册,并以装订后的"册"为单位,按图书个别登记的方式进行入藏登记(如表3-6)。

③报纸登到卡(见表3-7)。

④非书资料(光盘、磁带等)登记。同图书个别登记格式。

表3-6　期刊入藏登记

登记日期	登记号	题名	著者	出版者	出版年	载体	单价	来源	注销时间及注销原因	清点人	移交人	分类索书号(排架号)	备注
2002.3.11	40003	读者 2007(1-6)	《读者》编辑部	读者出版集团	2007			购入					
2002.3.11	40004	读者 2007(7-12)	《读者》编辑部	读者出版集团	2007			购入	2009.1.8 读者丢失赔偿				

表3-7　报纸登到卡

刊号	CN11-0048	报纸名称	参考消息	刊期	日报	份数	1

日期＼月份	1	2	3	4	5	6	7	8	9	10	11	12	13	14	15	16	17	18	19	20	21	22	23	24	25	26	27	28	29	30	31
一																															
二																															
三																															
四																															
五																															
六																															
七																															
八																															
九																															
十																															
十一																															
十二																															

编辑机构	新华通讯社主管主办	出版机构	参考消息报社	定价	0.6元	备注

第四章 图书分类排架与保管

1. 文献分类知识有什么作用?

分类学是人类认识世界的一种基本的思维方法,它帮你运用科学方法对各种事物进行分类,寻找事物间相同与相异的特征,揭示客观事物之间的相互概念关系,进行区分和聚类。生活中人们常用"物以类聚,人以群分"来表明人们对分类方法的基本思维方式。譬如在日常生活中,没有哪位会把吃的菜放到衣橱。文献分类是以知识分类、科学分类为基础并结合文献生产的具体实际而产生的一门技术性科学。"图书馆分类法"就是根据文献内容的学科属性为主要标准,以其他特征,如地区(国家)、时代、种族、民族等属性为辅助标准,采用一定代码的编号技术,通过组合,聚集成能被大部分读者识别的文献分类法。图书馆(室)又根据某一文献分类法文本,将藏书一一分门别类,并将藏书系统地组织起来,称之为归类。文献因其本质是知识,因而对知识的分类却又比其他事物复杂得多,需要较强的逻辑思维能力。

那么学习文献分类法有什么作用呢?

第一,提供"知识定位系统"。文献分类法就像一个知识体系的"户口簿"、"地图",它把每一门类知识按一定的方法,系统地"定位"下来,每一个分类号就像地址门牌号码,每一个类名就像"户主"的名称,组成一个知识"地图",用户可以按这个"知识地图"索骥某一类知识。

第二,同类文献的集中。《中图法》中的"同类文献"是一种什么概念呢? 简单地说,是根据文献论述内容所属的学科角度进行归类集中,而不是根据主题对象来集中。例如"茶"这个主题对象的归类依据,就是根据论述茶的各个方面,如茶的种植,茶的分类、包装,制茶加工,茶的贸易等不同内容角度被分散到所属学科中的。让我们一起来领会使用《中图法》分类时,"茶"这个主题对象的各方面资源,是如何根据其论述内容的学科角度被分散在有关学科之下的:

《茶树特性与栽培》应归入农业类,标引为:S571.1;

《茶叶生产机械化》应归入轻工业类,标引为:TS272.3;

《名茶的保管与储藏》应归入经济类中商品学下,标引为:F768.204;

《茶叶外销》应归入经济类中各国对外贸易下,标引为:F752.658.2;

《中国茶文化史》应归入中国文化史,标引为:K203;

《日本茶道》应归入日本风俗习惯,标引为:K893.132.5。

第三,便于与其他机构文献共享。这里有两层意思。一是我国现在使用范围最广、应用最普遍的是《中国图书馆分类法》,简称《中图法》。从出版发行机构到像图书馆文献收藏、文献服务机构,再到全国书目交流都用《中图法》类分图书,比较统一规范。农家书屋管理员离不开与图书文献打交道,学点《中图法》知识是必需的。另一层意思是,《中图法》提供理性的"知识交流系统"。因为文献分类法以知识分类、科学分类为基础,逻辑性较强,是一种理性产物,它与乡村人们从风俗习惯出发,凭记忆、凭经验行事的知识,从感情出发行事的知识属不同的知识体系。所以,人们在面对大社会生存求发展获取知识时,了解一些文献分类的方法有利于增进乡村人们参与大社会知识系统的交流,开阔学习与获取知识的视野,并通过这种知识交流完成个人知识社会化的过程。

第四,增强寻找知识的特殊能力。譬如你学了分类法知识,知道"中国医学"(中医)的文献《中图法》归入"R2　中国医学"类下,那么你不管在农家书屋,还是到市图书馆、省图书馆、国家图书馆、某一大学图书馆或者到出版社、新华书店查找有关中医的书刊,都是用

"R2"类号查询检索。这是一种查找知识的特殊能力。

虽然,科学技术的发展,人们辨别区分事物的手段、途径不断增多,越来越多的文献可通过如书名、著作者、主题词(关键词或"标签")、标准书号等形式特征帮助区分、查找,但文献分类法仍是不可或缺的。学点分类法知识,以"无用之用"来增强获取知识信息的自主能力,充实自己的知识体系,适应自身面对大社会的生存、生活、交流、处事能力。

以下将简单介绍《中图法》分类体系结构与功用。

2. 怎样初步学会使用《中图法》?

学习《中图法》必须了解《中图法》的体系结构,它可分为宏观结构与微观结构。

《中图法》宏观结构

分类法的宏观结构指其各组成部分及各功能部分之间的联系。《中国法》由以下几部分组成:

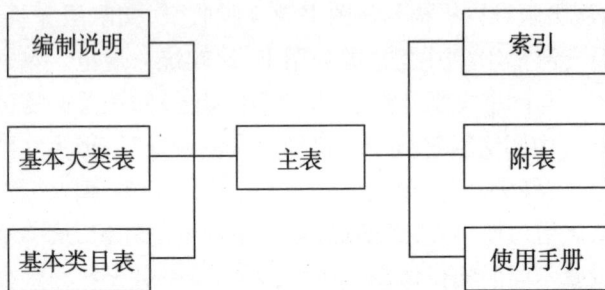

图4-1 《中图法》宏观结构表

(1)编制说明以及修订说明。

(2)基本大类表。是由分类法一级类目组成的一览表,揭示分类法的基本学科范畴和排列次序。《中图法》有 22 个基本大类。

(3)基本类目表(以下称"简表")(见附录 2)。是由分类法二、三级类目构成的一览表,是文献分类表的骨架。其作用是:①对基本大类与详表起着承上启下的作用,帮助用户了解分类法的概貌。②供中小型图书馆分类标引使用。

(4)主表。又称"详表"或类目表。是由各级类目组成的一览表,是文献分类标引的实际依据。

还有附表,又称辅助表,分类法索引,使用手册等。

《中图法》微观结构

分类法的微观结构是指分类法的类目结构。分类法的整体功能是通过类目及其相互联系实现的。

(1)类目结构

类目是构造分类法的最基本要素,每个类目代表具有某种共同属性的文献集合。一个类目由类号、类名、类级、注释和参照四部分组成。

①类号。是类目的代号。《中图法》采用汉语拼音字母和阿拉伯数字混合代码如 B2、I24、J5……组成。

②类名。是类目的名称,类名规定了类目的性质和内容范围。如"B2"中国哲学、"I24"中国小说、"J5"工艺美术……

③类级是类目的级别,在印刷版中用排版的缩格和不同的字体表示,代表该类目在分类体系中的等级,显示类目间的等级关系。

④注释和参照:对类目的含义及内容范围、分类方法、与其他类目的关系等进行说明。

《中图法》的类目结构如下所示:

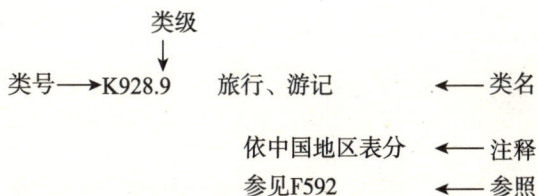

```
                      类级
                       ↓
      类号 ──→ K928.9    旅行、游记        ←── 类名

                         依中国地区表分   ←── 注释
                         参见F592         ←── 参照
```

图4-2　《中图法》微观结构表

以上类目结构中"类号"、"类名"、"类级"3 个要素是必备的。

（2）类目之间存在以下 4 种关系

①从属关系。一个类与由其细分出来的小类之间具有从属关系。被划分的类称为上位类，由上位类直接划分出来的小类称为下位类。纵向连续划分形成的一系列具有从属关系的类目称为一个类系。上位类包含其所属的下位类，下位类具有上位类的属性。但上下位类的关系是相对的，不是绝对的。类目表采取等级的形式表达从属关系，分别采用大小不同的字样和缩格排列的方式来表示。

例如：

S66	果树园艺	
S662	核果类	上下位类，从属关系
S662.1	桃	

这个例子的意思是："S662.1 桃"的直接上位类是 S662 核果类，而 S662 核果类的直接上位类是 S66 果树园艺。也就是说它们之间的关系是嫡亲直属关系。

②并列关系。由同一个上位类直接划分出来的一组下位类，互称同位类。同位类之间存在并列关系。一组同位类总称为一个类列。同位类具有一个共同的上位类，但彼此之间又各自具有自己的特性而互相排斥。例如：

S66	果树园艺	
S661	仁果类	
S662	核果类	同位类，并列关系
S663	浆果类	
S664	坚果类	

这个例子的意思是：S661—S664 就像一母同胞的一组亲兄弟，它们共同的母亲是 S66 果树园艺。

从属关系与并列关系是《中图法》分类体系中的类目纵向关系的表达方式。书屋藏书不多，遇到这样的情况直接归入上位类即可，不必归类太细。

③交替关系。对于具有多重从属关系的类目，类目表分别在有关的上位类下列出。在类目表上明确规定用以类分图书的类目，称为使用类目。不用作类分图书的类目称为交替类目。交替类目在类目表中用"[ ]"括起，并注明"宜入 XX 类"字样。使用类目与交替类目之间的关系就是交替关系。

例如：

[D664]中国人民政治协商会议
宜入 D627

这个例子的意思是：中国人民政治协商会议（政协会议）同属于"D66 阶级与社会结构"和"D62 政治制度与国家机构"的下位类。由于《中图法》规定当一个类目同属于不同上位类时一般只能去一个地方，即上例注释的"宜入××"指引。书屋管理员给图书归类时若遇到加"[ ]"的类号，最好往该类目指引的"宜入××"处所归类，以便集中文献。

④相关关系。相关关系指类目之间除从属、并列、交替等方式以外的其他联系。在类目表中通常采用类目参照的方式加以揭示。例如：

H146.3　句法（汉语）
参见 H043 注

上例"参见 H043"注释的意思是：关于哪些方面内容属于"句法"范畴，在 H043 类目下已有具体的说明，所以 H146.3 类目下就不必再作相同说明，参见 H043 的注释即可明白。这样做是为节省并精练《中图法》的篇幅。

交替关系与相关关系是《中图法》分类体系中的类目横向关系

的表达方式。《中图法》通过这样的横向关系处理使得各个类目的概念与关系更为明确、定位，从而增强了逻辑性。

3.《中图法》的基本序列和基本大类怎样排列？

　　基本序列也称基本部类。《中图法》分为 5 个基本部类，即马克思主义、列宁主义、毛泽东思想、邓小平理论；哲学、宗教；社会科学；自然科学；综合性图书。这个基本序列是根据毛泽东同志关于知识分类的学说确定的。

　　《中图法》基本大类就是在以上 5 个基本部类基础上形成的 22 大类的知识分类框架，这些基本大类都是传统的、稳定的、较为概括的学科或知识领域。22 大类按照从一般到特殊，从总到分的逻辑次序排列。

　　《中图法》基本序列与基本大类次序对应如表4-1。

表4-1　《中图法》基本序列与基本大类次序对应表

《中图法》基本序列	《中图法》基本大类次序
马克思主义、列宁主义、毛泽东思想、邓小平理论	A　马克思主义、列宁主义、毛泽东思想、邓小平理论
哲学、宗教	B　哲学、宗教
社会科学	C　社会科学总论 D　政治、法律 E　军事 F　经济 G　文化、科学、教育、体育 H　语言、文字 I　文学 J　艺术 K　历史、地理

（续表）

自然科学	N　自然科学总论
	O　数理科学和化学
	P　天文学、地球科学
	Q　生物科学
	R　医药、卫生
	S　农业科学
	T　工业技术
	U　交通运输
	V　航空、航天
	X　环境科学、安全科学
综合性图书	Z　综合性图书

在 22 大类下，又区分若干小类，逐级细分，有的甚至可达 10 级以上，各类文献细分的深度，主要根据各类图书馆的性质和中小型图书馆藏书的情况来确定的。书多则分类细、类目多，书少则分类粗、类目少，不必求类目平衡。譬如人们所熟知的明代小说《水浒传》，《中图法》归入 I242.4，这组编号各字符意思如下：

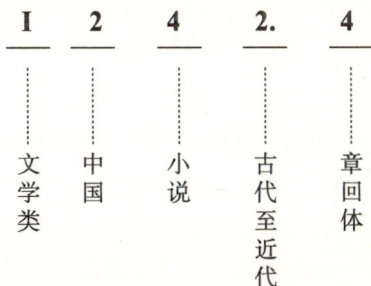

I　　2　　4　　2.　　4

文学类　　中国　　小说　　古代至近代　　章回体

图4-3　《水浒传》分类排架号

农家书屋藏书不多，类分图书一般到二级类或三级类。如上例的《水浒传》，分到二级"I2"中国文学或三级"I24"中国小说即可。

农家书屋藏书不多，使用"简表"的类目就可以满足文献的粗分类与粗排架的需求。

4.《中图法》在农家书屋有哪些功用？

文献分类法在农家书屋的功用主要体现在两个方面：实行分类排架；对藏书进行分类统计。

（1）实行分类排架

由于《中图法》是用代码符号（即汉语拼音字母 A、B、C、D……和阿拉伯数字 1、2、3、4……混合组成分类号）来表示类目，因其具有按自然顺序（A、B、C、D……1、2、3、4……）易排列的优势，又可将同一类的书集中，被大部分图书馆所采用。

（2）对藏书进行分类统计

使用《中图法》分类统计已被公认为是有效的文献资源管理的基本手段，其作用在于：可以按类了解各门类图书配置状况、流通状况，了解用户对不同领域图书内容的需求，适时调整书屋收藏文献的门类，更有针对性提供服务。

对于农家书屋来说，以上的文献分类法功用中，当属第一功用"实行分类排架"为最基础，管理员必须掌握它。因为在专业中有句行话叫做"细分类，粗排架"，意思是说编制分类检索目录（分类检索工具）时要求细分类，即按《中图法》详表给号，分类级别较细，称之为"分类目录号"，显得较为"专业性"。而用作排架的分类号，可以粗标引，就像前面讲的用《中图法》（简表）标引两三级即可。需要说明的是，不管细分类还是粗分类，目的都是一样的，都是要将"以类求书"的方法介绍给读者。

《中图法》作为文献分类的工具书，建议每个书屋配置一本。需要建议的是，《中图法》是为适应各种不同类型文献机构类分文献需要的，有详略不等的各种版本，书屋只要配购《中图法》（简本）即可，它价位不高，结构相对简单。

5. 怎样识读《中图法》的分类号？

《中图法》采用汉语拼音字母与阿拉伯数字相结合的混合号码。拼音字母用来表示 22 个大类，以 A、B、C、D……顺序表达大类的顺序。字母后的数字表示大类下的划分。为适应"工业技术"分类的需要，它的二级类也采用了拼音字母，即在"T　工业技术"类采用了双字母，如 TB、TD、TE 等十六种工业技术大类。

《中图法》类号的数字部分采用小数制排列，即首先比较的顺序是字母后的第一位数字，然后顺序第二位，以下类推。号码顺序必须遵守小数制的排列方法。在顺序排列下一组图书分类号码时，

应排成：	不应排成：
D1	D1
D11	D2
D111	D3
D112	D4
D12	D11
D19	D12
D2	D19
D3	D111

数字符号超过 3 位时，规定在第 4 位数字前加上一个小圆点"."读作"点"。这主要是为了醒目和易读，没有其他意思。例如：P315.61

6. 同类书个别化的区分有几种方法？

书屋藏书经过分类、归类，每一类下的图书肯定不止一种，有的甚至很不少。这就要求对同类书进行个别化区分。换句话说，同类图书的个别化区分过程实际上就是解决同类图书怎么一种一种地区分开来、怎么排列的方法问题。同类书的排列主要有按种次号排列和按著者号排列方法。

（1）按种次号排列。即按同类图书受编的先后顺序给予每种图

书(而非每册图书)不同的顺序号码1、2、3……以此类推。种次号优点是使用简单,号码简单,易排易懂。缺点是没有规律。

(2)按著者号排列。即按著者姓氏的字顺配予号码。著者号优点是同类书同作者的不同著作可以集中在一起。缺点是目前还没有统一的著者号码表。

7. 农家书屋为什么要制定分类法使用本,怎样制定?

所谓"分类法使用本"是指书屋直接作为文献分类依据的分类法文本。农家书屋需要制定分类法文本的根本理由有3个。第一,促使书屋类分文献在科学性、逻辑性基础上力求简明性、适用性、合理性。第二,避免专业性太强的重复劳动。第三,避免人多手杂造成"混乱"。

制定"农家书屋分类法使用本"应包括以下六方面。

(1)确定使用何种分类法文本

在此,不能不提到有专业人员为农家书屋编制的"六分法",即政经类、科技类、生活类、文化类、少儿类、综合类。[①] 政经类包括哲学、社会科学总论、政治、法律、军事、经济类图书。科技类包括自然科学总论、数理科学和化学、天文学、地球科学、生物科学、农业科学、工业技术、交通运输、航空航天、环境科学、安全科学等图书。生活类包括医药卫生以及生活常识类图书。文化类包括文教、语言文字、文学、艺术、历史地理类图书。少儿类包括各类型图书中少儿读物类图书。综合类主要包括丛书、百科全书、词典、年鉴等图书,或无法确定类别的其他内容的图书。

六分法编制者目的是为了"便于管理员管理,便于村民使用",以求简洁、实用。"六分法"用"科技类"、"少儿类"……文字表述方式直观性好,用于向农民朋友宣传推介图书比较适用。但这是一个问题的两个方面。"六分法"以"政经类"、"生活类"为分类基准,其

[①] http://www.chinaxwcb.com/xwcbpaper/html/2007-12/26

中有的以文献内容学科属性归类,有的以服务对象属性归类(如生活类、少儿类),缺乏事物属性的"边界",可能让你无从判定某一书该归哪一类,换言之,读者难以判定到哪一类寻找更省时间。即便个别化成生活类$_1$、生活类$_2$……生活类$_{100}$,也实难表达"以类求书"的人们基本思维方式。所以"六分法"不太适合图书排架。

实际上万变不离其"宗","六分法"还是基于《中图法》的类目归并的,六大类各自所包括内容均是《中图法》的基本大类名称,如表4-2。农家书屋"六分法"最终也必须落实到《中图法》类号实行分类排架。

表4-2　农家书屋"六分法"与《中图法》基本大类对应表①

农家书屋分类法	中国图书馆分类法
政经类	A、B、C、D、E、F
科技类	N、O、P、Q、R、S、T、U、V、W、X
生活类	各类别中内容以家庭、生活为主的读物
文化类	G、H、I、J、K
少儿类	各类别中内容以少儿为读者对象的读物
综合类	Z

(2)确定类分图书的详简程度

一般来说,农家书屋文献不多,内容涉及面有限,大可不必面面俱到。因此,建议只要在本馆分类规则上注明采用《中图法》的"简表"类分图书即可。

那么怎么运用《中图法》的"简表"截取一书的分类号呢?我们一起看表4-3几个例子。

① 农家书屋专刊.中国新闻出版报,2007-12-26

表4-3 用《中图法》详表与简表类分同一图书的结果对照

书名	详表类号（类名）	归类级别	简表类号（类名）	归类级别
《合同的履行、变更、转让与终止》	D923.65（合同法）	6	D9（法律）	2
活着/余华著（小说）	I247.57（中国现代长篇社会伦理小说）	6	I2（中国文学）	2
小镇喧嚣：一个乡镇政治运作的演绎与阐释	D67（中国地方政治）	3	D6（中国政治）	2
淡水虾的养殖	S966.12（淡水虾的养殖）	6	S9（水产、渔业）	2
大话方言	H17（方言）	3	HI（汉语）	2

（3）确定是否使用分类法复分表进行辅助区分

农家书屋藏书不多，建议尽量不用分类法复分表进行辅助区分。

（4）确定同类图书的个别化区分方法

建议农家书屋采用"种次号"排列同类书，它的好处是：

①简单。只要按同类书加工的"先来后到"顺序给号即可；

②它也是国内不少图书馆在同类图书排列中使用的方法，即便是图书馆计算机管理系统，也都设置有"种次号库"；

③有利于书屋的藏书清点；

④有利于藏书分类统计。

这些好处我们将在本章第15题"藏书清点"中进一步阐述。

使用种次号排列同类图书的，在具体分类工作中一般都采用种次号记录卡，其式样如表4-4所示。每用一个种次号，就在相应号码的空格中打上"√"注记，打过"√"的不得再使用。其样式如下：

表4-4 种次号卡及被使用的样例

类号:I2   类名:中国文学

01	√	11	√	21		31		41		51		61		71		81		91	
02	√	12	√	22		32		42		52		62		72		82		92	
03	√	13	√	23		33		43		53		63		73		83		93	
04	√	14	√	24		34		44		54		64		74		84		94	
05	√	15	√	25		35		45		55		65		75		85		95	
06	√	16	√	26		36		46		56		66		76		86		96	
07	√	17	√	27		37		47		57		67		77		87		97	
08	√	18		28		38		48		58		68		78		88		98	
09	√	19		29		39		49		59		69		79		89		99	
10	√	20		30		40		50		60		70		80		90		00	

注:表4-4表示,I2 中国文学在本书屋已用掉 17 个号,即已有 17 种同类图书。

(5)确定同一种图书的多卷册个别化区分

使用种次号对同类图书进行区分后,相当一部分图书已经实现了一种图书一个"身份证号"的个别化,但也有一部分图书是由多个卷册组成一种(部、套)的,如多卷书或丛书。当他们集中分类并给种次号后,该多卷书、丛书的各不同册(次)之间还将进行卷册号的再区分。卷册号是辅助区分号的一种。例如某一版本"水浒传/(明)施耐庵著(上、中、下三册本)",《中图法》详表归入"I242.4 类下中国古代章回小说",假定此书为 I242.4 类下第五种受编图书,种次号给"5",这部《水浒传》个别化后取号为 I242.4/5,该书上册即I242.4/5/1,中册即 I242.4/5/2,下册即 I242.4/5/3,这样就完成了多卷册图书"彻底的"个别化区分。

(6)种次号使用中应注意的问题

种次号作为书次号的一种,虽然简单方便,但因其缺乏内在的规律性受编图书"先来后到"虽然简单,但也带来了随意性,极易出现"重号"现象,故农家书屋在种次号具体运用中应注意以下几个问题:

①关于"种"的规定问题。一书的多种版本(原本、不同注释本、修订本、不同译本等)可以分别编制种次号。例如花城出版社出的《水浒传》取号为 I242.4/5，而《水浒传》(少年版)可另取种次号，如 I242.4/9 等。

②尽量少用各种辅助区分号。对于农家书屋这样的藏书不多的非专业图书馆(室)来说，书次号应相对简明。也就是说除了同一书的卷册号、年代号外尽量少用其他辅助区分号。

③种次号记录卡的保管。种次号卡是分类给号的重要"票据"和依据，应当专门保管，切勿随意放置、丢失或毁坏，根据分类的需要还须随时增补。即便是计算机编目软件中种次号库的使用亦同此理。

8. 什么叫分类排架号，怎么给每种书标注分类排架号？

(1)什么叫分类排架号

将书屋的藏书按一定的顺序号排列在书架上，称"排架"。这个顺序号就称为"排架号"(也称"索取号")。图书排架的方法有多种，但被最广泛采用的是"分类排架号"。因为分类排架具有"以类求书"的优点。"分类排架号"由排架分类号、书次号和辅助区分号组成。例如小说《水浒传》中册，分类排架号为："I242.4/5/2"其中：

第一组"I242.4"是排架分类号，它是根据《中图法》给某一种图书归类的分类号；

第二组"5"是书次号，它是同类图书的个别区分号(如"种次号")；

第三组"2"是辅助区分号，它是对每一种书进一步个别化的区分号之一，称"卷册号"。

"分类排架号"也称分类索书号。它是分类排架的每种图书在整个藏书组织中所处位置的唯一标志，也是图书排架、读者索书和清点藏书的依据。

(2)怎么给每种书标引分类排架号

首先，为每一种图书归类，给出分类号。怎么给图书分类(即归

类)得出分类号呢？我们不妨拿起图书来实践,判断它属于《中图法》的哪一类,判断归类的步骤如下:

第一步,你先看一下图书版权页上方是否有"在版编目数据(CIP)"。如果有,可直接摘用其中的《中图法》分类号(详见本章第9题),就可以了。但是许多过去出版的图书上没有CIP数据,如果没有,这也很正常,那么你就得"自力更生"往第二步、第三步走下去。

第二步,从书名判断。第三章已谈了书名是"直接表达或隐喻图书内容并使其个别化的名称",如"中华人民共和国婚姻法",属于法律类,归入"D92 中国法律"类下,即成。

第三步,浏览书内的"内容提要"、"目次章节"等。有的从书名意思一下子看不出来具体应归入的类目,如"类风湿的治疗",这是人们很常见的病,相信你首先将它归入"R 医学"大类大概没问题。但医学门类那么多,具体往何处归? 这时你就要浏览一下书内的"内容提要"、"目次章节",甚至粗粗浏览全书内容,可以看到"类风湿"是内科的全身性疾病之一,你便可以通过《中图法》继续深入翻检查阅,归到 R59 全身性疾病类下。

其次,为同类书进行个别化区分——给种次号(参照本章第6题),形成"分类号排架号"。如"类风湿的治疗"一书分类排架号为"R59/1"。

如果某一种书还分上、中、下册,那么,还要再进行"卷册号"区分。

实际上具体类分文献时还会遇到很多问题,恕不能在此细述。它一方面需要书屋管理员进一步扩展知识视野,锤锻分析判断提炼主题的能力,另一方面也依仗着"熟能生巧"。

(3)怎么填写图书排架分类号

每种图书个别化区分后的排架分类号写法如图4-4:"B82/6"表示《怎样学会生存》是 B82 这个类目下的第 6 种书。即"B82/6"是《怎样学会生存》在某一书屋藏书唯一的"身份号码"。

书名   分类号

李淑华.怎样学会生存［M］.
北京：兵器工业出版社，2001.

B——哲学、宗教
B82——伦理学（道德哲学）
B821——人生观、人生哲学

B82（中图法分类号）
6

B82类中的第6种到馆书

分类排架号（书标）

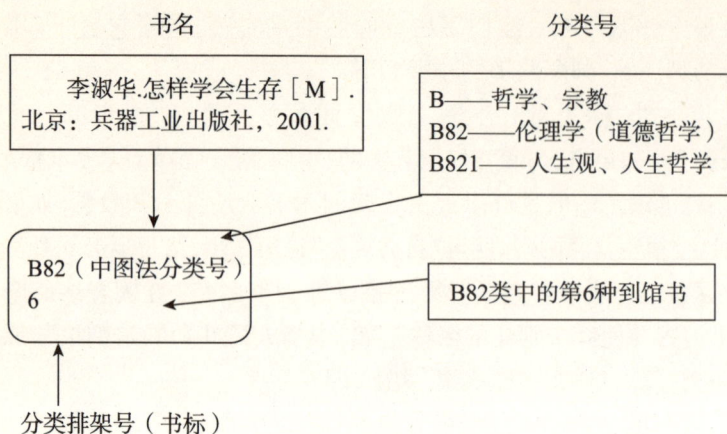

图4-4　《怎样学会生存》分类排架号

　　每种书给出分类排架号后，还要写入书本相应位置，或写在书标上。一般情况下将书标贴在图书封底的右上方。如果图书较厚（如厚度超过1.5厘米），应该在书脊下方再贴一张书标，让分类排架号更一目了然。书标粘贴位置以书脊下端2厘米处对齐为准。有软皮宣纸封面的需贴两张书标。如图4-5。

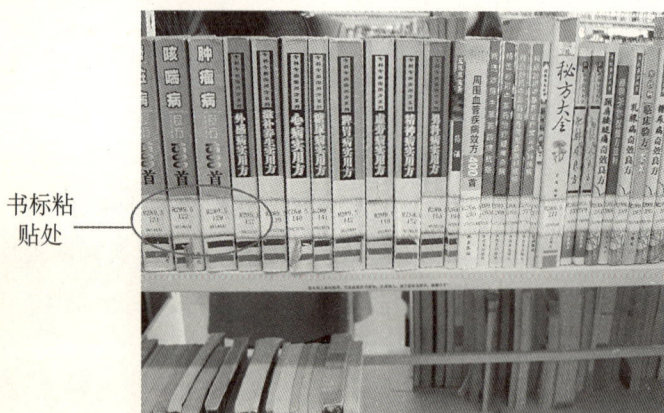

书标粘
贴处

图4-5　书标粘贴方式

9. 怎样利用在版编目数据(CIP)制作排架分类号？

在版编目数据(CIP)指在文献出版过程结束之前对文献进行编目,使文献与编目数据能同时供文献出版、发行、收藏机构利用的编目形式。在国内,2000 年以后的每一本正式出版的图书都带有 CIP 数据。近年来,在版编目数据(CIP)由新闻出版总署与版本图书馆、国家联合编目中心共同编制,质量明显提升,其检索字段的《中图法》分类号可以直接为我们所用。CIP 数据及其规范化也是社会信息化发展需求的必然趋势。

俗话说:"爹会娘会,不如自己会!"利用每本新书上现成的在版编目数据(CIP)编制分类排架号是一条最便捷的、规范化程度又比较高的途径。况且,自己动手编制分类排架号必定让书屋管理员有成就感。怎么用呢,很简单,让我们一起掌握制作过程:

(1)了解图书在版编目数据(CIP)结构

CIP 数据均印在每本书的版权页的上方(见图4-6)。在版编目中的各数据元素可以为图书馆,尤其是基层图书馆直接使用。它由 4 个大段组成,依次为:在版编目标题、著录数据、检索数据、其他注记。如图4-7。

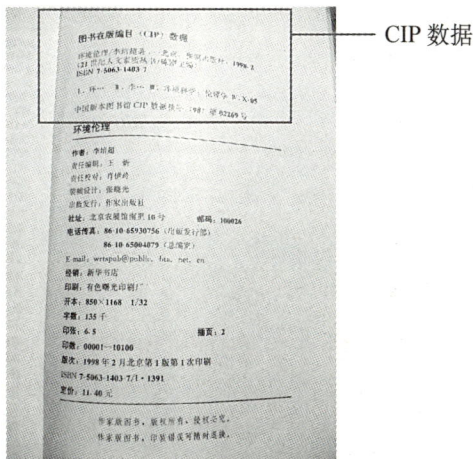

图4-6　《环境伦理》一书版权页上的 CIP 数据

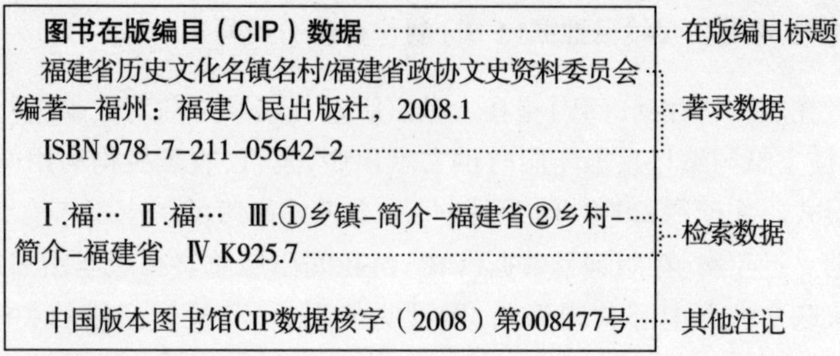

```
┌─────────────────────────────────────────┐
│ 图书在版编目（CIP）数据 ……………………  在版编目标题
│ 福建省历史文化名镇名村/福建省政协文史资料委员会
│ 编著—福州：福建人民出版社，2008.1        著录数据
│    ISBN 978-7-211-05642-2 ………………
│
│    Ⅰ.福… Ⅱ.福… Ⅲ.①乡镇-简介-福建省②乡村-
│ 简介-福建省 Ⅳ.K925.7                      检索数据
│
│ 中国版本图书馆CIP数据核字（2008）第008477号 ……  其他注记
└─────────────────────────────────────────┘
```

图4-7 《福建省历史文化名镇名村》一书的 CIP 数据及说明

（2）利用 CIP 数据制作分类排架号

第一步，在每一 CIP 的检索数据字段的分类号单元中选择提取一个分类号。（有的 CIP 数据中著录有两个或多个分类号，一般取第一个分类号）如在图4-8标识出的分类号"K925.7"。

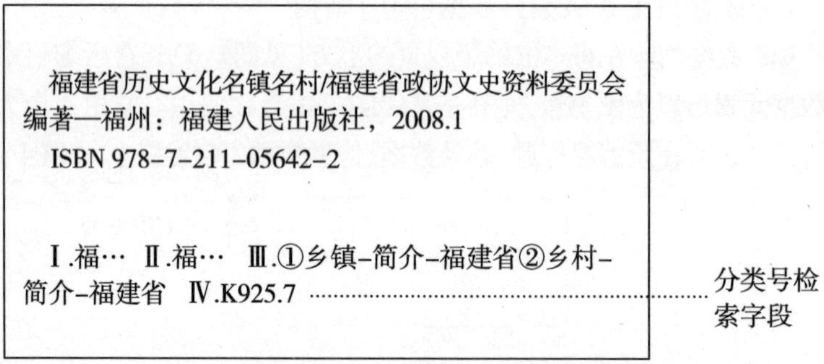

```
┌─────────────────────────────────────────┐
│
│ 福建省历史文化名镇名村/福建省政协文史资料委员会
│ 编著—福州：福建人民出版社，2008.1
│    ISBN 978-7-211-05642-2
│
│
│    Ⅰ.福… Ⅱ.福… Ⅲ.①乡镇-简介-福建省②乡村-
│ 简介-福建省 Ⅳ.K925.7 ………………………………  分类号检
│                                           索字段
└─────────────────────────────────────────┘
```

图4-8 《福建省历史文化名镇名村》一书的分类号的检索字段

第二步，截取排架分类号。将"K925.7"（《中图法》详表号码）与《中图法》简表类目表对应，在简表中可找到"K9"这个类号，将"K9"这个类号截取出来即为书屋的排架分类号。

第三步，找种次号卡销号。按顺序找种次号卡"K9"那一张进行销号，譬如"K9"下已划掉 2 个号，那么就启用"3"，并在"3"的边上框中打"√"，以示销号，将其与"K9"排架分类号组合构成 K9/3，这就成了《福建省历史文化名镇名村》一书的分类排架号。

第四步,制作分类排架书标。如图4-9。

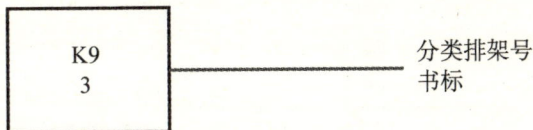

图4-9 《福建省历史文化名镇名村》分类排架号的书标

第五步,贴书标。将制作的书标贴到书封底靠书脊那一边的顶端或贴在书脊下方往上2厘米处。

10. 怎样确定图书分类排架号顺序?

先按每一本书分类号(第一行)字母读音顺序(A、B、C、D、E……)排,首字相同的阿拉伯数字类号按小数制值升位排列,即把一书的分类号读作小数制,例如 I247.5 读作:"I 二四七点五",而不读成:"I 二百四十七点五"。而后从左往右逐级对比。分类号相同的按种次号的自然顺序排列。例如某书分类排架号 I247.5/27,其第二排或"/"后的数值不读作二七,应读作二十七,然后 I247.5/28……顺序排列。如表4-5。

表4-5 图书分类排架号顺序确定(根据《中图法》"简表"取号)

排列顺序	分类排架号	题名
1	F7/1	茶叶外销
2	F7/2	名茶的保管与储藏
3	I2/1	唐诗三百首
4	I2/2	康熙微服私访记(剧本)
5	I2/3	公安局长
6	K82/1	中国古代医学家小传
7	K89/1	中国节

（续表）

排列顺序	分类排架号	题名
8	K89/2	日本茶道
9	S4/4	农作物病害防治技术
10	S5/8	茶树栽培与茶叶加工
11	S5/21	茶树特性与栽培
12	S6/3	养花技术
13	S8/3	畜禽家族
14	TS2/2	蔬菜加工新技术
15	TS2/3	茶叶生产机械化
16	TS2/4	中国特种茶加工
17	TS9/1	鉴茶、泡茶一本通

11. 书屋整体图书排架顺序怎么确定？

给每本书定顺序后要放到书架上进行整体性排列。其顺序为：每一个书架按"从上往下、从左往右"的顺序排列如"Z"形态。其中每一类图书占书架的长短，取决于本书屋该类图书收藏量。

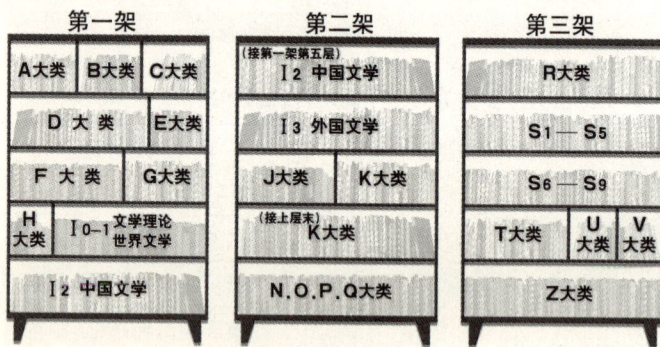

图4-10　整体图书排架顺序走向"Z"形示例

12. "加标识"排架法有何便利？

图书排架除了编制分类排架号进行标识与排列以外，为了便于分类管理,还可加一些小窍门。如加"色标"或"图标"进行辅助区分。

"色标法"指管理员在图书书脊处贴标签时,可以采用不同颜色的标签。如政经类图书书脊贴红色标签、科技类图书贴黄色标签、生活类图书加蓝色标签等等。

"图标法"指为不同内容的图书贴上图标(图形)来增强标识,这在欧美一些国家社区图书馆很流行。

加图标排架法的优点:第一,直观。第二,生动的图案有益于激发读者阅读欲望。第三,加图标其实是一种主题排架法。譬如表示社会家庭伦理内容的都可以集中在同一图标下。

缺点:图形标识也有局限性,毕竟无法像用"经济"、"法律"、"作物栽培"等文字信息表达那么准确。

需要提醒的是,不管是用"颜色标识(色标)"还是用"图形标识(图标)"的分类排架法都只是辅助性的,给每种书一个个别化的排架号才是必不可少的。

例如:美国社区图书馆在分类排架号上加图标的排列法(图4-11—4-14)。

分类排架号
"图形标识"
"花星"图案
表示科技类
图书

图4-11　"花星"图案表示科技类书籍

分类排架号

"红心"图案表示社会家庭伦理

图4-12 "红心"图案表示社会家庭伦理书籍

"牛仔"图案表示探险类

图4-13 "牛仔"图案表示探险类书籍

"五角星"图案表示多卷书、丛书

图4-14 "五角星"图案表示多卷书、丛书

13. 怎么设计书架的架标？

　　排好书籍的书架要有架标。纵向排书架的架标应在过道方向的书架上角向外突出；单向横排书架的架标应在书架上方向上突出。架标色彩应明丽、醒目。

架标————

图4-15　福建南安蓉中村农家书屋"架标"示例

14. 图书保管应注意哪些方面的问题？

　　保管图书包括两个层面的意思。

　　第一层面是自然环境下的保管，即五防：防火、防潮、防晒、防虫、防尘。

　　第二层面是社会环境、人文环境下的保管，即防人为撕损、防窃、防借书不还。这一层面的问题将在第五章"文献流通"中叙述。这里主要讲第一层面的"五防"。

　　防火：书屋不仅是公共场所，还存放着图书等易燃品，一定要禁止吸烟。管理员要定期检查电路、电源开关，发现损坏及时报修。下班时要关闭电源，防火器材要放在显眼、便于拿到的位置，管理员一定要学会使用灭火器。

　　防潮、防晒：书屋内要注意保持通风、干燥，防止图书受潮。书、报、杂志在临窗摆放要防止被雨水泼湿，也要防止被阳光晒。对受了潮的图书，要一页一页地晾开、阴干，防止发霉，切不可曝晒。

　　防虫：应在每层书架空处适时摆放一点除虫草、樟脑丸，防止书中长虫蛀坏图书。当然最好的办法是充分提高书刊利用率，因为经常翻动的书是不会遭虫蛀的。

　　防尘：要注意保持书屋、书架、报刊柜架的整洁。定期（至少每月一次）用半湿毛巾拭擦书架，抖落书上的灰尘。切忌用鸡毛掸掸书架，因为鸡毛掸只能使灰尘移位而不能除尘。其次，注意保持室内卫生，打扫书屋，及时清扫桌、凳的灰尘和污渍。整齐、干净的室内环境，有助于防止灰尘污染图书。

15. 书屋藏书清点应注意哪些问题？

　　图书清点就是书屋藏书与图书验收个别登记账本一一对应，统计相符的结果。乡村图书馆长期处于松散型管理，要核实很清楚确实不容易。但图书清点是书屋必须做的基础业务工作。为保证藏书清点有序进行，应注意以下环节。

　　（1）图书清点是一项常规性的基础业务，一般分定期清点（如两年一清点）与移交清点（管理员更换）。

　　（2）制定图书清点方案。内容包括：

　　①确定通过本次清点需要了解什么情况，解决什么问题，达到什么目的，这直接关系到此次清点需要的时间和清点效果。譬如书屋管理员更换移交，就得全面清点；图书清点期间是否照常借阅服务；要不要全部催讨回在外流通的书刊等等。

　　②清点的工具（如果已实现图书自动化管理，自然得用相应的设备），安排清点时间需要多长，是否需要人员协助。

　　③清点方法选择。如：以个别登记本的个别登记号为依据，以个别登记号＋排架分类号为依据，以图书分类目录＋图书为依据等，确定清点的步骤。

④清点结果与报告方式。一定要用书面报告上交分管领导或基金会董事会确认。

图书清点方案一旦确定,就要集中力量在最短时间内完成,如果点点停停,则影响清点准确度。

(3)图书清点步骤。为提高清点效率,一般按如下流程:

第一,整理书架,按图书排序号理顺。

第二,最好有两个人员,一人在架位前逐种、逐册地报出每一种在架图书的册数及每册书的个别登录号码,另一人根据清点报数读出的在架图书情况核对个别登记本,找对了在登记册相应栏目中加盖如"××年清点"专用章。

第三,落实不在书架上的书的去向。比如正在外面流通、丢失等。

第四,清点的结果数据必须反复核对,清点过程中经常会出现难以预料的问题,比如有的借书管理员未作规范记录、一书两号等情况,会造成误导,特别是丢失图书数据要仔细检查,方可结论并作相关处理。

第五,填写"藏书清点结果统计表"(表4-6)。

表4-6　藏书清点结果统计表

项　　目		数量(册)	百分比
原有馆藏			
现有馆藏			
合计			
减少数量	无法归还的图书		
	正常丢失(读者已赔偿)		
	其他原因		

16. 书屋工作移交有哪些必办手续?

书屋移交是管理员更替时的一道必备手续。主要有图书、设备财产和业务档案性资料移交。移交应关注以下几方面内容：

（1）图书移交建立在图书全面清点基础上的，因此，接收人应参与图书清点全过程。

（2）在书屋走向开放的社会，信息技术越来越多地结合于信息资源传递时期，移交的财产还包括显性财产和隐性财产。

所谓显性财产，指书刊资料、阅览桌椅、书架、电视机、电脑等。

所谓隐性财产，指音像资料与阅读播放设备的性能是否正常，例如有的光盘已无法识读，电视机、电脑、投影仪受损无法播放等等。

（3）若有上级图书馆延伸服务送来的电子书刊数据库使用权，务必移交出账号、密码，否则新同志无法登录，出现"断线"。

（4）延伸服务单位的联系方式，援助者（团体、个人）的联系方式等。

17. 怎样提高图书清点效率？

藏书清点是一项费时费力，质量要求高，又不容易做好的工作。

图书从进书屋入藏，到流通，再到清点，是流水作业的过程，前期工序的安排是否科学合理及其任务完成质量的高低，对藏书清点有重要影响。

传统的书屋图书入藏程序是：验收—总括登录—个别登录—归类—取种次号—图书加工（书标、书袋、限期卡等）—典藏。藏书清点以公务分类目录为依据。

由于不要求书屋自己编制书目（目录），清点时，无法用公务分类目录为依据与架上的图书一一核对，因此推介一种图书入藏程序：验收—总括登录—归类—给定索书号—个别登录—图书加工—典藏—图书清点。这种方法对个别登录簿的记录内容增加分类排架号、清点时间、清点人、接收人等项目，藏书清点便可以个别登录簿为依据了，可以收到简便、效率高的结果（见表4-7—表4-9）。

表4-7　B 大类"个别登记表"示例

登记日期	登记号	题名	著者	出版者	出版年	载体	单价	来源	注销时间及注销原因	清点人	移交人	分类索书号（排架号）	备注
2007.03.01	06786	怎样学会生存	李淑华	兵器工业	2001		22.00	购买				B8/1	
2007.08	06789	神话寻际	廖群	上海古籍社	1996		9.20	赠送				B9/1	
2007.08	06790	儒家与儒学	钱荒民	上海古籍社	1996		8.20	赠送				B2/1	
2008.09	06796	于丹《庄子》心得	于丹	中国民主法制	2007		20.00	购买				B2/2	
2009.09	06797	于丹《论语》心得	于丹	中国民主法制	2007		20.00	购买				B2/3	
2009.10	06811	做人不败的底线	郑键	中国国际广播出版社	2007		28.8	购买				B8/2	
2009.10	06812	不可不读的巫师魔法故事	搜奇研究中心	中国书籍出版社	2009		22	购买				B9/2	

表4-8　Ⅰ大类"个别登记表"示例

登记日期	登记号	题名	著者	出版者	出版年	载体	单价	来源	注销时间及注销原因	清点人	移交人	分类索书号（排架号）	备注
2009.10	06805	论生活、艺术和真实	萧殷	人民文学出版社	1980		0.80					I0/1	
2009.10	06806	书剑恩仇录	金庸	四川文艺出版社	1984		3.95					I2/1	
2009.10	06807	最佳儿童文学读本（小学卷）	方卫平	明天出版社	2008.6		20					I2/2	
2009.10	06808	士兵突击	兰晓龙	花山文艺出版社	2007		32					I2/3	
2009.10	06809	三国演义	罗贯中	海峡文艺出版社	1994.3		32.6	赠送				I2/4	
2009.10	06810	福尔摩斯探案选	柯南道尔	群众出版社	1978		0.9					I5/1	
2009.10	06799	白话聊斋·神仙故事	蒲松龄	民族出版社	1995		5.6					I2/5	

表4-9　R大类"个别登记表"示例

登记日期	登记号	题名	著者	出版者	出版年	载体	单价	来源	注销时间及注销原因	清点人	移交人	分类索书号(排架号)	备注
2009.10	06798	求医不如求己	中里巴人	江苏人民出版社	2009.5		60	购买				R2/1	配DVD光盘
2009.10	06800	生活急救	王跃庆	科学出版社	2009.6		25	购买				R4/1	
2009.10	06801	家庭医学全书	本书编委会	上海科学技术出版社	2000.11		48	购买				R/1	
2009.10	06802	吃出健康——大众健康养生系列	范秀琴	中国轻工业出版社	2009.1		24	购买				R1/1	
2009.10	06803	貌似健康的不健康习惯	熊相应	中国商业出版社	2008.10		39.9	购买				R1/2	
2009.10	06804	生活中不可不知的450个错误常识	甲乙卯	新世界出版社	2009.8		39.8	购买				R1/3	
2007.09	06793	茶酒话百病	《百病防治丛书》编写组	上海科学技术出版社	1991		8.80	赠送				R1/4	

第五章　文献流通

1. 什么叫文献流通？

古人云："流水不腐，户枢不蠹，动也。"意思是说流动的水不会发臭，经常转动的门轴不会腐烂。图书也是这样，要流动，知识信息才能传递，得到利用。文献流通是书屋最基本的服务方式，是书屋直接面向读者，传递知识信息，提高人们文化素质，践行公共知识信息服务的最前端工作之一。

文献信息媒介多样化的当代，农家书屋文献流通不仅指传统的印刷型纸质文献，也指数字资源流通。农家书屋文献流通工作主要包括外借、阅览（包括电子资源阅览）、复制、宣传、展览，还包括文献流通制度的建立等。文献流通制度则包括借书制度、阅览制度、文献复制制度。

2. 图书外借有哪几种形式，怎么做？

图书外借指为了满足读者阅读需求，通过一定的手续允许将图书借出进行自由阅读的方式。外借方式主要有以下5种。

（1）个人外借

指凭个人借书证向农家书屋借书，是一种最受读者欢迎的方式。

（2）集体外借

即以单位、小组或某个聚居点的名义凭集体借书证向书屋借书。这是图书馆普遍采用的流通方式之一。这种方式在村庄的以小集体（如自然村）为单位借出的现象较少，但从逆向角度看，农家书屋本身就可以团体读者名义向上一级图书馆以"集体读者"身份办理借出手续。集体外借由于借书数量比较多,有利于一个村民小组或乡村中小学一个班组共享这部分资源,节省了跑图书馆的时间成本。

（3）馆际互借

是指图书馆之间互相利用对方的藏书,达到资源共享目的。农家书屋等小型图书馆（室）必要时可开具介绍信,通过市县级以上公共图书馆进行馆际互借,满足乡村读者需要。例如,福建泰宁一个村庄读者需要油茶种植栽培书籍,一路寻到该县图书馆,县图书馆没有收藏此书,该馆通过登录福建省图书馆网站查找到所需图书目录,由县图书馆出面帮助办理了借阅手续,读者需求得到解决。虽然,目前馆际互借中邮寄资费还是亟须解决的公共信息传递的社会机制问题,但是这种通过馆际互借利用图书资源的方式,农家书屋还是应该大力宣传和践行。相信随着总馆分馆资源共享机制推行,这些问题将不再成为"问题"。

（4）预约借书

是指读者想借的图书已被借出,读者可以向图书馆进行"预约登记",待书还回时,管理员按登记的次序逐一通知读者来馆办理借阅手续。在网络通信技术高度发达的今天,有条件的农家书屋读者预约借书可以采用电话预约、电子邮件预约等。需要说明的是,预约借书的留书时间一般有一定的限制（一般为三天）,预约读者超过规定的天数未来办理,管理员就应该将该书投入正常流通。

（5）送书上门

是指为一些由于各种原因不能来馆或不便来馆的,如残疾人、年老体弱行动不便村民服务的一种方式。农家书屋对本社区读者要摸清情况,对行动不便的读者主动送书上门。

3. 阅览服务应注意哪几方面环节?

阅览是指读者在书屋内阅读书刊、检索文献信息,是书屋为读者提供基本服务的又一主要方式。农家书屋阅览室和图书外借往往是一体的。阅览服务要注意以下事项:

（1）不宜外借的书刊资料

现代农家书屋多以开架方式提供借阅服务，读者犹如进入自选商场（超市），自由选择、浏览、借阅书刊。但这并不意味着书屋所有书刊资料都可以借回家在私人空间使用。那么，什么样的书刊资料不宜外借呢？

①市场上不流通的，具有地方史料价值的。一般说来，书屋很少会有"价值连城"的"镇屋之宝"，但或多或少都会有些地方性资料如村情村史资料、家族谱牒和那些已不可能"再生的"、"单本的"手稿、照片、乡土文学小册子等资料，这些不宜外借。

②工具书。工具书是搜集某一范围的资料，按照特定的方法加以编排，以供解难释疑时查考之用的一种图书。工具书是检索性的，供人质疑查考用的，不似一般图书按逻辑次序对某一主题进行系统的阐述，供人系统阅读。

③报纸。报纸时效性强，借回到私人空间就失去了乡亲们及时了解和共享新闻的价值。

（2）书屋管理好阅览室可以实现以下功能

①宜人的环境吸引读者。窗明几净，通风不嘈杂的阅览室环境，较浓郁的读书氛围能吸引读者。

②浏览阅读人多量大。读者在阅览室可以利用那些不外借的报纸、杂志、工具书，可以看电视，这些对学习型的读者、消遣型的读者都具有很强的吸引力。作者曾经到过闽中、闽西山区一些县图书馆、文庙、阅报亭等公共场所，每到下午两三点钟，就会有上百个读者风雨无阻地等待当日报纸上架。尽管这些场所的报架设置使报纸展开时读者须昂头仰读不太舒服，但那种投入的神情可见阅览室的吸引力。

③查询知识信息方便。读者在阅览室可以广泛查阅多种信息资源，譬如查阅一组数据，一条信息或一篇文章，可以直接利用书屋藏书刊，在已连接互联网的阅览室里，还可利用计算机上网查询所需信息，既方便又迅速。

图5-1 闽西宁化县图书馆阅报栏

④接近读者。美国社会学家、图书馆学家杰西．H．谢拉说:"阅读是作者与读者之间的一场对话。如果图书馆员想成为二者之间的媒介而不是干涉者,那么他必须参与这种亲密关系。只有当他熟悉他所管理的图书资料和目前乃至将来使用这些资料的读者,他才能有效地将两者联系起来。可是在图书馆员的各种业务中,被忽略的最厉害的就属这种媒介行为的意义了。"①在阅览室这样的公共空间里,生活在本乡本土的书屋管理员有较多机会接触读者,可以较系统了解各类型读者阅读需求和阅读效果,便于推荐图书,搜集反馈读者需求。

4. 借书制度包括哪些方面,怎么做?

制定《书刊借书制度》以及《书刊遗失、损坏赔偿办法》,具体规定出借书期限,明确图书超期或损坏、丢失的处罚与赔偿细则(见附录3、附录6)。与此同时,根据书屋藏书量情况和本村民需求情况决定图书外借方式、借书数量、期限等。需要提醒的是,要保证村民都有阅览和外借图书的权利。但权利与责任是相辅相成的,因此制

---

① (美)杰西．H．谢拉者;张沙丽译．图书馆学引论．兰州:兰州大学出版社,1986:92-93

定出读者的权益和责任的规则是必需的。借书制度包括以下
环节：

（1）规定外借方式

凡借阅图书都要办理借阅手续。例如村民办理免费借书证，凭
证借书，或填写图书借还登记表（见表5-1，此表由书屋管理员保
存）。规定个体的借书量。由于国内信誉制度尚未健全，可以采用
借书证押金的方式借阅图书。借书数量多少视将被借阅图书的价
格，以不超过押金的额度为妥。

表5-1　图书借还登记表示例

借书日期	书名、索书号	借书人签名	还书日期	完好情况	经办人

（2）规定借书的期限

例如，一般不超过21天，定出超期的制约手段（交滞纳金等）。
其理由：书刊是公共的，长期被某个人占有影响大家分享，尤其热门
热点的书刊、光盘等。

（3）续借的方式

可以有：到馆续借、电话续借、短信续借，如果有网络通信设备，
可用 E-mail 续借等方式。

（4）外借文献类型的控制

如上述，印刷型的报纸、现刊（当年的杂志）、工具书不宜外借。
光盘文献由于其磁性载体介质易被损伤、改写等导致损坏，没有专门
的设备难检查出来，建议复本量多的方可提供外借。

（5）读者的责任

包括损坏图书要求修复的程度、丢失图书处理办法、超期借书不
还的措施等等。

5. 阅览制度包括哪些方面，怎么做？

阅览制度主要包括以下方面：

（1）共同维护阅览室秩序。随着公共阅读环境改善，越来越多的农家书屋采用借阅一体大空间设置，需要读者共同维护阅览秩序。保持卫生、不喧哗是最基本要求。

（2）保护阅览室设备，保护书刊资料，不随意损坏涂改等。

（3）阅览登记制度。阅览登记制度包括传统利用书屋的书面登记和电子阅览上机登记。阅览登记制度是读者利用农家书屋的最基本的配合，主要是为了记录人流量，为书屋发展提供参考，也是衡量书屋读者服务工作的一种尺度。农家书屋阅览登记项目很简单（表5-2）。书屋管理员应做好宣传、说明工作，取得读者配合。

表5-2　读者阅览登记表示例

日期	姓名	性别	备注

（4）损坏书刊设备赔偿办法

书刊、设备损坏赔偿主要针对人为性质的。书屋内物品都属公共物品，人为损坏理应赔偿，但要注意赔偿方式。一般说来以"对应的"实物赔偿更能得到读者配合。但是市场上已不流通的图书资料，是用钱赔偿无论如何难以弥补的。

（5）书屋的开放时间

①遵循生产生活规律。乡村地域性强，受众面较为集中，服务对象相对稳定。但当今农村劳动力大量外出，大部分"年轻老年人"是种地的主力军，种地是基本生活保障；城乡结合部的乡村"产业"园区的务工人员也一样受劳作时间限制；孩子们白天要上学。为生计奔波的人们，白天忙着讨吃，有几个来看书？所以村民利用书屋有明

显的阶段性、季节性特征,有伴随传统节庆习俗,圩日贸易集市的积聚性特征,书屋开放要适应本村生产生活规律。

②有一定的"默契"。调查表明,在运营较正常的村俱乐部、村民文化活动中心,开放时间与村民生产生活密切关联,带有一定的"默契"。虽然有的书屋每天开放只有两三小时,但管理员一般不会因人手少、事情多而随意在约定的开放时间内挂出"今日有事不开放"的"免战牌"。调查还表明,不同地方的书屋不约而同地有着晚间"闭屋"不定时的习惯,就是说有读者需要留在书屋查阅,管理员一般不赶人。而那些因为种种原因强调"忙"而随意挂诸如"今日有事不能开放"等"免战牌"的,看起来似乎"人性化",殊不知令人无所适从的开放方式只会让人产生不信任感而少来乃至不来。闽东北山区寿宁县竹管垅村刘石江创办的农民家庭图书馆开张以来,坚持农忙时每天中午 11 时到下午 2 时,晚上 6 时到 9 时开放,农闲雨天及节假日全天候开放。每天到图书馆看书读报者多达百人次,这里成了当地农民学习、交流和文化活动的中心。[①]

关于"书刊阅览制度"的具体条款,可参见附录 4。

6. 怎样开展文献资料复制服务?

普通文献复制设备的多样化、价格不高使得农家书屋文献复制能力正在加强,文献复制方式主要有:

(1)下载和打印

下载和打印是数字资源复制的方式之一。读者认为网上某一信息或者储存在书屋服务器内的某一资源是他们需要的,可以请求下载。例如网络上政府信息公开资料,政府网上办事申请表等,有条件的应提供下载或打印服务。

---

① 寿宁农民致富书屋乐农家. 宁德市人民政府门户网站. http://www. ningde. gov. cn

（2）刻录服务

政府信息公开的文件、社会部门支持"三农"送往基层的实用技术指导等视频资源可提供免费下载，刻录复制为农户学习用。但著作权保护是数字资源建设与利用中的敏感问题，书屋管理员应注意把握"公有领域信息"和公益性文化服务机构"合理使用"资源的范围，用刻录机刻录文艺作品如地方戏曲、电影大片、电视故事片而又收取所谓的"成本费"，将会陷入侵犯著作权的尴尬境地。

（3）静电复印

添置静电复印机的农家书屋，读者需要复印的一组数据、一篇文章、一份图像，可以按市场均价收取复印成本费。

7. 农家书屋电子阅览室怎么布局与建构？

电子阅览室是图书馆为适应大容量的馆藏数字资源和网络信息资源的传递，为读者提供便捷的阅览服务而建立的。农家书屋里设电子阅览室已不是新鲜事了。

（1）农家书屋电子阅览布局

农家书屋电子阅览布局有两种方式：第一种是设专用房间，动、静分开。所谓"动"就是播放视频节目、开展培训讲座，为多人共同获取信息服务的；所谓"静"就是读者个人上终端浏览阅读。"动静"相互不影响。第二种是"电子阅览"与借阅图书、休闲娱乐共在大开间阅览室里，这样既节省管理人员，也方便村民使用。后者已被越来越多书屋所采用。

（2）接通互联网的电子阅览室构建方式

主要有以下3种：

图5-2　闽北沙县青州镇文化站阅览室

第一种,直接由接通互联网的路由器的几个端口分别连接终端用户机。它的优点是:上网自由;可以实现一个 IP 账号多级使用;相对于集线器来说,带宽可以动态交换;电子阅览室管理简单。最大的缺点是不安全。

第二种,通过服务器控制。一头接通路由器上互联网,一头用集线器链接各终端用户机。它的优点是:有防火墙,较为安全;增加缓冲提高访问速度;可以对用户进行分级管理,也就是说可对用户权限进行一定的控制,起过滤作用;可存储一定容量的资源。例如服务器500G 硬盘就可以装下五六百部视频资源,可同时实现上互联网浏览和局域网内资源阅读。

第三种,利用 IPTV,即"交互式网络电视"接收节目资源。IPTV是一种利用宽带有线电视网,集互联网、多媒体、通信等多种技术于一体,向用户提供包括数字电视在内的多种交互式服务的技术。虽然,IPTV(交互式网络电视)还不具有电子阅览的很多功能,但 IPTV是全国农村党员远程教育"村村通"较普遍采用的集体阅读获取方式,必须有所了解。

现在,在福建乡村,当你连接上中共福建省委组织部统一配送的网络机顶盒和 Modem,加上普通电视机,通过遥控器点击,进入到"福建省农村党员干部远程教育"电视界面,就可以看到"全国的、福建省的、设区市的农村党员远程教育频道"、"文化信息资源共享工程"频道、群文网站、网络直播等频道,每个频道中都有"政策法规"、"务工培训"、"农业科技"、"适用技术"、"文化体育"、"精彩影视"众多栏目,多个频道节目汇集成有思想政治教育的、国情法律教育的、生产性的、生活性的、娱乐性的较为丰富的信息资源群。村民可以用早已熟悉的、使用电视遥控器的简便操作方式,点播观看他们所需要的节目资源。

8. 不上互联网的电子阅览室怎么运营?

虽然国家通信基础设施建设已进入广大乡村,但乡村"网络一公里"的问题在一定时期还存在着,网络信息资源的使用还存在付费等"门槛"问题,也就是说网络通到村里,却不意味着每个农家书屋都接入了互联网,但也不能因为未接入互联网就利用不了数字文献资源。那么不上互联网的电子阅览室可以成立吗? 回答是肯定的:可以。具体来说可以有 3 种实现的方式。

第一种:直接阅读在地资源。就是备有一台较大容量的服务器,可以到文化共享工程县级、市级支中心(即县、市图书馆)选择装载回一批数字资源,比如:某一书屋向上级图书馆要求配送 500 小时的视频节目、两千册电子图书使用权装载回书屋的服务器,就相当于有了一个电子小书库,通过集线器连接室里几台终端形成一个小局域网,每台终端用户就可以浏览、阅读服务器里存储的电子图书、视频节目资源。简单地说,这种"不上网的电子阅览室"有了"自己的"资源后,就像一个流动图书室、播放室,管理员可以在小小局域网内"百变精灵"——将电子读书阅览器和电子图书目录快捷到终端桌面上,让读者直接打开选择阅读;书屋管理员也可以选择一些医疗保健养身、种养殖视频资源,连接上投影仪,投放到大屏幕上大家一起观看。如果觉得这批资源该更新了,可以请求当地县、市图书馆提供更新服务(因为文化共享工程和国家已明确要求县、市图书馆要提供这项服务)。

第二种:通过移动播放设备阅读资源。这是文化共享工程实施中,面对农民朋友对便捷性、简易性、实用性、经济性的呼吁而依托市场生产出体积小、技术性能较稳定的"移动播放器"(技术还在发展着),其容纳量较大,携带方便。书屋可以随时携带到上级图书馆更新资源,也可以带到自然村、集市上开展流动服务,配上一台简单的投影仪,还可以播放小电影呢。一些地方政府部门正陆续组织像"移动播放器"这样既便捷又廉价的数字资源传递设备,辅以投影仪、电脑或大屏幕电视机等播放设备,配置给乡村服务网点(参见第二章第五题具体配置)。农家书屋管理员应关注像移动播放器这样简易配置的作用。

第三种,配置卫星接收系统接收资源。一些通讯不便的乡村,政府部门给安装了卫星接收系统,村民可以选择接收从卫星网投放下来的农村党员干部远程教育资源、文化共享工程资源、中小学远程教育资源等等(具体不在此细述)。

总之,在不断加强面向基层、面向农村的公共服务中,农家书屋怎样便捷地、低成本地开展数字资源流通服务正越来越受重视,"手机图书馆"、"图书馆专业电视频道"的面世,农家书屋电子阅览多模式的发展趋势是肯定的。

9. 电子阅览制度包括哪些方面,怎么做?

要制定《农家书屋电子阅览室用户须知》(见附录5),具体规定读者使用计算机阅读设备时应注意的事项。

①使用时间控制。公共性免费服务的电子阅览室,常有电脑终端座位被一些读者长时间占用,其他人用不上的现象。如何公平合理利用设备,发达国家社区图书馆普遍使用的方法是定时管理。定时管理的办法很多。国内经营性网吧采用总台控制办法,一些图书馆购置有专用的"屏蔽"软件,对读者上网时间实施控制。实际上为了让读者有序地使用计算机网络,可以将读者终端分三种类型,分别用不同的标识,明显矗立在终端机上方。例如:

红色牌注明"参考咨询专用",意思是读者的咨询直接由管理员解答。

黄色牌注明"收发邮件专用",表明提供读者查询某一信息,或接收、发送信息用,读者可使用一刻钟左右,程序自动屏蔽。

绿色牌注明"阅览专用",表明用来给读者浏览阅读各类电子资源,时间约一个小时,时间到由程序控制自动屏蔽下线。这种类型使用者有时需要预约(有条件的地方预约和使用时间都在计算机程序控制下进行),有效地控制电子阅览室内的终端机能够得到相对合理公平的使用。

②上机登记制度。电子阅览用户上机登记是国家安全部门保障

网络安全与信息安全的一种必要措施,是用户不可或缺的记录。用户登记必须是实名制。根据公安部门要求,用户登记的原始记录必须保存三个月。

③遵守网络安全与信息安全的国家法律有关条文。要抄录张贴、宣传说明国家法律对上网人员的基本要求。

实际上,上述的电子阅览制度只是最低限度的要求,现在国内公共场所电子阅览多停留在消费娱乐层面上,如何辅导读者有效地使用丰富的网络资源,已经到了包括书屋管理员在内的公共文化服务人员应给予高度重视的时候了。这个问题作者将在本书第七章涉及。

10. 培育农家书屋文献流通信用要注意哪些问题?

乡村图书馆的图书流通过程中最让人头痛的是存在大量的非正常损耗,"公共性的"图书馆(室)尤其严重,它最终导致无书可借,形同歇业。导致乡村图书馆文献流通非正常损耗有以下原因:

(1)我国尚未建立比较完善的个人信用制,一些所谓乡村权势人物,无所顾忌掠走新书好书,管理员无奈。

(2)传统有"偷书不算窃"的歪理。

(3)乡村是一个"熟人"社区,长期以来面对面口头应承已为惯性。证件登记等契约式文书只是在固定财产确认和生老病死等大事层面上发生。

随着农家书屋在全国农村广泛设立,作为稀缺资源的公共文化服务项目渗入到乡村的同时,人们正在探索一些行之有效的读者信用管理办法。鉴于读者信用管理涉及社会和个体多方面的复杂性,探讨其可行性似可从以下方面进行:

(1)将"读者的责任"写进"村规民约"

将"读者的责任"作为村民大会的一项内容,表决通过后写入"村规民约"中。这样做可能产生几方面效果:一则促使读书成为村民整体生活的一个组成部分,二则扩大村民对遵守借书还书"契约"的知晓面,三则增强读者责任感,四则提升社会对该村农家书屋支持与援助的信心。

（2）建立相互信任、配合的机制

由于乡村公共物品稀缺，大部分乡村读者尚未养成借用"公家"图书的习惯，往往会有超过时间忘记还，或不知被谁拿走或丢了的现象。如果书丢了，肯定要赔偿。但如何赔偿会减少矛盾呢？图书馆员一般会建议读者去买一本同样的书作赔偿，馆员再给新买书加工，补上原来书的登录号、排架分类号等便"两清"了。为进一步减少矛盾，有经验的馆员还会帮助丢书者代寻购，如网购，花费更少的价钱买到相同的图书，让读者按实际购书价付款；如果买不到原书的新品，还可以用同类书进行变通，然后在"图书个别登录记册"中作相应的说明。这样做，虽然管理员会麻烦点，但是，这种以读者为本，对公共物品负责的做法会让读者接受与配合，它将使读者在潜移默化中信任、亲近书屋，受众间的信用机制得到良性升华。

（3）技术控制

对于已实行了计算机管理的书屋，在读者信息库中加入信用管理的信息，但要加强个人隐私的保护和个人对自己信息知情权的确认，它将有助于提升读者的自制力。

（4）处罚的方式

这是当前世界范围内长久困扰的话题。主要原因在于：一是缺乏具体法律依据，二是缺乏罚款额度的把握，因而罚款容易引起管理员与读者的矛盾。建议在必要时采用"拒借"等不欢迎方式"处罚"。

（5）加强"信用建设"宣传和培育

加强公共知识产品与读者自身权益关系的宣传，以激励为主。给自觉守信的读者精神奖励，例如定期张榜表扬守信用读者，扬正气。

虽然这些措施显得有点理想化、微不足道，但农家书屋一样是承担社会教育职能的公共场所，开展社会教育本身就是一个潜移默化的过程。

11. 书屋宣传、展览有哪些特点与形式？

宣传、展览是公共文化场所建设的重要组成部分。书屋作为村庄的公共信息空间更要重视。该怎么做呢？乡村文化中心多少有自己的特色。

首先，宣传与展览经常合而为一。"宣传"与"展览"在语义网的逻辑关系中，"展览"在"宣传"下位，简单地说，"展览"是"宣传"的一种方式。在实际操作中，展览为了宣传，宣传依托展览也是书屋经常用的方式，所以"宣传"与"展览"经常是合二为一的。

其次，综合性强。这是农家书屋往往集图书馆（室）、村情村史室、民俗室、文化活动室、工艺美术作品展室于一体，书屋管理员身兼数职的客观条件所决定的。

第三，有例有证简单明了。乡村文化生活大都保留着浓郁的乡土性。政策法律、科技知识进入乡村需要适当的"本地化"，并要求内容简约，否则难以吸引乡亲们。就"安全教育"这个主题宣传来说，村民们最易接受的就是案例，有实证的交通安全警示教育资料。更多的社会调查显示，村民对于日益令人忧心的"艾滋病"安全教育却觉得距离遥远，认为仅是性传播而不具警觉性，用有案例有实证的视频资料结合培训讲座后，村人们自我防护意识明显提高。

第四，贴近生活，贴近村民。包括宣传展览的内容和形式。宣传展览的内容不仅要结合国家不同时期的中心任务，更要重视结合贴近村民生产生活的生动实证。那些多姿多彩的宣传展览，村民愿意去看的，大多是贴近村民生产、文化生活的照片、文字乃至视频资料，村民们会为自己参与其中、"榜上有名"而快乐的。

因此，书屋的宣传展览的特色就是要注重综合性、实证性，贴近生活，贴近村民。参见图5-3、5-4。

图5-3　福建永安市曹远镇绚丽多姿的民俗文化活动展览

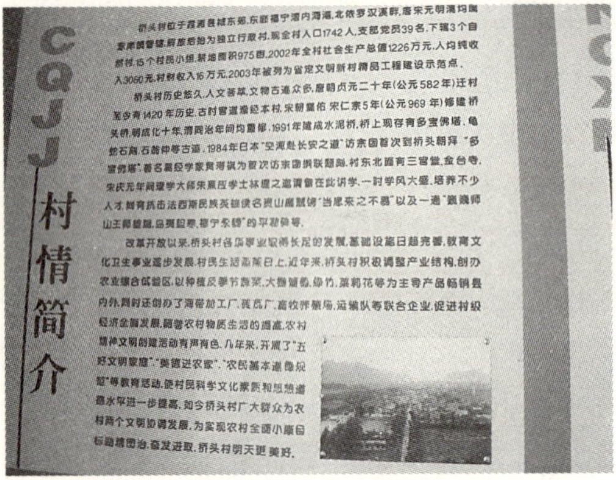

图5-4　福建霞浦桥头村俱乐部村情村史专栏

第六章　推广与辅导(一)

1. 农家书屋推广与辅导服务对农民朋友有什么益处?

　　农家书屋推广辅导的目的是什么? 很明确——为了促使乡亲们提升读书意识,有效地读书、用书,获取知识信息,提高生产、生活质量。

　　过去,人们认为办乡村图书馆难,难在领导不重视,难在缺乏资金,难在缺乏图书,难在无合适场所与设施设备,难在没有理想的馆员。总之,难在财、物、人。实际上,随着新农村文化建设力度不断加大,更深层次的是难在"人"。这是一个问题的两个方面。一方面是乡村图书馆员的责任心以及服务方法上的问题,即缺乏"营销推广"理念,用图书馆行话就是缺乏"推广与辅导"过程。另一方面是乡村群众读书用书不够自觉,对利用图书馆这样的公共物品无意识。但这些"不够自觉"、"无意识"状态正如多年在"三农"一线实践的人们所悟出的"不了解农民就不能了解中国"的道理一样,有其复杂的原因。

　　第一,村民阅读能力有限。首先,不可否认的是受学校教育程度普遍偏低,那些过早离开学校,缺乏起码的正规学校教育的大部分村民处于知识贫困状态,亦缺乏利用相应的工具去寻找知识信息的能力。其次,受传统生产方式影响。传统农业生产靠天吃饭,凭经验耕耘,对书本知识依赖不大。即便是占小农经济重要成分的中国农村传统家庭副业,"大都是适应个人独立工作而成的,并不需要社会形态的集体劳动。生产工具的制造简单,使用方法不太复杂,很容易养成劳动者的熟练技术"。① 对社会依存度不高。再次,农村精英严重虚空,乡村阅读主体缺位严重也是众所周知的。

第二,地方性突出。普化性知识难以满足需求。中国八亿农民分居在辽阔国土的60万个村庄,区位环境差异,改革开放后农户经济组织结构差异、"本土知识"差异、历史文化传统差异等客观存在,知识需求的地方性突出。

第三,不知道,不了解。乡村长期缺乏像书屋这样的公共知识产品,村民不知道、不了解去哪里获取信息,不知道怎样去获取信息,尚未体会到掌握一定的知识、技能可以提高生存能力,提高安全感,可以扩展发展空间,可以从中文化休闲娱乐,可以提升自己的生活质量的益处。

鉴于上述原因,书屋开展推介辅导对农民朋友至少有如下益处:

其一,让农民朋友知道农家书屋是什么,有什么。即让农民朋友认识到:书屋是乡村的一个新型的、复合型的公共知识信息空间,是一个开放的知识空间,这里集中了国家、社会各部门多种渠道援助乡村的知识信息资源。

其二,让乡亲们知道怎样利用书屋,去哪里获取信息;享受读书的安全感、幸福感。

其三,书屋更适应本地化的需求。长期以来,农业、农村、农民因种种主观客观原因,决定了传统图书馆的某些"标准化"、"规范化"、"书斋式"的组织服务模式难以适用,而农家书屋比较因地制宜,更能发挥社区知识经纪人的"中介"作用。

其四,为社会各部门更有针对性地开展乡村知识援助提供借鉴。

2. 农民阅读有何特点?

阅读是需要有动机的,也就是说有一种主导阅读的价值观念,这种价值观不是一成不变的,它是建立在人的需求基础之上,人的

---

① 郭风. 中国农业的历史源流. 北京:经济科学出版社,2006:162

需求是会发生变化的,需求不一动机自然不一,于是,阅读也就有了多样性、层次性之特点。如果我们在了解农民需求基础上理解阅读,就会有对农民主体阅读行为特殊性的认识,作者尝试作如下归纳:

(1)讲求"用得上"

长期以来乡村人们靠直接与自然、与土地打交道获得生活资料,充满着风险和不确定性,在这种缺乏相对安全感状态中,对知识、对信息、对图书的需求有着明显的工具性效用和现实性效用。他们中大部分不可能博览群书,不管是生产性的、生活性的知识信息,都定位于"用得上"。

(2)类型不多但重复利用率高

长期与乡村交往的人可以感受到,村民对自己所熟悉的生产性、生活性书刊资料阅读的重复利用率高。譬如葡萄专业户对葡萄的种植技术、培育过程、加工、市场经营的书刊和视频资料,他们必须反复阅读、揣摩。用得上的书刊资料农民不仅去借,更会去买。实际上乡村生活的传统还表明,那些乡村人们所熟悉的,易被感知的,特色性、地方性文艺资源,像那些地方戏剧、曲艺,他们也是百看不厌,百"读"不烦的。

(3)"读得懂"的文本受欢迎

由于村民受学校正规教育年限偏低,发现知识,获取知识,吸收、消化知识的能力有限,阅读不仅费神、费力,还看不太懂,使得知识转化为生产力成本高。所以,乡村生产性的技术技能知识获取不管是图书报刊,图文声像并茂的电视节目、光盘等,都希望直观性强,看得懂,吸收得了,总之,平民化、深入浅出的阅读文本,"看得懂"的文本受欢迎。其实,这也是农民一种出自"自尊自重"的本能反应。

(4)休闲阅读比例在上升

物质生活改善使得人们阅读不再只为读书,而成为一种生活方式,乡村居民一样如此。一天劳作后,大多想看点休闲书刊影视调适自己。知识传媒的多样化也提升了人们休闲阅读的兴趣,扩大了阅读的选择,于是就有了"读本时代"、"读图时代"、"读电视时代"、"读网络时代"的多样性、多元化的选择。自然,人们对书屋提供文化休闲阅读物的期望值也在提升。

(5)阅读的趋同性与活动形态明显

研究表明,趋同性是人类生存活动行为之本能。中国传统乡村之所以趋同性更突出,概因农耕传统生产方式、社区群体生活方式的需要。所以,村民在生产上、生活上、文化娱乐上,乃至今天面对残酷的市场竞争而在经济合作经营中产生的趋同性是本能的,有时也是必需的。

活动是农村居民的一种生活形态,千百年来,村民共同创造的年复一年、周而复始的地方民俗活动传统,不仅具有增强族群社群凝聚力,调适生活、娱乐自己、释放情感的功能,也成为人们信息交流的平台。书屋用开展活动的形式来增强学习交流的效应,借助集体活动去激活接受知识的潜意识就显得更有必要。

(6)体悟"阅读"相结合

这是乡村群体长期面对面口头文本社区传递知识信息的特征。村民接受知识信息不仅靠阅读图书,更靠听觉,根据表情、语调去感受、去体悟,靠现场示范来领会。

(7)阅读正在从"知识点"向"知识线"移动

所谓知识点就是指能独立表达某一问题的知识单元。乡村大部分读者阅读厚厚的书籍有困难,能独立从中提炼某一知识点更不容易,读者多需要被直截了当地告之某一事实、某一数据、某一信息的答案。

但是现在越来越多的农户从生产实践中只关注"知识(信息)点"而造成损失(如药物残留、"果贱伤农"等)的切肤之痛中逐渐醒悟,继而提出系列性、专题性、知识和信息复合型的资源需要的合理诉求。

3. 推广辅导应把握哪些原则？

（1）本土化与适用性原则

本土化与适用性原则也称实用性、针对性原则。农家书屋推介的本土化适用性书刊包括两个层面的内容：一是要根据地理位置差异造成南方、北方、沿海、山区所需的生产生活知识的不同，要尊重当地传统和经济状况的差异性、现实性而推介适用的书刊；二是从生产技能知识、生活知识、休闲知识的多样性、多层次性文献中选择适用的，譬如"防灾减灾常识"，"图＋文字＋实证"的科普读物就比学术读物适用而受欢迎。受需求现实影响，乡村人们获取知识信息不管为追求经济效益也好，为教化目的也好，为提高日常生活质量也好，为娱乐休闲也好，他们需要的是易于被感知的、适用的知识信息产品。"本土化"是著名平民教育家晏阳初先生早在上世纪二三十年代就提出的目标"科学简单化，农民科学化"，它表明了一种中国传统农耕文明和现代意识结合的可能方向。[①]

（2）时效性与系列化原则

时效性原则是农业生产靠天吃饭和小农经济直接面对残酷市场竞争的双重风险，种养殖受生长期限制，受自然灾害、病疫威胁，受有机体生命期制约，受市场供求掣肘等所必须讲求的。系列化则是指推介使用的知识信息与生产的关系、与技术技能的关系、与市场经营的关系要力求系统化而非零散型信息。时效性、系列化原则，实际上是农民在市场经济中受指令性引导的束缚以及采用零散型信息欠适用、欠系统之苦后的诉求。

（3）易得性与低成本原则

易得性是指村民获取所需要的知识信息的成本。著名的穆尔斯定律（Mooers law）指出："如果取得信息比不取得信息更伤脑筋，或

---

① 孟雷．从晏阳初到温铁军．华夏出版社,2005:83

更麻烦的话,人们将会放弃信息需求。"①由于乡村知识服务网点不足带来的距离和时间成本,配送知识产品不对口,服务质量差的"劳心"成本,获取知识和信息的专业难度成本、技术障碍的成本等,使得农民因高成本而无力消费信息甚至放弃消费。所以,不管是上级为农家书屋配置,延伸服务推送,还是农家书屋推介提供知识信息产品时,都要讲求农民的"易得性",也就是要重视农民读者获取知识信息的成本。

(4)现实性与前瞻性相结合原则

现实性与前瞻性是一对看似矛盾却很和谐的信息资源推介原则,它是现代农业生产经营、劳务输出面向市场的现实而被"逼"出来的,也是因为乡村长期信息渠道不畅,信息不对称而提出的。前些年,闽北一农民看到市场"红豆杉"树木经济价值很高,他预测前景很好,于是想方设法种了几亩"红豆杉"苗木,几年都难以出手。主要原因是红豆杉成才期太长,因种种原因还很少有人工培植的,为此很是尴尬。当前"很多农户对市场信号反映不够灵敏,生产经营什么、生产经营多少,往往只凭经验或互相仿效,盲目性大,地区趋同性高。"②所以,农家书屋推广辅导前瞻性原则主要指"参与"搜集较大范围的经济生产知识信息、市场预测信息。

(5)知识与信息并重原则

前面我们谈过农家书屋"知识"与"信息"的关系。书屋推介辅导中只强调村民知识需求而忽视村民信息需求,将无法把握千变万化的信息时代。但只强调信息不重视知识则是目光短浅的。因为信息只能是"展示"现实,而无法"照亮"现实,要"照亮"现实必须靠知识、靠智慧。换句话说,"信息"与"知识"是"标"与"本"的关系。勇于冒险而又开拓的晋商有一名言:做生意靠的是知识学问,而不仅仅是靠"撞大运"。

---

① 任志纯,李恩科,李东. 穆尔斯定律及其扩展. 情报杂志,2002(11)

② 尤小文. 农户经济组织研究. 长沙:湖南人民出版社,2005:174

4. 农家书屋推广辅导工作有哪些特点?

(1)综合性强

综合性强概因农家书屋管理人员身兼数职,需要推广辅导的内容繁多等现实影响而决定的。

(2)实践性与示范性强

实践性与示范性要求辅导人员应具有较高的素质、身体力行,实践经验丰富有一定的解决业务问题的能力。包括两个层面:

一是指必要时能进行技术操作示范。二是书屋管理员最能"读懂"受众的心理,善于捕捉机会、适时引导,让受众"百闻不如一见"。一些看得见、摸得着事例的现实感将调动人们产生学习的兴趣与积极性。

(3)合作、参与度高

合作与参与度高主要受两方面影响。首先,农家书屋管理员大部分身兼数职,听凭上级多头指挥,遇到紧急任务多靠合作、突击完成的;其次,书屋一般缺乏充裕的财力、人力,独立开展诸多的推广辅导项目,需要联手多方共同实现农家书屋的知识信息传递功能与价值。

(4)多样性与个性化

这是针对农家书屋整体性而言。我国乡村地域广阔,行业门类众多,农业生产的可控性较差,农业涉及面广、信息源宽泛等因素,决定了农户信息需求的多样性、个性化程度高,也因此提升了乡村推广辅导的多样性、个性化的要求。

5. 怎样利用图书馆目录?

目录又称"书目",是指著录一批相关文献,并按照一定的次序编排而成的一种揭示与报导文献的工具。文献目录的主要类型有:出版发行目录、读书目录、藏书目录。顾名思义,农家书屋相对常见的书店发来的目录就是出版发行目录的一种类型,图书馆目录就是藏书目录的一种类型。图书馆目录与出版发行目录各有何功用？让我们从表6-1来了解。

表6-1　图书馆目录与出版发行目录功用比较

名　称	性　质	职　能	特　征	功　用
图书馆目录	藏书目录	工具	1. 揭示某一图书馆从古到今，从印刷型书刊到非书型的文献资料。 2. 揭示的书刊资料类型多样、新旧不一。	提供社会读者查检图书，识别图书、选择借阅图书。
出版发行目录	出版发行	工具	1. 为某一阶段出版的新书进行宣传推荐。 2. 书新。	经营销售。

人们需要的知识信息是多样性的，但你所需的知识信息并不都在"新书"上，更不是都可以买到的，所以读者应视需要学会使用图书馆目录与出版发行目录。

怎样利用图书馆目录？

图书馆目录当前已实现了数字化、网络化，通称为"图书馆目录数据库"。它是揭示馆藏、查找图书馆藏书的工具。目录数据库是图书馆最基本的数据库，是某一图书馆所收藏文献的缩影，也是图书馆网站上最基础的文献书目信息资源。因特网任何用户都可以通过相应的网址访问，如中国国家图书馆（www. nlc. gov. cn）、上海图书馆（www. library. sh. cn）、浙江图书馆（www. zjlib. net. cn）、广东省立中山图书馆（www. zslib. com. cn）、深圳图书馆（www. szlib. gov. cn）等众多的图书馆网站。查检图书馆目录的步骤如下：

（1）登录网站检索。用户选择某一图书馆网站登录，在网站主页"书目检索"的搜索框内输入所要查找的书名、作者名称、出版社名称或主题词等,点击"搜索",便可显示是否你查阅的书目信息(图6-1)。

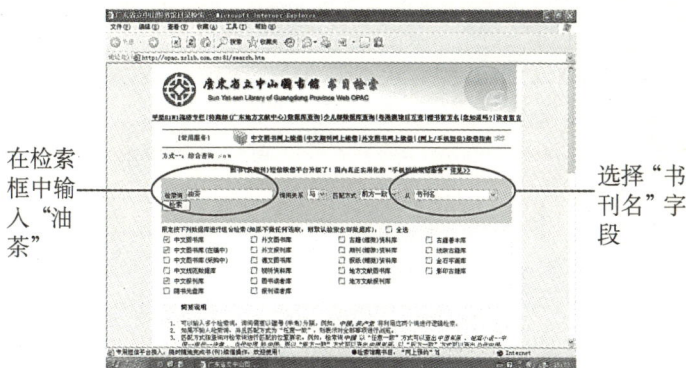

图6-1 广东省立中山图书馆书目检索页面

(2)在检索结果中选择你想看的书目记录下索取号、书名、作者名称、出版社名称、ISBN,以及收藏单位等外表特征(图6-2、图6-3)。

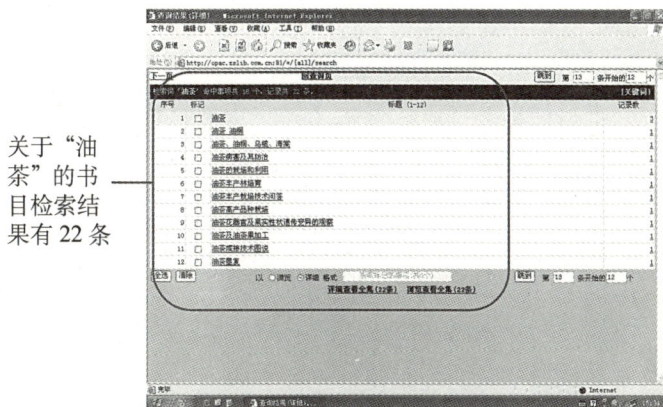

图6-2 广东省立中山图书馆书目检索
"油茶"返回结果列表

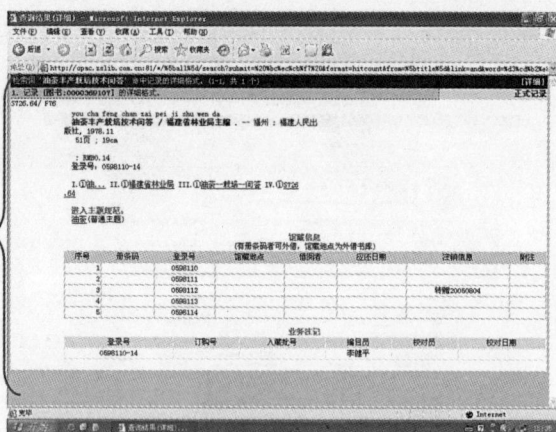

选中的检索结果详细信息

图6-3　选中的《油茶丰产栽培技术问答》的馆藏信息

（3）决定获取方式。要具体阅读某书还需要根据书目所指的途径"寻路索求"。例如向书屋借阅，或通过书屋向其他图书馆进行馆际互借。如果有电子图书，你就可以通过计算机（远程）登录在线阅读，更为方便。

也许有人问，查到书目数据（信息）可以代替阅读图书全文吗？是不是读者需要的知识都有书目数据？

毫无疑问，书目信息不可以代替全文。一条书目数据揭示的只是对应的一种文献（如一本（套）图书、一个光盘、一种期刊）的基本信息，就像我们经常收到超市寄来的热卖商品目录，它所提供的信息只是供人们了解商品而看不到商品的实体一样。换言之，图书馆目录只能告诉你这些图书名称、作者、出版社等外表形式特征，以及收藏在哪个处所，而这些并不能替代你看到书的全文。

那么，是不是读者所需要的知识信息都有对应的书目数据？回答是：不一定。因为很多知识隐含在某一书刊中，换句话说，并不是你需要的具体的知识信息都有形成单本图书这样的独立载体形态。例如人们在生产、生活、学习中经常需要执拟合同书、协议书，感谢他人帮助要写感谢信、表扬信，外出求职要写应聘书、申请书，或者你有了科技发明创造成果要写专利申请书,某人患病想了解怎样食疗等应用性知识,书上肯定都有,但它们隐藏在哪里呢？这就需要从内容角度查找了,即进行分类查找或主题查找。

分类查找法。就要用上我们前面所讲的文献分类知识了。譬如要查"房屋租赁合同书"怎么写,其查找步骤：

第一步,判定相关的知识归到《中图法》哪一类去了。当你知晓了怎么写合同书属于应用文写作类,而它在《中图法》H15 汉语言写作类下,那么"以类求书"后就可以看到有关应用文写作的图书都集中在这里。

第二步,深入书中翻检。不一定你要的知识都有独立的一本书,而是隐含在相关图书中的某一章节、某一部分。这时你就必须翻检一下应用文写作的图书目次才可以找到。

分类查找方法的好处是读者可以直接到书架上按分类排架号寻找翻检；如果有电子图书你就可以通过电子书库页面上展示的"分类导航栏目"按提示搜索。

主题查找法。由于当前图书馆目录数据库中用的主题词还是以受控的"叙词"为主,查找前先要主题分析提炼、进行主题词标识转换,比起用网络搜索引擎的关键词搜索难度大得多,专业性也强得多,不在此细说。

6. 怎样宣传推介文献？

文献宣传推介的对象可以是新出版物,也可以是过去的出版物。被推介的文献可以是一套书（多卷书或丛书）,某一本书、书中某一章节,报刊中的某一篇文章、某一固定栏目,某一电子图书,某一光盘,某一在线多媒体节目资源等。

文献推介展示方式也很多,有直接利用书屋藏书推介的；有利用传统宣传栏推介的；有发放书店编制的目录供你选择的；有编制专题书目信息推送的；有通过网络链接导航的,不一而足。以下主要介绍4 种。

（1）推介书屋现有藏书

书屋的藏书是书屋存在的理由，虽然书屋藏书量有限。那么怎么了解藏书以便向读者推荐现有的藏书呢？可以有以下 3 条基本途径。

一是了解书名。书名是直接表达或隐喻图书内容并使其个别化的名称。用隐喻方式表达的一般在文学作品和科普读物中常现。如《红岩》（革命斗争小说）、《天上没有玉皇，水里没有龙王》（科普读物）。有的书虽然正书名表达意思比较宽泛，但其内容关键词大都反映在副书名中，如《戏比天大：常香玉回忆录》。

二是读一读图书的内容简介、目次、前言、后记等。

三是浏览一下全书和章节等。

通过这些途径对书屋藏书就有大致的了解，需要时可以推荐给读者了。

有效地推介书屋现有书刊应做的准备工作如下：

第一，摸清"家底"。了解本书屋有些什么样的书刊。

第二，了解村民的需求，有针对性地推介。闽东北山区有农户受生育质量困扰多年，寿宁县竹管垅乡农民刘石江将这些农民引进他创办多年的"家庭图书馆"，推介他们阅读有关婚育书刊，"该乡傍洋村的一对许姓夫妇懊悔地说：'假如早些年看到这样的婚育书刊，我们绝不会近亲结婚，生个不健康的孩子。'现在这个农民图书馆婚育新婚阅览室一角阅读的人最多。"①

然而，读者的需求是多样的，书屋的藏书却有限，很多书要靠利用各种书目与外界资源。

（2）"出版发行书目"推介

如由书店或某出版社为"三农"服务编制的出版发行目录推介。

优点：不用书屋管理员自己动手编制，可以直接宣传推介给乡亲们选择。

---

① 庄严，吴通华．竹管垅：婚育文化走进农家．福建日报，2007-07-02

缺点:无法满足乡亲们多样性的知识信息需求。

(3)传统宣传栏推介

如图6-4"新书推荐"宣传栏。

优点:直观、明亮的色彩易吸引村民注意力。

困难:制作成本较高。

但有关部门在开展一些社会性读书活动时,会"批量性"发行宣传版画,或制作宣传电子版等发往基层,可以充分利用它们。

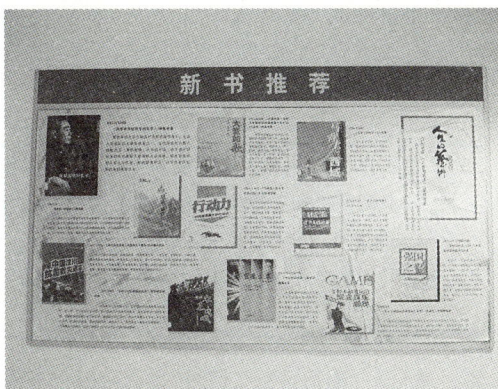

图6-4 新书推荐栏

(4)"标签"式推介

什么叫"标签",简单地说就是一本书的"关键词",可以将一篇文章、一本图书、一些光盘、一帧(组)照片选择一个或几个关键词、词组来标记。这样一来,凡被推荐的文献都可以用各种文献具有的相同性质的关键词来标识,如题名、责任者、出版者等。标签的功能主要是面向读者、用户的,让读者可以很方便地查找并理解管理员所推荐的某一本书、某一文章、某一光盘的形式特征和内容,以便选择使用。对于书屋管理员来说,制作标签用词应简短、常用,要能概括文献的大致特征。如果用图书馆专业话语表达,标签类似"元数据",也就是说"标签"是用相对的格式化语言来揭示文献的名称、作者、出版者等外表形式特征,告诉读者到哪里去获取资料全文的书目信息。

以下表6-2—表6-5是针对书屋采集资源的可能性,综合相关"元数据"格式所设计的标签著录实例,供参考。

表6-2　图书推介实例

项目	标签(关键词)例子
正题名	中国农民的传统生活
第一责任说明	国风著
出版者,出版日期	经济科学出版社,2007
ISBN\ISSN\ISRC	7-5058-5531-X
定价	CNY35.00
内容记述	
资源类型	☑图书　□期刊　□报纸　□光盘　□网络资源
资料来源	☑本书屋藏　□索取号 D4/5　□刊(书)名 第⋯⋯期 □期刊固定栏目　□网络资源地址
获取方式	☑可代购　□可复制(下载)　☑可借阅 □快捷在计算机桌面上的网站、平台软件等

表6-3　期刊(栏目、篇目)推介实例

项目	标签(关键词)例子
正题名	漫画与幽默
第一责任说明	《读者》编辑部
出版者,出版日期	《读者》编辑部
ISBN\ISSN\ISRC	1005-1805
定价	
内容记述	"漫画与幽默"是《读者》杂志每一期的固定栏目
资源类型	□图书　☑期刊　□报纸　□光盘　□网络资源
资料来源	☑本书屋藏　□索取号　□刊(书)名 第⋯⋯期 ☑期刊固定栏目　□网络资源地址
获取方式	☑可代购　□可复制(下载)　☑可借阅 □快捷在计算机桌面上的网站、平台软件等

表6-4　光盘推介实例

项目	标签(关键词)例子
正题名	怎样办好一个蛋鸡养殖场
第一责任说明	
出版者,出版日期	国家数字文化网
ISBN\ISSN\ISRC	
定价	
内容记述	
资源类型	□图书　□期刊　□报纸　☑光盘　□网络资源
资料来源	☑本书屋藏　□索取号 S8/11　□刊(书)名 第⋯⋯期 □期刊固定栏目　□网络资源地址
获取方式	□可代购　☑可复制(下载)　□可借阅 □快捷在计算机桌面上的网站、平台软件等

表6-5　网络在线资源推介实例

项目	标签(关键词)例子
正题名	动漫世界
第一责任说明	文化共享工程上海市分中心
出版者,出版日期	上海数字文化网
ISBN\ISSN\ISRC	
定价	
内容记述	
资源类型	□图书　□期刊　□报纸　□光盘　☑网络资源
资料来源	□本书屋藏　□索取号 S8/11　□刊(书)名 第⋯⋯期 □期刊固定栏目 ☑网络资源地址 http://whgx. library. sh. cn/
获取方式	□可代购　□可复制(下载)　□可借阅 ☑快捷在计算机桌面上的网站、平台软件等

“标签”式推介的优点:

①不同文献形态容纳性强。如上述,书屋为读者所推荐的文献形态不一,获取的手段不一,标签格式设计中已将各种文献所具有的

主要形态特征基本罗列在各项目中,你可选择合适的填上,揭示文献。

②读者获取信息成本低。"标签"揭示推介某一种书刊、某一文献中的具体知识(信息)点、网络上某一在线资源名称等,还提供获取这些资源的地址。读者接受简单培训后就可以掌握,节省读者时间。

③简单、明了,制作成本低廉。对于书屋管理员来说,只要把设计好的格式化表格复制多份,就可以随时将收集到的资料填写关键词,将填好的表格贴在宣传栏或装订成册,提供读者使用了。标签式与传统图书馆卡片式目录或者机读目录来相比较,更为随机、直观。

④一举多用。所设计的标签著录项目,揭示资源的形式特征与当前大众化元数据语言较为一致,不仅可以用来做个别的文献推介,还可以用作组织专题资源的书目制作。

应注意的问题:

(1)书屋管理员要做有心人。因为,推荐一本图书、一种期刊、一个网站容易,但要深入揭示一书刊的某一篇文章,推介某一网站某一栏目难度则大多了。

(2)生产性、经营性的信息推介要注意针对性、时效性、系列性。

(3)讲求易得性。即推荐的文献知识信息要让读者比较容易获得。

7. 怎样开展图书代购服务?

目前书屋代售代购主要有3种方式。

第一种方式:农家书屋里设置"农村图书代销代购点"。

设"农村图书专柜"这种让农民就近可以直接翻阅选择购书的方式被有条件的农家书屋广泛采用。福建南平地区为解决农民"看书难"问题,利用每个乡镇的文化站、农家书屋、民间的农民读书社、文化中心户、科技示范户,延伸图书销售终端,广泛设置"农村图书代销代购点"、"农村图书专柜"网点,张贴售书服务告示牌。①

　　设代购点的好处是直观性好,读者可以浏览后选择购买(如图6-5)。并且在方便农民买书、看书的同时,多种经营的方式也增添了农家书屋活力。

图6-5　福建南安蓉中村农家书屋销售区

　　第二种方式：利用出版发行书目(又称"书讯信息")帮助订购。

　　图书订购主要利用各种出版发行书目。村庄居民可方便拿到的是各出版社为"三农"服务的出版物和编制相应的出版发行书目刊物。例如《农家书屋工程推荐书目专刊》(以下简称《书目专刊》)由《全国新书目》杂志社编辑。《书目专刊》(一)收录图书约5000种。提供了分类查询和按出版社名称查询。②

　　《书目专刊》(一)图书的查找方式分为：

　　(1)分类查询。也是按照《中图法》22大类,将所有书目按各自类系归属A、B、C⋯⋯的序号排列。比如,"农业科学类"代码是S,称"S类",可看到该书目共介绍了近两千种农业科学类图书。又如

　　①　李录．破解文化"四难"推进乡风文明　着力提升新农村文化建设水平．http://www.greatwuyi.com/

　　②　新闻出版总署．怎样获得出版物信息．http://www.xwgd.gov.cn/

查找有关"中草药治疗"的书,根据分类知识,先确定中草药治疗应属于医药卫生类即"R类";然后在该书目分类目录寻找"医药卫生"类,根据目录提示的页码打开内文,就会看到许多医药卫生类的推荐图书;再逐行寻找,就可以找到多本关于中草药治疗各科疾病的书目供你选择了。

按类查找的优点:集中同类内容的图书,具有系统性、逻辑性。需要者可根据书目提供的出版者(社)信息如地址、传真、电话、邮箱等联系方式向书屋管理员、向书店、向出版社求购。

缺点:不了解《中图法》基本大类的无法判定到哪里去找。

(2)按出版社名称字顺检索。《书目专刊》(一)提供了以出版社名称为索引的书目,熟悉出版社情况的村民可以用来查找相关内容。出版社的先后顺序是按该社全称第一个字拼音的声母的音序排列。比如,我们想找农业出版社的图书,就可以顺着书目找"N"开头的出版社名称,就可以看到农业出版社出版的所有推荐书目。想找金盾出版社出的图书,可以顺着书目找"J"打头的出版社名称,就可以看到金盾出版社出版的所有推荐书目资料。

与分类查找一样,按出版社名称字顺查询方式的书目内容除提供了图书的书名、作者、出版日期、书号和定价外,还提供了出版社的地址、电话(传真)、网站、邮箱等联系方式。如果对哪个出版社的图书感兴趣,也可以通过电话、信函或者电子邮件的方式与出版社取得联系,了解情况。

按出版社名称字顺检索的优点:直接、简单。只要知道是哪个出版社就可以据读音求索,方法与分类查找一样。

缺点:前提是熟悉国内哪些出版社出版有相应出版物。

第三种方式:上专门网站、网上书店查寻购买。

在此,自然首推《中国农家书屋网》(http://www.zgnjsw.gov.cn/)。中国农家书屋网是新闻出版总署专门为农家书屋建立的政府性质网站。中国农家书屋网有新闻中心、政务信息、各地动态、魅力书屋、专题栏目、书屋管理、社会捐赠、农民园地、读书频道、在线服务等十个栏目。

中国农家书屋网站上有两个板块推介出版物信息。

一是,查看"推荐书目"。在中国农家书屋网首页的左下端有一个"推荐书目"版块,点击此版块进入专题网页,有许多图书的介绍。

二是,登陆"读书频道"栏目。在"读书频道"里,不仅有专家推荐的好书,还有关于该书的书评,通过书评,管理员和读者可以更全面、深入地了解这本图书。

图6-6　中国农家书屋网站"读书频道"栏目网页

刊登出版物信息的还有不少网站,主要分为三大类:

①大型专业网站。刊登出版物信息的大型专业网站越来越多,诸如卓越网(http://www.amazon.cn)、当当网(http://book.dangdang.com/)、北京图书大厦网上书店(http://www.bjbb.com)等。

打开这些网站主页,就会出现提供浏览的分类栏目,一般按社科、科技、少儿、文艺、小说、励志等内容进行分类,可以很方便地找到想要的出版物信息。譬如你要"养鱼技术"的书,在当当网"图书"页面的分类栏目下找到"水产、渔业"这一类列名称,点击"搜索",找到你想要的书后就可以跟随着页面的引领提示进行网上购书交易,很方便。

②出版社网站。大多数出版社都开设了网站,在网站上刊登有该社出版的相关书讯。以出版农林图书著称的中国农业出版社(http://www.ccapcom.cn)、金盾出版社(http://www.jdcbs.com.cn)、中国林业出版社(http://www.cfph.com.cn)等都建有自己的网站,网站上刊登了本社的书讯。管理员可以直接登陆这些出版社的网站查找该社图书信息。比如,打开金盾出版社的网站后,选择"网上书店",点击进入后即可看到很多该社图书的封面和信息。还可以通过注册成为出版社的会员,享受更多的书讯服务。

③大型门户网站。大型门户网站指的是综合类网站,这些网站几乎都设有与读书相关的栏目,利用百度、Google、搜狗等搜索引擎,在搜索引擎的对话框中输入比如搜狐网(http://www.sohu.com)读书频道、新浪网(http://www.sina.com.cn)读书频道等。在这些门户网站的读书频道上有大量详细的出版物信息,通过访问这些网站的读书栏目,可以直接获取出版物信息。

8. 怎样使用搜索引擎查找信息?

互联网上的信息资源浩瀚如海,怎样在这茫茫大海中查寻我们所需要的信息呢? 这就要靠"搜索引擎"帮忙了。

"网络搜索引擎"这个词汇现在大家已经不陌生了,它是指专门提供查询服务的网站。著名的中文搜索引擎有:谷歌(中文)(Google)、百度(www.baidu.com)等。

利用搜索引擎,我们可以比较方便地在互联网上查询到相关的网站和所需的信息。无论概念、名言、典故、人物、数据都可以通过搜索引擎的搜索栏,输入要查询的关键词,与关键词相关的网站或网页顷刻间显示在你面前。利用搜索引擎,我们必须掌握点技巧。

第一,选准关键词。就是说要选择最接近你的查寻目标又具有检索意义的实词。例如要查"土鸡蛋行情",利用百度或 Google 的搜索框输入"土鸡蛋价格"这个关键词,顷刻间就有与"土鸡蛋价格"相关的网站或网页显示在你面前。

第二,提高搜索精确度。对于很多的农村居民来说,提高查准率主要还是靠合理选择关键词或词组组合的方式来缩小搜索范围,提高搜索的精确度。例如,你要了解"城市绿化苗木"市场行情,可以在 Google 或百度等搜索引擎检索框尝试输入"苗木"、"绿化苗木"、"城市绿化苗木"三个不同的关键词,可以发现检索结果的精确度不一样。检索词表达的越准确,返回的结果越精确。使用"苗木"返回 10 500 000 个结果,使用"绿化苗木"返回 2 080 000 个结果,使用"城市绿化苗木"返回 420 000 个结果。

搜索引擎优点:

(1)免费。作为 Web 网络检索工具的搜索引擎大都免费向公众提供服务。

(2)简单、易用。通常都界面友好、简单易用。

(3)检索功能强大。

不足:

(1)查准率不高。换句话说,搜索结果信息冗余量大。虽然搜索引擎可以向人们展示网络上的众多信息,然而面对海量信息,你很难找到你当前所需要的,人们有着被信息海洋淹没之感,反而很难有效利用信息。

(2)查全率有限。由于搜索引擎的数据库规模的覆盖面有限,各种搜索引擎之间缺乏统一规划、协调与控制,各自都有自己的采集方法、分类体系、标引方法、索引方法及其数据库结构,同时受各个网站、网页设计标准不一的影响,搜索引擎难以准确揭示网站和网页的内容,以致查全率有限。

(3)文摘记录差别大。多数搜索引擎只采集部分文档,如利用网页开头的几行文字内容直接编制文摘。检索结果大都可按相关程度排序显示,文摘记录差别较大,有的非常简略,有的则十分详细,导致难以判断是否是你需要的信息。

第七章　推广与辅导(二)

1. 农民为什么需要政府信息公开?

　　2008 年,国务院令(第 492 号)《中华人民共和国政府公开条例》实施,涉农部门在推进农村信息化建设中,更重视基层政府、村务公开的信息服务,像村信息站、农家书屋这样的公共场所是最重要的"接入点"。可以说,网络将政府信息公开、村庄事务公开已"送"到书屋,所以管理员应非常重视政府信息公开的接收利用。那么,政府信息公开对村民到底有什么作用?

　　(1)现代农民生产生活与政府信息关系越来越密切

　　政府信息具有权威性,可信度高,有的是具有强制执行性质的信息,起着维护公众自身权益的重要作用。

　　在一个日益市场化和充满流动性的社会中,中国乡村传统血缘和地缘在日常生活中的重要性正在降低,熟人社会正为生人社会所取代,利益的分配和调整,更多不再是通过熟人社区的传统习俗来实现,而是通过制度化的法律和政府来实现。当下,政府的每一个神经末梢都会接触到农民。① 实际上,现代乡村人们日常生产生活已经离不开政府信息了,只是很多人还没有意识到。

　　(2)政府是"民生"信息最大的生产者

　　"民生"一词在《现代汉语词典》中就是"保全生命",是与自己有"切身关系"的基本物质需要、安全需要。现代国家政府对"民生"

　　　① 　赵树凯. 农民政治的迷茫与断想. http://gy. fjlib. net/DRCNet. Mirror. Documents. Web/

负有不可替代的责任,关于"民生"的信息,政府是主要的提供者。"民生信息"属于"公共信息"。换句话说,政府是"民生信息"、"公共信息"最大的生产者。

所谓"公共信息",即如公共卫生、安全生产、食品安全、药品安全、产品质量监督、防灾减灾、环境保护、战争信息、法律保护、劳动保险等涉及公民安全保障的信息。近年来,农业部、民政部、信息部、商业部等涉农部门和监管部门共同推动的农村信息化建设中,各地方网、"农网"上与农民有"切身关系"的信息更具体化了。就像传递生产性的中央对农民种养殖直补、生产资料、农用物资政策的落实情况,组织各种农技专家在线咨询指导,进行务工就业培训,通报农村合作医疗改革实行情况、农村低保落实情况等,都是农网信息资源组织与传递的主要对象(如图7-1)。

图7-1　福建古田县翠屏湖网站

(3)有利于维护农民主体自身权利

当今时代知识信息的重要性已是不争的事实,信息社会最为宝贵的资源就是信息。信息如同货币,只有公开并充分地自由流动,才能产生最大的经济效益与社会效益。我国长期的封建社会中,诸如

"民可使由之,不可使知之","法不可知,则威不可测"观念影响甚远,加之信息的控制者往往能从垄断信息中谋取实惠,使在政治、经济投资领域底层的百姓获得政府信息更为困难。

虽然,农民维权还路漫漫,但这是一个过程。政务信息对社会公开,使得农民主体在参与中有一定的知情权,尤其是农村居民使用互联网之后,将会增加村民与乡镇政府的沟通渠道,增强话语表达意识和权力,也相应有利于维护农民自身的权利。

(4)有利于减少受骗上当

在开放的社会和市场经济环境下,市场秩序混乱,信用缺失,交易成本过高。诸如假种子,伪造学历,伪造各种资质证明与政府批文,合同欺诈,皮包公司坑蒙拐骗等现象屡见不鲜,其中重要原因之一是民众无法获得正确的政府信息。村民们作为长期处于信息不对称的弱势群体更是深受其害,虽然政府也在动员各方面的力量,加大打击力度,但政府信息对社会公开,民众有权通过一定的渠道和程序获得有关的政府信息,各种欺诈现象也就失去了藏身之所。例如一段时间里不少家庭接到"电信部门"电话,说是用户欠了数千元话费,以停机威胁使一些人上当,扰乱人心,中央电视台及时播出该欺诈信息,减少了多少人受骗上当。因此,政府信息公开显然有利于规范社会主义市场经济秩序。

(5)有利于改善村民获取信息的能力

人们通常把"贫困"理解为经济收入贫困,把弱势群体仅理解为残障人,实际上,与收入贫困相比较,能力贫困(包括生存能力贫困、教育贫困、知识信息贫困、精神观念贫困)才是深层次的、全面的贫困。[①] 政府信息公开平台的建立有利于促使人们去关注"与切身利益"相关的公共信息,从而引起对信息需求的兴趣,并在兴趣中提升发现获取知识信息的能力。而农村居民使用互联网反映民情民意的

① 胡晋源. 农民主体地位视觉下新农村信息化建设策略研究. 农业现代化研究,2007(9)

成本也要低很多。

(6)有利于农民主体实现自身发展

随着农村信息化进程的推进和信息技术的应用,越来越多的农民对信息的需求已不满足单向、被动的接收,还要主动参与,需要双向的互动交流,需要把自己的供求信息发布出去。在更广阔的空间寻找市场,还需要与专家交流农业技术知识等等。自下而上的推动,将会实现农民的主体作用与政府的主导作用的对接,进而在产品与市场、专家与农户、政府与农民等层面上实现信息发布、信息服务、信息反馈和信息应用的多重互动,使农村信息化建设真正体现出农民的主体作用。[①]

2. 怎样查阅政府公开信息? 应注意哪些问题?

(1)了解政府信息公开网站有几种类型

政务信息公开渠道不止一条,但互联网公开是一种不受时空制约,最方便、最广泛采用的方式。大致可以分为以下三类型。

一是县级以上政府网站。如××县政府网站、××市政府网站、××省政府网站上反映的较为综合性的政务公开、办事指南等。

二是政府部门网站。如农业部网站、××省民政厅网站、××省文化厅网站等等,反映的是该部门专门性的政务公开、办事指南等。

三是村务公开、乡镇政务公开。目前主要有民政部门、纪检监察与其他部门配合协调,这些地方政务信息是各地新农村网站建设的重要组成部分。

虽然政府(政务)信息公开这样的分布分层存在着部门间协调的弊端,但是各地新农村建设网站(无论叫什么名字)无一不是利用网络的强大链接功能,对政府、政府部门网站进行链接导航。例如"福建建瓯新农村网络农坊"的"地方政务"板块上,就连接了当地政

---

① 胡晋源. 农民主体地位视觉下新农村信息化建设策略研究. 农业现代化研究,2007(9)

府网站,并且通过地方政府网站可以链接指向更多的政府网站(图7-2)。

当
地
政
府
网
站

图7-2　福建建瓯新农村网络农坊地方政务

(2)弄清各级政府网站上有什么

①政府网站上,有主动公开与依申请公开(具体见各地政府网站上的信息公开目录)的具体的政府信息公开,老百姓办事指南、网上办事大厅,法律法规、招标采购,以及领导信箱、网上调查、投诉咨询等交流互动窗口等。

"主动公开"包括

● 机构设置、主要职能、办事程序;

● 地方性法规、省政府规章和规范性文件;

● 国民经济和社会发展规划、专项规划、区域规划及相关政策;

● 国民经济和社会发展统计信息;

● 财政预算、决算报告;

● 行政事业性收费的项目、依据、标准;

● 政府集中采购项目的目录、标准及实施情况;

● 行政许可的事项、依据、条件、数量、程序、期限以及申请行政许可需要提交的全部材料目录及办理情况；

● 重大建设项目的批准和实施情况；

● 扶贫、教育、医疗、社会保障、促进就业等方面的政策、措施及其实施情况；

● 突发公共事件的应急预案、预警信息及应对情况；

● 环境保护、公共卫生、安全生产、食品药品、产品质量的监督检查情况；

● 工作动态；

● 其他应主动公开的其他信息。

各相关部门如农业厅、教育厅等亦对应有上述范围的主动公开的项目与内容。

"依申请公开"：

即除主动公开的政府信息外，公民、法人和其他组织还可以根据自身生产、生活、科研等特殊需要，申请获取相关的信息。比如，有公民要了解哪些职业工资可以参照"公务员工资"发放的文件，政府主动公开的信息中没有，就得"依申请公开"并履行相关申请手续。

②政府部门网站上有什么

主要栏目有：部门的各种政务公开、在线办事、资讯信息、服务社区、公众互动交流等等，每个大栏目下还有许多小栏目（如图7-3）。

③各地新农村网站上有什么

这类网站上反映的地方政务信息相对具体也更为实用，例如农村医保在本地区落实的情况，农业种养殖直补怎么领取、落实得怎样，谁谁享受了低保，农业专家有谁、怎么找、怎么问，农民技术员都有谁、怎么联系、怎么发布咨询问题，居民有什么情况要反映，怎么举报违法行为等等，以及当地的经济、环境、历史、地理、文化、市场等与居民生活关系密切的信息资源（如图7-4）。

图7-3 农业部网站

主
要
栏
目

农业
专家
数据
库

民政
低保
数据
库

农民
技术
员数
据库

图7-4 福建古田县翠屏湖在线栏目导航

(3)怎么查阅政务信息

第一,区分读者要查的是哪方面信息。

若是要查具有"普适性"知识,如交通出行管理、出入境手续、子女中考高考录取情况等教育招生信息、户籍管理、职业资格认定(如电焊工等级资格认定)服务、劳动能力鉴定(如工伤认定)等,登陆省级政府网站比较权威。若是要查本县某一工程招标情况,则应登陆本县政府网站,因为这是地方的信息。

第二,具体查寻步骤。

①政府网站查阅。我们以查关于"工伤鉴定"的政府信息为例:

第一步,(不管在农家书屋还是自家上网)利用 Google 或百度搜索引擎,输入本省政府网站,点击"搜索"进入该网站主页。如果没有把握准确判断你所要查寻的信息属哪个部门,那么你可以先进入"××省政府网站",让其为你"引路"。因为,大型政府信息网站上提供有更多的各级政府、各部门网站的导航连接。

第二步,判断选择你想要查寻关于"工伤鉴定"的条目属那个栏目。它可以有两种形式:一种是按网页上"办事大厅"的列表内容分类寻找,应该说"工伤鉴定"属"劳动保障"板块较妥,此时可以点击打开浏览(图7-5)。第二种是在网站的检索框内输入"工伤鉴定"关键词检索,直至找到所需的条目打开。

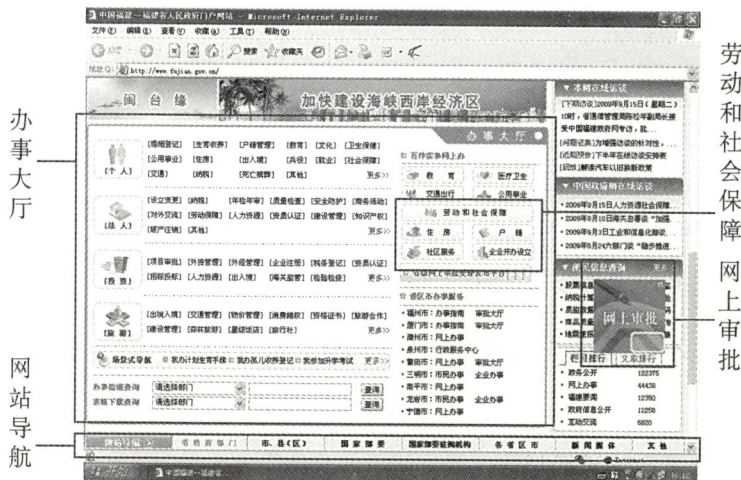

图7-5　福建省政府网站办事大厅

第三步,详细查看关于"工伤鉴定"项目认定的法律依据、程序、方法、步骤、受理部门等(图7-6)。如果需要进一步了解,还可以点击"在线咨询"。

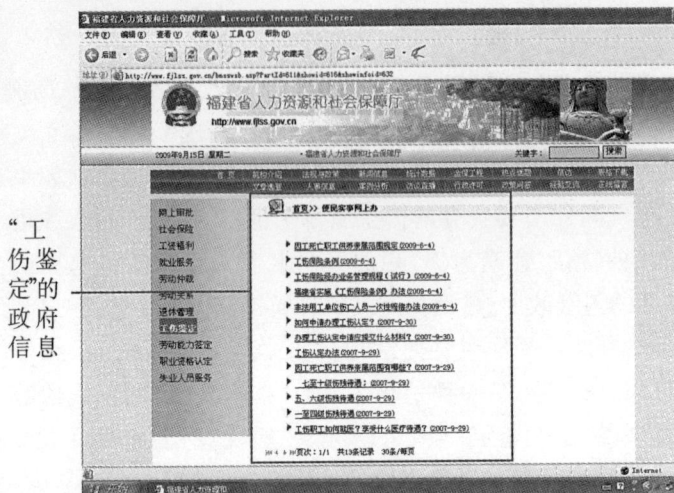

图7-6　福建省政府网站网上办事大厅
关于"工伤鉴定"的政府信息

②地方政务查阅。我们以查阅福建古田县政府与涉农部门主办的"翠屏湖在线"(古田新农村公共信息平台)上"村民享受低保与医保报销补贴"实施情况为例:

第一步,登陆"翠屏湖在线(http://xnw. cph. com. cn/)",在"网站导航"版块目录下找到"民政低保数据库"点击进入(图7-7)。

第二步,你已可以浏览当地有关政策的具体实施文件和各乡镇、村具体得到"低保"的农村居民情况(如图7-8、图7-9)。

民政
低保
数据
库

图7-7 福建古田县翠屏湖在线民政低保数据库

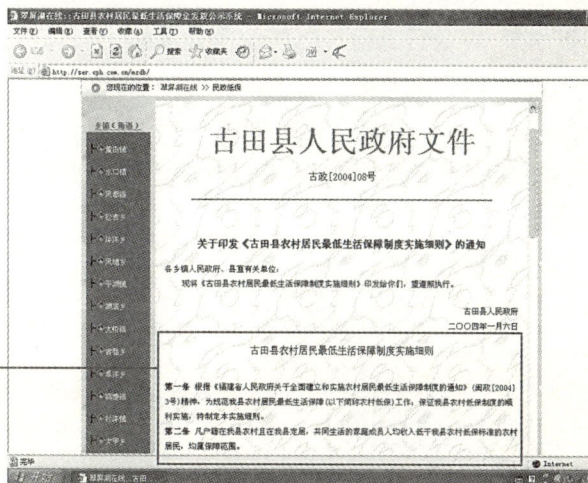

古田县
农村居
民最低
生活保
障制度
实施细
则

图7-8 古田县农村居民最低生活保障制度实施细则

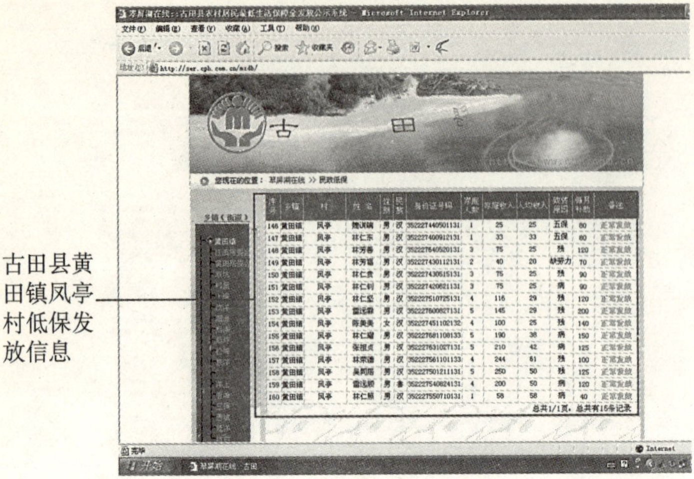

古田县黄田镇凤亭村低保发放信息

图7-9　　古田县黄田镇凤亭村低保发放信息

③政府网上办事。在网上办事能使百姓申请政府办事中少走些"弯路",减少"求人无门"境遇,节省一些"冤大头"的劳力成本、劳心成本和费用成本。换句话说,村民使用互联网上政府网上办事的成本要低很多。例如"中国·上杭——电子政务"板块(http://www.shanghang.gov.cn/dzzw/)办事大厅的场景式服务导航,点击进入"我办户籍"页面流程图,就可以顺着导航的路径了解你要"怎么做"了(如图7-10)。

(4)关于"依申请公开"

这是在确认你要查寻的项目不属于政府主动公开信息的范围后,就得考虑"依申请公开"。

"依申请公开"包括书面申请和口头申请,申请表格在相关网页可下载,可以向受理机构领取书面申请,可以请受理机构代为填写《申请表》。需要提及的是不管书面申请还是口头申请,申请人都可以借助网络提示帮助理清申请的程序、渠道、受理机构等不可或缺的信息。

图7-10 福建上杭县电子政务板块办事大厅的
场景式服务导航"我办户籍"

（5）使用政府信息公开应注意哪些问题

①"政府网上办事"正在逐步完善中,尚不可能在互联网上完全解决问题。例如,电子公章尚未得到有效的认可,并且涉及公民个体人身身份需要核对时,还是需要携带相关资料到审批受理的政府部门面对面进行。据报道,陕西省2009年将启动网上婚姻登记,实现在线实时登记和婚姻管理信息化。该省建设的婚姻登记网络系统有自动识别功能。如果一个人已结过婚,再次登记时,系统会提示此人结婚信息,重婚者便可被查出。"这样将大大增加婚姻状况的透明度,有效杜绝重婚、冒名顶替等现象。但是'在线登记'是针对婚姻管理而言,对公民来讲,婚姻登记还是需要本人带证件到婚姻登记机关去办理"。①

②"依申请公开"的信息有审批的环节,也就是说公众申请公开的信息未必都能获批准。

①　http://www.xawb.com/gb/news/2009-01/07/content_1477353.htm

③"依申请公开"中有按物价部门规定收费的环节,农民朋友在具体申请网上办事中,应进一步在线咨询或询问受理部门。

3. 怎样申请网络平台发布信息?

互联网改变了农民获取信息的方式,同时也改变了农民传统的生产和经营方式。随着新农村信息化建设的推进,涉农部门正在利用网络平台,发布针对性的农情信息,引导农村网民通过互联网,不仅能快速获取信息,也能通过电子商务的方式,主动推销自己的产品和服务,它也是农民走出自给自足的小农生产,迈向市场,走农业商品化的一种重要方式。那么,怎样申请网络平台发布信息? 具体申请注册步骤如下:

第一步,(不管在农家书屋还是自家上网)利用 Google 或百度搜索引擎,输入诸如"新农村网"这样的关键词,或加上"××省"、"××市"这样具体区域性名称(以便缩小检索范围)点击搜索,就有许多相关网站"亮在你面前,你可以选择"进入某网站主页。这些网站一般都有鼓励农民免费注册会员的服务项目与空间。

第二步,选择当地或异地的农网等公益性网站,或农业企业等行业性网站,你可以在几个相关网站进行注册,这主要取决于你的产品适合往哪里销或你想求购、了解哪些产品信息。

第三步,按"申请须知"程序进行。例如,进入"福建宁德新农村商网"(http://nc.mofcom.gov.cn/create/reg_step01.jsp)申请平台(图7-11)。提醒注意的是应当认真阅读一般申请前用户必读的"申请须知",内容如下:

①新农村商网信息发布平台分为种养大户、农村经纪人、农业协会和涉农企业4 类,注册用户须按照自己的属性选择相应的平台类型;

②所有的平台须经审核后方可开通,审核时限不超过24 小时;

③平台开通后无法上网更新信息的,可通过电话由新农村商网工作人员代为维护,服务电话:400-700-1300;

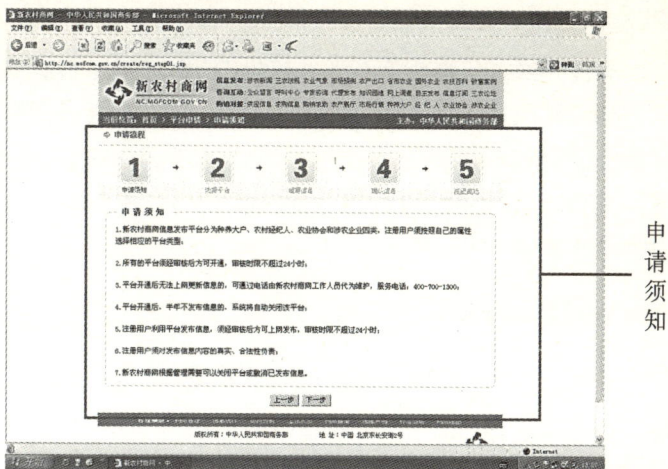

图7-11 福建宁德新农村商网申请须知

④平台开通后,半年不发布信息的,系统将自动关闭该平台;

⑤注册用户利用平台发布信息,须经审核后方可上网发布,审核时限不超过 24 小时;

⑥注册用户须对发布信息内容的真实、合法性负责;

⑦新农村商网根据管理需要可以关闭平台或撤消已发布信息。

第四步,注册成功后,就可以随时上网发布供求信息或浏览相关信息。

发布供求信息一般为简短的文字表述,也可以加载产品的图片,以增加"原始商机"。打个比方,城里人的菜篮子越来越崇尚绿色、回归自然,市场上的土鸡蛋价格要高出机械化饲养的许多。但人们又逐渐意识到土鸡蛋的"土"很有讲究——鸡放养的环境要"土",鸡饲料要"土",鸡的品种要"土"。如果"三土"具备,价格可就更高了。

网络平台像一个虚拟的大超市、大市场,在具体的发布供求信息的运营中,网络会让人进一步感受到市场经济、商品经济环境下信息的重要性,也因此促使人不得不去关注其他的相关信息,从而提升信息素养,让人能更从容地面对开放的大社会。"刚吃过早饭,建瓯市南雅镇房村养猪大户陈柳英就来到村里的'新农村网络农坊',打开电脑,登上'建瓯市新农村网络农坊'网站,熟练地查询仔猪销售信息。'自从村里有了'网络农坊',我就成了常客。靠它,科学养猪、卖猪,动动鼠标心里就更有底了。'在建瓯农村,像陈柳英这样的新潮农民还真不少。"①

4. 怎样利用电子图书?

电子图书是指"以数字代码的形式把文字、图像、声音、动画等多种形式的信息存贮在光、磁等非印刷纸质载体中,并通过网络通信、计算机或终端等方式再现出来的一种电子信息资源"。② 意思是说可以在计算机或便携式阅读器(如 MP3)上阅读的信息。

目前电子图书主要有两种形式,一种是便携式电子图书(即把电子图书内容下载到可移动的便携式阅读器随时打开阅读),另一种是网络在线阅读电子图书。

写到这里管理员或许要问,电子图书去哪里获取。实际上随着互联网的迅速普及,国家图书馆、各省级图书馆都为基层购买了许多电子图书,通过互联网或光盘送往基层开展延伸服务。闽北"建瓯市新农村网络农坊"网站上"网络图书室提供有自动朗读功能的 26 万册网络电子图书和网上购书服务"。③ 乡村人们利用电子图书已不是很新鲜的事了。

电子图书与传统纸质图书比较,具有方便阅读、复制简单,易查询检索,支持多种方式阅读,多媒体、图文声像直观感强,使用成本低

---

① 东南在线. 建瓯农民爱上"网络农坊".(2009－03－02)http://www.66163.com/Fujian_w/news/sebc/gb/20090302/fjbd112345.html

② 黄丰. 网络环境下电子图书及其特点. 情报探索,2005(3)

③ 福建建瓯"网络农坊"助力新农村建设. 光明报.(2007－12－18)http://www.gmw.cn/content/2007-12/18/content_711928.htm

等优势。

但电子图书也有明显不足。如由于电子图书可以连接移动、跳跃性强,与纸质图书阅读比较,眼睛易疲劳,也因此难以进行批判性的深阅读。

以下结合电子图书优势来看怎样利用电子图书。

(1)方便的阅读

阅读电子图书数据库一般需要下载专用阅读器。这不要紧,数据库商会提示诸如"如果无法打开阅读,请安装超星阅读软件,点击下载安装"等字眼,顺着提示操作完成,之后就可以阅读了。2009 年上海图书馆已为读者提供全新的电子书借阅服务,读者凭上海图书馆读者卡和身份证号就可以分享在线阅读和手机移动阅读(不需要安装任何软件或插件)等多种方式借阅电子图书。信息技术发展很快,相信不久的将来,农村读者也可以享受到这样的服务。

(2)简单的复制

当进入电子"书库"查阅到某一本图书,或某一本书中某一部分特别有用时,还可以将他复制到自己的文档中。我们从以下例子来感受:来到"福建建瓯新农村农坊"(www1. jo. fj. cn;888)网站(图7-12)。

图7-12　"福建建瓯新农村网络农坊"网站

　　点击进入到"网络电子图书"板块,继续点击图书浏览便进入"会说话的图书室"(图7-13)。

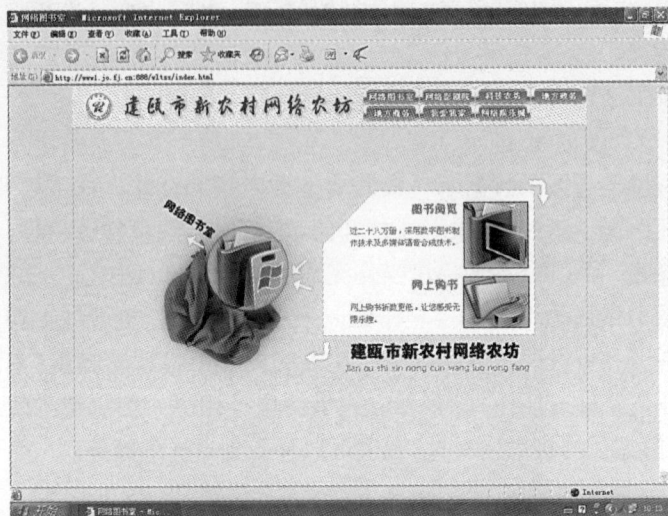

图7-13　"福建建瓯新农村网络农坊""网络电子图书"板块

　　进入电子"图书库",该界面的左边"栏目导航"下有一连串"根目录",如图7-14。

电子
图书
目录
导航

图7-14　电子图书的栏目导航

　　这个目录基本是按图书的内容进行分类的,可从中寻找所想浏览的图书门类。譬如,点击进入到"合同范书"类下,便显示出一系列各种合同范本文档。当看到"房屋租赁合同"正是所寻觅资料时,就点开它,整个"房屋租赁合同"范本就展现在眼前(见图7-15)。

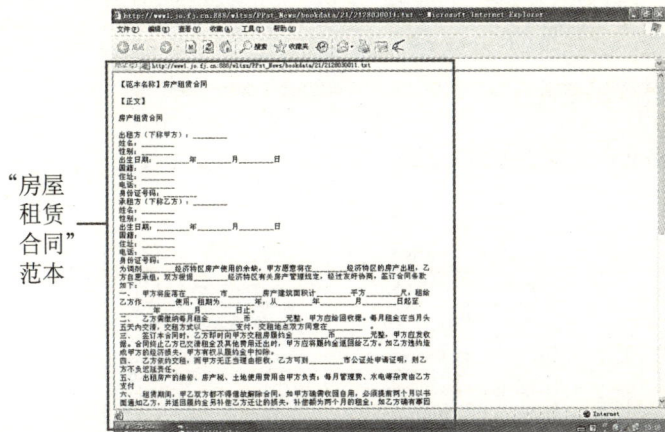

"房屋租赁合同"范本

图7-15　电子图书"房屋租赁合同"范本

　　如果需要将此范本为自己保留的话,可以拷贝下来,随时利用。

　　(3)多媒体的感受

　　电子图书不仅展现文字、图片,还可以附加声音、影像等内容形式。尤其是当孩子们打开电子词典、电子百科全书时,其表现形式比传统纸质图书更为丰富。

　　譬如,当用《少儿百科全书》(电子书)和孩子们一起查阅"国歌"一词时,"国歌"的条目在展现文字的同时,还伴有鲜艳的五星红旗在国歌声中冉冉升起的庄严场面,能让读者很直观地感受着国家的尊严、公民的尊严。

　　(4)快捷的检索

　　有两种基本方法:首先,可以用自然语词进行"全文检索"。能进行简单而又快捷的全文检索是电子图书的特长,也就是说不必受专业性很强的分类法、主题法的控制，可以用自然语词作检索词输入。例如想了解什么叫"痛风"，就选电子书库边上"根目录"中的有关医药、医疗的类目点击，或者在界面的检索框里输入"痛风"一词，很快地，有关痛风的文章、段落就会罗列出来供选择、浏览阅读。

其次，可以从具体某一本书的"目次"点击查询该书的某一想了解的章节进行选择性的阅读（参见图7-16）。

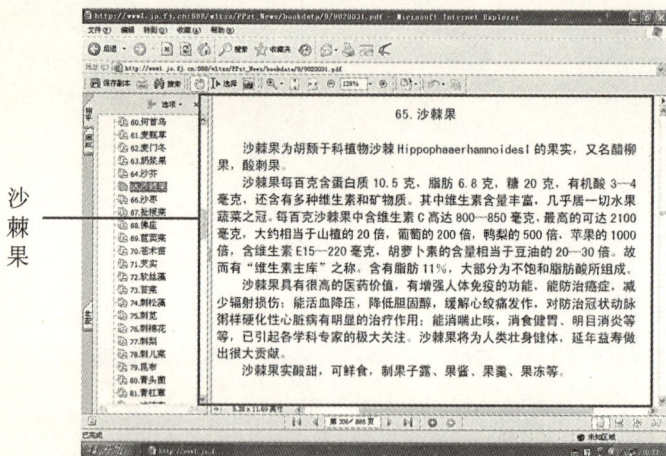

图7-16　建瓯网络农坊图书百科全书下的"中国野菜食谱大全"
一书的书签与全文页面的"沙棘果"

5. 怎样检索数据库资料？

数据库类型很多，其特点是学术性、专业性、资料性、时效性内容丰富。就目前国内的大型商用数据库对农村读者来说，使用率可能不高，但它们也是图书馆延伸服务的一部分，我们还是要了解一下检索步骤：

（1）选择数据库。省级图书馆一般购买有多个数据库，有学术型和非学术型的，读者要首先浏览一下数据库的性质、内容简介后作选择；其次要看是否易于获取原文；第三要看数据库的收录年限；第四要看数据库的更新频率。

（2）选择检索途径。数据库所设检索途径多少不一，较为常用的有题名、主题/关键词、作者、分类、文章出处、年份等。

（3）选择检索词。要考虑能够确切反映想了解的内容的主题，提炼出合适的检索词（关键词）输入检索。（更具体的读者可选择某一网站体验，不在此细述。）

6. 互联网资源为什么要推介利用，怎么推介？

我们谈了书屋电子阅览制度和以上几种数字资源的利用方法，众所周知，互联网上还有着海量信息资源供人们使用，但也存在着令人忧虑的问题。

从技术上来说，现代科技发展可以让人们在网上畅游，网络超文本技术、链接可以让我们快速便捷查检信息，大量的网络文学作品也可让网民享受文化快餐，先睹为快。从人们的自由度来看，有人称网络时代为草根时代。确实，网络给平民大众创造自由发表意见、传递信息的广阔平台。然而不可否认网络的"双刃"。"自由开放的网络是一块可以任人随意涂鸦的黑板，传统的社会审核机构对此完全无能为力，网络信息良莠混杂十分严重的现象带来的社会危害有目共睹，引起社会各界广泛关注"。① 所以推介读者使用互联网资源应注意以下方面引导：

（1）避免"放羊式"。意思是说管理员要与阅览者沟通。

（2）帮助读者排除技能障碍。当前乡村，真正需要用互联网资源解决一些生产生活问题的村民，往往对电脑存有"恐惧感"，书屋管理员应尽量帮助解决一些最基本的上网技能。福建古田双坑村农家书屋管理员在服务中这一点让人很开心——村里的老头老太想见见在外的儿孙，电话联系约定后他（她）们来到书屋（村信息站），信

---

① 邱五芳．知识自由与图书馆社会教育职能．中国图书馆学报，2006（4）：28—33

息员帮助连接上视频 QQ,老人就可以亲眼看着儿孙,谈谈家常聊聊天后心满意足地离开。这种服务给人的感觉是——只要你贴近乡土,贴近乡亲,村民们会体验到书屋、信息站的好处的,缩小城乡"数字鸿沟"不是一句空话的(如图7-17)。

图7-17　古田县双坑村农家书屋(电子阅览室)

(3)推介适用的资源。要消除"会上网就会利用网络资源","会一点上网技术就是合格的书屋管理员"的认识盲区。实际上,专家们早已指出,"技术不等于科学,因为没有理论,不能举一反三。技术只是手段。印刷术和纸的发明确实伟大,但重要的是用它印出来的书传播什么思想"。[①] 这个结论我们还可以从长时间来政府对网吧的治理不断升级、完善、常抓不懈的种种措施的事实进一步得到印证。国务院《互联网管理条例》就是对网络技术的利用控制不触犯法律的底线。而要向用户推介什么样的资源,则是不同价值取向的提供方的引导了。众所周知,网吧为营利,自然导向用户娱乐化;而像图书馆、村信息站、农家书屋这样的公共服务场所,必须注重利用

① 资中筠. 从方孝孺与布鲁诺之死看中西方历史轨迹. 见:读书人的出世与入世. 北京:中国社会科学出版社,2002:325

资源的推介与引导,这是公共服务人员的职责！例如大到用户查阅政府信息公开、网上办事,日常的电子书刊阅览、看新闻;小到收发邮件、查看天气预报、了解飞机火车汽车时刻表等等。

7. 网络导航有哪几种方式?

链接导航是网络的灵魂,也是目前书屋常用的推介资源方式之一。导航方式很多,技术还在发展中。网络导航主要有两种方式。

(1)栏目主题导航(即本网站自身资源导航)。我们知道每一个网站的主页上方都设有导航栏目,访问某一网站时可以在此选择感兴趣的栏目,点击各栏目可直接进入二级页面、三级页面……依此类推选择(图7-18)。也可以利用网站搜索引擎框输入关键词,点击"搜索"键后选择。

图7-18　农业部网站导航栏目

(2)网站导航(即不同网站间的导航)。农家书屋站点导航主要采用3种方式。

第一种,用常去的大网站上的链接。如图7-19、图7-20(左)共享工程网站上的政府信息公开网站导航。

又如新农村建设信息的连接导航。各地农网、大型公益性网站上为农村服务的栏目都投入了大量精力收集资源,利用超文本链接指向更多的相关网站。如图7-20(右)、图7-21各级公共网站链接各农网的网站导航。

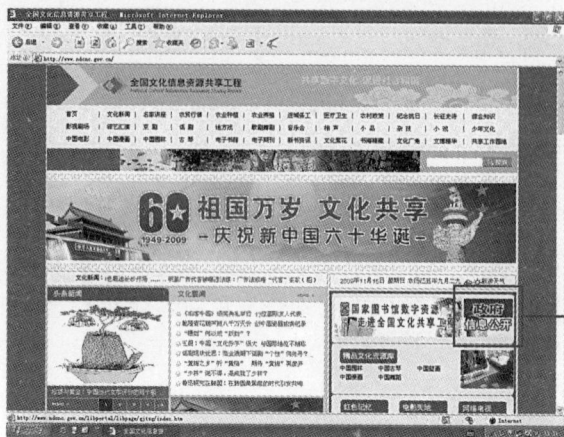

图7-19　共享工程网站上的政府信息公开网站导航

图7-20　政府信息公开页面

　　第二种,用好专门的网址导航网站。例如用"114啦"这类专门的网址导航网站(如图7-22)。

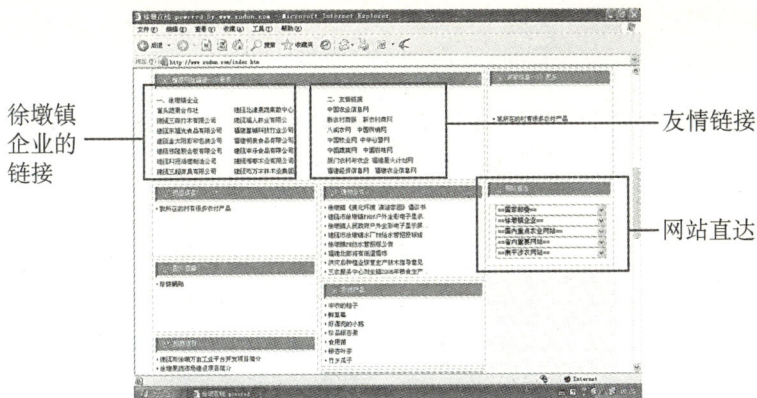

图7-21　福建建瓯农网政务网徐墩在线

(http://www.xudun.com/index.htm)

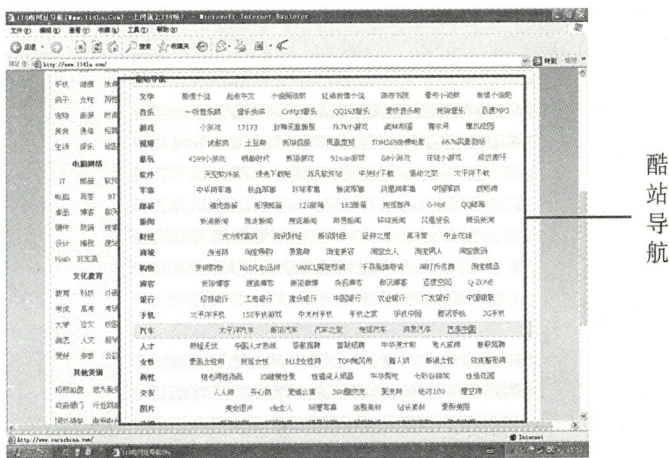

图7-22　"114啦"酷站导航(www.114la.com)

第三种,与传统宣传栏相结合的推介导航。

调查表明,农家书屋网络信息导航服务越是具体、简单、直观,越有助于缩小村民的"数字鸿沟",提升网络资源的利用率,扩大村民寻找知识信息的视野。一些乡村文化服务中心管理员采用传统的宣传广告方式将乡亲们常用的网址抄录下来,制作醒目的标牌张贴上墙,并且长期跟踪、更新。这种传统的、放大的、直观的导航图也很受村民欢迎(如表7-1和图7-23)。

表7-1　福建邵武和平镇文化信息服务中心张贴在阅览室墙上的
网络导航图——农业文化科技网址

网址	中文名称	主要内容
www. 8win. com. cn	八闽农网	福建农业、供求热线、产品展销、产品价格、市场分析、企业上网
www. china. alibaba. com	阿里巴巴农业专业市场	农业市场、商业机会、产品展示、公司库、行业资讯、以商会友、网上营销
www. 3sn. com. cn	中华神农网	乌鸡、葡萄、园艺花卉、仙人掌、珍禽、鸽类、苗木、农药化肥
www. dfagri. com	东方农业网	农事指南、市场行情、分析预测、供求信息、农业视频
www. jtdngw. com	金土地农业网	推荐技术、农业书店、供求信息
www. corp. 3721. com	中国农业科技网	相关农业科技信息
www. jgng. net	金光农网	农业之声、专家在线、电脑农业、供求热线、农科之窗、农业论坛

图7-23　福建邵武和平镇文化信息服务中心
张贴在阅览室墙上的网络导航照片

8. 怎样开展"数字农家书屋"服务?

接通互联网的电子阅览室意味着书屋打开了通向整个虚拟世界的通道,网络的交互式、个性化使得书屋读者与外界实现信息大流通。它带来的好处至少有以下方面:

其一,可以在互联网上进行整体化的资源搜索并阅读获取信息的服务。包括阅读电子书刊,观看视频资源,适时获取生活信息、时政信息、市场信息。

其二,可以提供农民查阅电子政务信息。

其三,可以辅导农户发布供求信息,开展电子商务活动。

以下以闽西山区龙岩红坊镇文化站"数字农家书屋"服务为例。该站建立了"红坊文化信息服务中心",几年来开展了以下 5 个层面服务:

第一,融入自我,真诚推介。2002 年,福建文化信息网络工程为该文化站资助电脑设备,接上互联网,在镇党委政府的支持下开通了"红坊服务网点"电子阅览室,互联网上展示的丰富多彩虚拟世界震撼着红坊文化站长、红坊服务网点管理员张水荣,他一边抓紧自身的学习提高,一边到镇、村挨家挨户宣传计算机网络的神奇。譬如哪里可以买到好种子、家电维修哪家好、哪里的辣椒市场红火(当地盛产辣椒)……问他知道;一村民被糖尿病困扰,他上网查询选择了相关资料打印送上门,这种来自乡土的感同身受游说与服务,感染并吸引村民们到文化站看稀奇。进而他鼓励孩子们来站查阅信息,阅读电子书刊;发动老年人到文化站上网点播视频节目;帮助前来查寻高考、中考的学生、家长查阅录取信息;为种养户拷贝专题资源。在口口相传中,该网点热闹起来。

第二,分层辅导。在查阅网络资源的操作技能方面,管理员为来文化站查阅信息的群众进行分门别类的辅导。为初学上网者提供直接快捷在计算机桌面上的网站导航服务;将全国农网"一网打尽"收入主题导航中引导专题服务。

第三,发挥网络互动功能。最突出的要数辅导专业户上网发布农产品供求信息和制作网页。该站建立了"红坊文化信息服务中心"平台,管理员帮助村镇上专业户将产品信息编制成各种"产品目录"送上互联网发布。通过网络宣传,一些种养殖产品、矿物加工产品市场迅速得到扩张,收到良好的经济效益,进一步激活村民利用网络对外交流的积极性。至2005年底,该镇已有十分之一农户购置了电脑,上网开展电子商务活动。

第四,挖掘采集本土特色文化资源送上互联网。网点管理员在服务中增长才干,在因陋就简中摸索、创新。他们利用博客(网络个人日志)、播客(个人视频点播室)方式,借助大型商业网站上的免费空间,充分分享着Web2.0平等、开放、自主的网络社区文化。张水荣进而把特色文化资源拍摄采集编制成"红坊农家文化生活"资源群,挂接到商业网站的免费空间发布。当打开"龙津民间文艺网"(http://hi.baidu.com/hfwhzsr)页面,打开红坊文化视频空间(http://u.youku.com),红坊的历史、地理、经济和浓郁的乡土文化生活信息尽展其中。

为了让特色文化信息便于让人们发现,管理员对发送上网的内容精心设置了学名、俗称不同形式的"标签"(关键词),通过注册通用域名、实名、网址,选择主要搜索引擎网站提交关键词等方式更广泛地传播。例如,以区域历史文化传统称谓——"龙津文化",特色文化遗产类型名称"龙岩土楼"、"龙岩山歌戏"、"龙岩采茶灯",以著名的龙岩民间歌舞《龙岩采茶灯》《采茶扑蝶》(非物质文化遗产项目)以及传承人代表"温七九"学名标引,还用乡土人们所熟悉所喜爱的昵称"茶婆"、"茶公茶婆"作标签;用"野果文学"、"野果飘香"等草根字眼做"标签"。生活在本乡本土的文化站长最熟悉"自己的"文化了,张水荣在民间歌舞《龙岩采茶灯》的发源地——龙岩苏坂美山村就拍下了"老年版"、"中年版"、"妇女版"等各种传承流变版本不下二十种,记录下文化遗产当代活态传承的鲜活流变状态。尽管这些上网的特色资源没有条件像专业摄制团体那样有相应规格档次的拍摄设备,也尚未有条件利用"元数据"编辑软件,进行元数据格式的标准化、规范化控制,但据反映,乡亲们和许多海内外游子、地方文化研究者用这些世世代代熟悉的自由词、关键词上网搜索,获得这些"原汁原味"的、淳朴亲切的、充满情感的、图文声像并茂的、鲜活的本土数字资源时欣喜不已。也难怪一些地方文化部门领导在选择制作申报非物质文化遗产项目文本的人员时发出感慨:"当地文化站长能承担文本摄制任务是最理想的,因为,他们有感情,有深度。"

图7-24　福建龙岩民间采茶灯舞

第五,走村串户流动服务。搬运体积不小的电脑、投影仪到自然村、圩场集市播放"小电影"可不是一件轻松的活,但村民在盼着张水荣带节目来。让村民乐不可支的是张水荣带来村民们熟悉的,甚至自己表演、熟人们表演的采茶灯、龙岩山歌、静板音乐、民俗节庆典活动、民间文艺宣传队演出等"草根版"节目。当地人亲切地称他为"田野上的文化传播者"。①

龙岩红坊"草根版"的"乡村电子阅览室"建设之例可谓充满活力,他们为缩小"数字鸿沟",为培育乡村网络信息环境,为乡村经济

① 詹鄞森．田野上的文化传播者．闽西日报,2007-04-03

建设,为传播、弘扬乡土优秀文化所进行的自觉有效的实践,相信对中小型图书馆和农家书屋同行们很有启迪意义。

图7-25　闽西红坊镇张水荣走村串户开展流动服务

第八章　推广与辅导(三)

1. 怎样把握乡村培训讲座特点?

培训、讲座是以听觉、视觉、触觉等感官在面对面交流中获取知识信息的一种方式。随着电视、网络、通信技术的普及,用视频、广播等媒介开展培训讲座的衍生方式越来越多,但由于乡村传统习惯使然中,面对面现场讲座、培训更受欢迎。

乡村培训讲座有以下特点:

(1)讲求实用,言之有物

不管是解读国家惠农方针政策,法律法规宣传,还是种养殖业,防病减灾,安全教育,就业培训都要求言之有物。例如专家在消防讲座中提到火灾发生时的自救方式时,首先强调保护呼吸道以免窒息,这样才能一语切中要点,令人顿悟。

(2)时间短

受农时制约,受农民朋友注意力制约(有时也受经费制约),乡村培训讲座时间不可能长,以直截了当讲求实效为主旨,一般不超过一天。

(3)地域性、针对性强

农业生产地域性强,靠天吃饭风险大,对灾害疫情突发事件要有很强的针对性。正如闽北炉下村文化协管员、信息员所说的,面对面讲座、培训与交流是应对灾害、疫情、突发情况实时性知识传递最好的方式,现场感强,本土针对性强,能有效降低风险损失,解决问题的效果大多比书本知识的非实时性快,也比电视、网络传递的普遍性知识适用,农户受益度高。

（4）示范性强

深入浅出、简明扼要，培训授课一定要有示范来配合，让农户看得明白。有经验的农技员培训时，一般课堂上讲授时间短，大部分在田间地头演示，手把手传授，学员以集体体悟的方式吸收、消化知识技能。乡村农技员形象地把自己传递知识方式归纳为："一嘴两腿一双手"。2008年福建文化共享工程的资源已成功搭载在福建农村党员现代远程教育网络平台上，以IPTV（网络交互式电视）方式实现了全省"村村通"。它与"远程教育"同一平台上众多栏目一起，汇成较为丰富的信息资源，但是很多村庄并不了解，亦很少综合利用。当文化共享工程福建分中心辅导人员深入到村庄面对面、手把手与村支书、村主任一起打开频道栏目介绍后，他们一下子就恍然大悟了（如图8-1）。

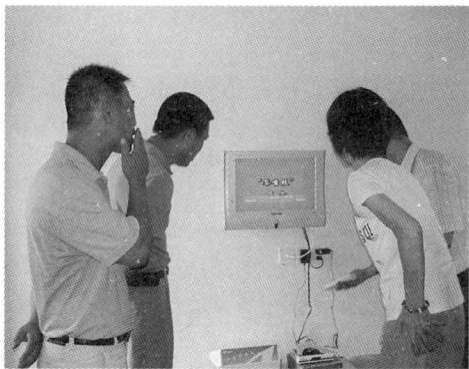

图8-1　辅导人员与村支书、村主任一起点播视频资源

（5）培训、讲座往往融于一体

（6）休闲性、导读性、生活性内容多安排在农闲和节假日

2. 乡村培训讲座有哪些类型，怎样把握？

乡村培训讲座主要类型有：学习型、生产型（就业型、创业型）、生活型、启智（文化创造）型、传统技能传习型，休闲娱乐型。

(1)学习型培训讲座

包括涉农方针政策学习、生产技能学习、生活安全学习、计生知识、国防教育、科学普及知识和扫盲教育(包括计算机基本技能教育)等。

特征:普及型,参与面广,有各种传媒介入。

举办者:上级主管部门、乡镇政府主办,村委会、村俱乐部、农家书屋协办等。

传授方式:①领导,专业人员现场讲授;②上级下发教材、小册子、光盘;③各种电视专题片、网络视频传送等。

(2)生产型、就业型培训讲座

包括农技培训与乡村劳动力转移就业培训。

虽然说传统农业生产是一种累积性经验型知识技能,但在乡村一些传统的季节性的大宗作物农技培训讲座中,即便是富有经验的老农民都很积极,因为环境发生了变化,农业科技成果推广如:动植物新品种推广,化肥农药使用,病虫害防治,药残留问题都是新问题、新挑战,不学习不了解不行。福建古田新农村服务联动中心技术员对他们开展的农技培训效果很是自豪,因为他们不必为组织"生源"发愁,农民会催你开班,会点名要哪个专家技术员,即便培训下课后,农民还会围着专家、农技员问个不停。这就印证了培训班的实用性、针对性。

就业型培训是指农村大批劳动力转移就业培训,比较有实效的是企业公司在村庄集中招收劳动密集型的产业工人(如纺织加工业、电子元件加工业)集中培训等。

特征:参与者众;自觉性高。

举办者:涉农部门、农民合作经济组织、行业协会、企业公司主办,农家书屋参与。

传授方式:专家、农技员课堂讲授与现场示范相结合。

图8-2 闽北王台农技学校烤房建设及性能要求培训讲座

（3）创业型培训讲座

实际上这是生产型培训讲座的一种类型。近年来创业型培训更多地指向因各种原因返乡的农民工。他们中有因年龄偏大难以从事强体力劳动的，有因金融危机引发大批农民工下岗回家等种种原因。这批农民朋友在外闯荡多年，见过世面，他们对信息的敏感度、发现知识信息的能力、判断分析事物能力乃至文化欣赏视野大都较之以前有明显的提高。

特征：

①乡村创业农民依然保持人地关系密切的强烈认同感，其创业门路多以充分利用当地自然环境、山海资源、农地林地资源进行开发经营。

②需要知识、技艺、技能含量较高的项目。例如林权改革后的耕山种养，山林地带发展畜禽养殖、中药材种植、食用菌栽培、林木产品深加工技术等。

③生产经营对象带有一定的市场"稀见性"。例如山林禽畜养殖、天然食用菌保护性采集与经营等。

④产品的附加值期望值较高。主要指通过产品品种、加工技术、市场经营获得更多效益。

⑤产品的文化附加值在提升。作农产品知识文化文章，打大

"地域特色"牌。例如,视野开阔后的茶农悟出了"种茶不如制茶,制茶不如卖茶"的道理,自发成立了"茶研究会",开展学习研讨实践,在提升产品附加值的同时也提升了自身的文化素质。

举办者:涉农部门、专业研究机构、行业协会、农民合作经济组织、中介机构等。

培训交流方式:面对面讲授,研讨会,电话、网络联系交流,发布信息。

(4)启智(文化创造)型培训讲座

"启智型培训"是指通过外来的引导、传播而"种"下的文化"种子"。实际上,这种"种"文化的启智式文化创造数百年来在中国不少村庄并不鲜见。始于明中晚期盛于清中叶著名的福建连城四堡刻书业,"当地书肆遍布,刻书、贩书盛极一时,所刻的书籍销售江南十一省"。据邹氏族谱记载,"始作俑者"是明万历年间,时任浙江杭州太守的邹学圣辞官归故里,带回苏杭的刻书、印刷技术及其销售书籍经营理念被"植根"。"他们利用得天独厚的自然资源,刻书贩书业得以发展壮大,父承子继,代代相传,成为庞大的家族经济结构中不可或缺的组成部分,成为了保持数百年庞大的家族经营主业。"[1]新中国成立后,在文化"二为"方针引领下,许多市、县文化馆专业人员深入乡村开展文学艺术辅导培训,"种"下的文学艺术"种子"在80年代初几近"星星之火,可以燎原"之势。坐落在群山中的浙江省衢州市柯城区沟溪乡余东村是个典型的乡土社会,然而全村近800人中却有120个原本胼手胝足的农民拿手作画,其中年龄最大的80多岁,最小的12岁。尽管他们的技法不如学院派纯熟,可农民用激情记录下的农村变化,农事耕作,神七上天,北京奥运等时代新风的绘画作品朴拙天真,很受外界欢迎。随之带来的不仅是每人每年数万元的效益,还陶冶了村民情操,营造了乡村和谐文明。而这持续浓厚的农民集体性作画的"根"却是来自20世纪70年代该县三名文化

---

① 谢水顺,李珽. 福建古代刻书. 福建人民出版社,1997

馆干部下乡来组织的培训,他们引导农民入门,开启了农民智慧和艺术天赋。这种"种"文化而孕育的"文化创作型"培训正是当大力提倡的。[1] 福建晋江深沪镇活跃着 22 个各种类型的农民民间文学艺术社团,该镇文化中心是各社团艺术成果展示中心。在这个中心里,最引人入胜的是绵延百米,当地人创作的"深沪风情百米长卷"。与此同时,村民的绘画作品、摄影作品展也是一期接一期地不断。

图8-3　深沪风情百米长卷

特征:
①层次丰富(初习型、研讨型、成果展示型);
②创作自由度高;
③乡土气息浓。
举办者:市县文化馆、乡土文艺人士,农家书屋协办或主办。
(5)传统技艺传习培训
这是学习型培训的一种类型,将其单列出来是因为经济发展、文化繁荣大环境下人们越来越重视开发传统民间技艺,利用当地的自

---

[1]　送文化下乡不如下乡"种"文化. 新华网. http://www.zj.xinhuanet.com/newscenter/2009-01/28/content_15555029.htm

然资源(如竹、木、石等自然资源)、人文资源(如剪纸、绘画、编织等),不仅丰富了村民的文化生活,有的项目已被地方开发为民生的支柱产业。

特征:口传身授。

举办者:村部组织、农家书屋组织、群众自组织。

(6)文化休闲娱乐型

这是乡村人们奔小康过程中越来越浓厚、越来越自觉的文化知识需求。

内容:仪容仪表、文艺欣赏、交谊舞、扭秧歌、广场舞、健身防病、保险理财等。

特征:内容丰富、参与面广、生动活泼、自娱自乐。

举办者:行业协会组织,村庄居民自发。

传授方式:①声像播放;②聘请专业人员。

3. 为什么说乡村少年儿童是农家书屋之"根"?

少年儿童是祖国的未来,之所以说乡村少年儿童是农家书屋之"根",我们从以下方面分析。

(1)与城市少年儿童比,乡村孩子文化生活单调。

(2)与农村成人相比,乡村少儿文化生活更为贫乏。就拿近年在组织乡村公共生活有所"建树"的老人会、祠堂、文化中心户等设施来说,基本没有孩子的一席之地。为"优化"教育资源,原来各村庄普设的教育机构——不少中小学被整合,再也听不到传统村庄学塾、学堂、学校传出的朗朗书声,孩子们回村公共生活更加贫乏。作者在闽东某一畲村调查时,该村文化站长动情地说,节假日孩子们回村经常到村文化站眼巴巴讨书看,问还有什么好玩的,令人心酸。

(3)必须从少儿开始培养利用图书馆和阅读的兴趣与习惯。

4. 少年儿童阅读辅导应注意哪几方面问题？

（1）书刊资源多样化

不同年龄段少年儿童阅读方式、阅读理解能力的差异是客观存在的。城市里人多，公共图书馆可以按不同年龄段进行区分与集聚。乡村条件差，书刊也少，书屋资源采集更要有相应的侧重。可以为低幼的孩子订几种低幼杂志，因为杂志内容丰富，更新快，具新鲜感和吸引力。为满足中高年级少儿阅读需求，兼有销售任务的书屋还可以帮助推介合适的读物代购。客观地说，农民"不"买书，有经济贫困的原因，也有不知道要买什么书，去哪里买的缺乏引导因素。重视利用电视少儿节目、互联网少儿节目资源。例如，上海数字文化网（http://whgx. library. sh. cn/）的"都市动漫"栏目，有数百个短小精彩的节目（图8-4—8-5），共享工程网站（http://www. ndcnc. gov. cn/）上有"少年文化"板块（图8-6）都是值得推荐，组织孩子们欣赏的。

图8-4　上海数字文化网动漫类节目
（http://whgx. library. sh. cn/Animation. htm）

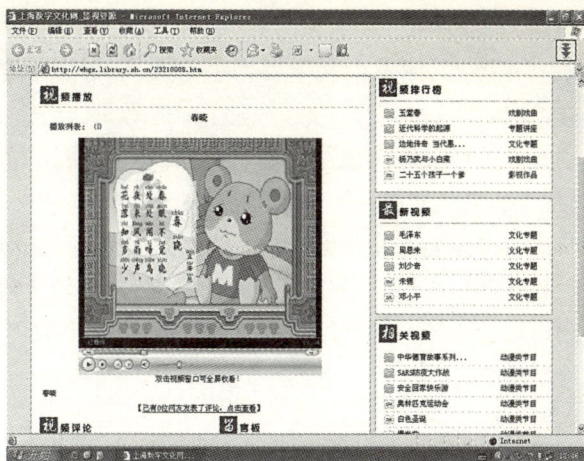

图8-5　动画片《春晓》

(http://whgx. library. sh. cn/24520008. htm)

图8-6　共享工程网站上的"少年文化"页面

(2)服务方式多样化

①活泼阅读式。少儿阅读的天性是动用视觉、听觉,与肢体动作相配合,寓学习于动中,讲故事、讲演、朗读表演等是小朋友所"喜闻乐见"的阅读方式。

②鼓励式。少儿喜欢鼓励,荣誉感强,幼儿园、小学低年级老师用"插"小红花来激励、激发少儿学习兴趣的方式,书屋管理员阅读辅导中一样可取。

③活动式。可以有阅读数量比赛、征文比赛、讲演比赛、手工技艺比赛、寻找乡土文化知识比赛等类型。

④参与式。书屋应关注并参与由上级部门如关心下一代工作委员会、妇联、教育部牵头组织开展少儿阅读活动,这种较大规模的少儿读书活动可以让少年儿童有了更大范围的可比性,形成更广泛、更浓厚的阅读氛围。

(3)鼓励大人参与

由大人领着儿童到图书馆早已是国内外公共图书馆的常客。实际上,许多大人带孩子进图书馆未必都是借书、读书,很多时候是来感受图书馆氛围,这些都是图书馆服务的内容,农家书屋也一样。近些年乡村留守儿童问题已引起社会广泛关注,我们在乡村调查中也真切感受到携带留守儿童的老人们为下一代教育问题焦急之心。农家书屋在提供书刊资源,在开展服务活动中应鼓励老少长幼共同参与。

(4)手工技艺传习培育

以往农家书屋在引导少儿阅读生活方面很是薄弱,传统观念常将此现象简单归结为缺书少报。这确实是物质基础。实际上引导少儿亲近民间文化,参与民间文化创造,培养观察、动手能力,体验参与乐趣,培育创新思维,保护民间文化遗产从娃娃抓起是社会责任,也是农家书屋的重要职能。

手工技艺技能操演指需要眼到、手到、心到,对启迪孩子心智、增强动手能力非常有帮助。福建乡村一些文化站、村俱乐部、文化活动中心已有组织少儿传习南音、十番音乐、剪纸、绘画、编织、雕刻等的兴趣组(班)。在民间剪纸之乡福建漳浦剪纸辅导班和兴趣小组遍及各中小学(如图8-7)。①

---

① 福建省艺术馆.漳浦民间剪纸艺术.http://fjfyw.net/

图8-7 民间剪纸之乡福建漳浦旧镇图书馆少儿剪纸传习活动

实际上,千百年来广大乡村人用智慧和双手创造出灿烂的民族民间文化能代代传承,有的甚至成为现代文化产业走向市场,这离不开乡村文化站(室)的参与培育。

5. 怎样组织讲故事、传习民间文艺活动?

讲故事、传习民谣民歌是启迪少儿听说能力、想象能力,符合少儿天性的喜闻乐见的有效的文化知识传递方式。

民歌民谣以韵律助记忆、美教化的艺术效果,不愧为自古以来为平民大众所乐于采用的文化创造方式和知识接受方式。尤其是被誉为人之初的启蒙文学童谣(或称教诲童谣)在中国文化血脉中流淌了数千年,它伴随着天真烂漫孩童的成长,以韵语化的形式朗朗上口,悦耳动听。而那些以方言独特韵味吟唱的童谣、民歌,表达意境清新,无拘无束的自我表现,奇特的想象而妇孺皆知,魅力无穷中也透着化难为易,化繁为简,雅俗共赏的感染力、亲和力。闽南灌口镇文化站时常可以听到"少儿角"传出稚声稚气的闽南话童谣:"天乌乌,欲落雨,举锄头,清水路,清著一尾鲫仔鱼欲娶妇,龟担灯,鳖打鼓,田蛉举旗叫艰苦,毛蟹担灯双目吐,水蛙扛轿大腹肚,一碗圆仔汤予你补。"

给少儿讲故事的来源包括:

(1)书本上的。叙事性、情节性较强的如童话、神话、民间故事、寓言、励志传奇故事等。

（2）村情村史、家族史话、当地的英雄人物故事、民间传说等。

（3）参与挖掘并组织传习民歌民谣，传习传统曲艺等。

举办者：农家书屋、民间文学艺术团体等。

活动方式：邀请乡村文化站长（一般来说，文化站长是乡村文化能人）；邀请某一非物质文化遗产传承人；邀请熟悉乡土知识的中老年人；可以组织孩子们传诵、表演；组织节假日收看电视节目、网络视频节目，引导少儿来书屋过公共生活。

6. 农家书屋需要做专题资源组织吗？怎么做？

专题信息资源组织是一种知识含量较高的信息资源采集、整理、加工的智慧劳动，对于农家书屋来说，有一定的难度。那么农家书屋需要做专题信息资源组织吗？回答应是：服务需求，量力而行。

专题信息资源组织一般以乡村历史文化、经济主业为对象，不同性质的主题，管理员担当的角色是有差异的。例如以经济主业为对象的涉及组织、技术、经营、资金方方面面，书屋只能是"参与者"角色；以乡村历史文化为对象的，书屋就得唱"主角"了。

专题信息资源组织一般分如下步骤进行：

第一，选题。选题范围一般与村经济主业、自然资源特色、人文资源（村史村情）、"本土知识"资源相关，为村落群体所共同关注的，受众面广，立足于服务本地居民为目标。

第二，确定专题信息资源的组织范围与构成。在揭示的深度和完整度方面，可视能力有所选择。例如，可以只编制书目信息，告诉你哪里有资源；可以又编制目录又收集全文，甚至收集民俗实物。计划组织一个文本型的专题信息资源库，只要有文本型的知识和信息就可以；而要建一个民俗馆或某一特色专题馆，就要涉及村庄的历史、文化、各类型民俗（物质性的，包括居住、饮食、服饰、生产、交通、工艺制作等；社会性的，包括家族、亲族、村落、民间组织、人生礼仪等；精神性的，包括信仰宗教、禁忌、民间文学、民间艺术、民间游戏、体育、竞技等)。涉及的资源构成包括文字、图片、视频、多媒体、实物。选题不一,规模不一,资源的构成也不同。

第三,经费预算。包括信息资源获取的费用(有的需有偿征集);配套的设备、设施,制作加工的费用。

第四,建立制度。一旦定下专题信息资源库建设方案,就要有相应的制度配套,包括支持资料征集的制度、收集来的资料的安全制度(包括保存方式、开放程度等)、陈列展示制度、管理制度、奖励制度、赔偿制度等。

第五,人员要求。

(1)勤:手勤,脚勤,嘴勤,学习勤。

(2)敏:善于发现知识,挖掘知识。

(3)和:善于公关、协调。

(4)威:聘请相关的专家、技术人员。

专题信息资源组织工作包括:信息来源的选择;信息资源采集类型的选择;信息资源形态的选择;专题书目编制;受众获取方式五大部分。

下面以组织养猪专题资源库为例。

★信息来源(获取途径)

(1)出版社近年出版的相关书目推介(可代购代买)。

(2)书屋收藏的图书、期刊、报纸及相关资料;数字型的磁盘(VCD、DVD)。

(3)网络型的信息:互联网、卫星网、有线/数字电视、IPTV 等下载、链接。

(4)相关行业机构的信息。

★信息资源采集类型

(1)知识层面

①生产的各个环节:猪的品种、猪的营养与饲料、猪的环境与猪场建设、养猪生产工艺技术(饲养管理技术操作规程)、猪群保健、猪场废弃物的处理、养猪生产的经营决策与猪场管理等。

②可持续发展:成本核算、经济效益(经营决策)、环保问题、社

会效益(生态养猪,循环综合利用)、外界的成功经验等。

(2)信息层面

①市场流通环节:猪苗行情,各地猪肉行情,疫病行情预测等。

②产量与经营预测:包括影响产供销的市场物流信息,购买或销售渠道信息,饲料行情,疫苗、兽药行情,肉联厂联系方式,养猪发展的前景预测等(包括中央补贴政策)。

(3)政策、标准层面

国家法律法规与地方政策、执行标准以及对它们的解读。如:《国务院办公厅关于进一步扶持生猪生产稳定市场供应的通知》《关于促进畜牧业健康发展的意见》《商务部关于加强乡镇生猪进点屠宰管理的紧急通知》《黑龙江省生产绿色食品肉猪兽药使用准则》《四川省地方标准 猪用浓缩饲料》等。

(4)行业层面

畜牧兽医主管部门、养猪行业协会、合作经济组织的联系方式。

(5)技术支持层面

疫情防治,常见病防治(传染病、内科病、外科病、产科病、寄生虫病及中毒)等的专家联系方式。

★信息资源形态的选择

作品内容:针对性,实用性,地方性(地域区别,气候不同),全面性(环节众多),易用性(读者科学文化素养偏低),准确性(病情防治),时效性(疫情防治),权威性,指导性等。应从实际出发,根据农民养猪过程实际需要来选择。

表达方式:读得懂为原则。

信息形态:文字、图片、图表、音频、视频、实时网络信息等有机地整合在一起,为读者提供多视角的立体信息。

编制专题书目参与者:农家书屋、涉农部门、行业协会、行业专家、上级图书馆、情报所等。

★ 书目编辑加工要求:

①简明扼要,突出重点,分门别类,一目了然。

②以知识单元为受编单位,作简单的标签(关键词)(元数据)描述。

③书目按一定的规则(如按题名字顺)排列组织起来。

④书目信息宣传。如采用小册子方式、张贴画宣传方式等。

★受众获取方式:以买得起、拿得到为原则。

①购买。

②借阅、复制 。

③网络连接交互、电视收看。

7. 怎样运用循序渐进法培育阅读的兴趣?

兴趣不是与生俱来的,人们的许多兴趣是受客观环境培育与浸润而形成的。从某种意义上看,兴趣也是一种能力。培养乡村居民阅读兴趣是农家书屋的一项常态性的重要工作。针对乡村居民读书自觉性不高,读书习惯难形成的现状,循序渐进引导法不失为一种基本方式。即可以先把农家书屋办成凝聚村民的去处,再办成读书活动的中心;先具备趣味性,再增加知识性;先成为信息交流的阵地,再成为科技传播的课堂。

以下举厦门市图书馆对不同类型流通点培育读者阅读的实例。

例1　产业园区流通点

这是个外来居民与本土居民混合居住村的流通点。在快速城市化进程中,厦门市也一样,城市周边的村庄大量开发为产业园区,成为包括大量农民工朋友在内的产业工人和原住村民的混合居住区。厦门市图书馆在城乡结合部翔安产业园区流通点采用循序渐进的培育利用图书馆兴趣的步骤如下。

首先,调适流通点环境。大开间,窗明几净,设有空调和免费饮水,陆续有农民工朋友进馆里来坐坐,消暑、休闲,阅读报刊杂志。

接着,调整开放时间。根据产业园区工作情况,该流通点双休日之外的开放时间安排在下午13:00(此时正是产业工人交接班时间)至晚间21:00,方便更多人利用图书馆。

第三,定期开展与总馆联动互动的读者活动。征文比赛、讲演、讲座、游乐活动、看视频节目、回答问题有奖等活动都没有落下该分馆,良好的读书休闲娱乐环境,参加愉悦身心的公共生活还可以获奖,吸引越来越多农民工和村里原住民。

第四,新书推介宣传。组织热门热点时代主题的专门书架,像"神七"上天报道,像电视剧"李小龙传奇"热播后的种种相关报道,像"时尚健康保健"专架(图8-8)等,逐步引领读者浏览群书。

图8-8　厦门市图书馆翔安产业园区流通点"时尚健康保健"专架

第五,提供免费上网。流通点作为共享工程基层服务网点,规定读者免费使用电脑时间,采用每人每次上机1小时,软件自动控制屏蔽的措施,让更多读者分享网络生活。

现在,这个流通点可谓"宾朋满座",日接待读者量超过300,日图书借阅流通300册以上,读者参加各种读书活动踊跃。榜样的力量是无穷的,流通点受老百姓欢迎的良好社会效益调动了周边村庄、产业园区办分馆、办流通点的热情。

例2　乡镇分馆

厦门灌口镇是一个历史悠久、乡土生活气息浓厚的社区,设分馆初期读者很少,知道的人也不多。厦门馆与分馆人员一起办了几件事,终于"打动"了村庄居民。

一来,到民间收集乡土读物、村规民约、民歌民谣、民间故事、传说、方言俗语、寺庙景观,乡村建设新貌等资料,在分馆内设置"乡土读物"专架(图8-9)。

图8-9　灌口分馆内的"灌口乡土读物"专架

二来,图书馆员用巧手布置了分馆内少儿活动专区(图8-10)。

图8-10　灌口镇分馆少儿角

三来,将共享工程乡村网点设入分馆内,读者可以上网、看电视。

四来,组织"灌口通"知识竞赛。灌口名人、灌口历史、建筑名胜古迹、民间文学艺术、民间技艺、小吃、服饰、民间信仰都是答题对象,引来了灌口老老少少参与。请灌口"名人"参加竞赛颁奖,激发了灌口人爱家乡的情结,想读书的兴趣。如今,灌口人以自己家乡有这样的分馆、书屋而乐于向人推介。

也许会有人提出,这样的分馆、流通点条件在很多乡村是难以达到的,用个不太恰当的比喻,有点"隔岸观火"之意。但是"他山之石,可以攻玉"。分馆流通点硬件建设是一方面,而主动服务与图书馆管理员的智慧与方法也一样重要。

8. 怎样进行实证引导?

农民朋友是讲求现实的,你成天"教育",说某种知识信息对生产、生活有多大作用,要农民朋友引起多大的重视,不如用"百闻不如一见"的实证引导。在开展农村党员远程教育中有这么一个例子,山东省博兴县纯化镇常家村刘学刚介绍,全村 1100 亩地,90% 种的是棉花。2004 年,籽棉价格大起大落波动挺大。9 月收棉时,籽棉每公斤才 3.3 元,后突涨到每公斤 5.3 元,没过多久又跌到每公斤 4 元。老百姓不敢卖了,这毕竟是一年的收入呀。有人建议管理员,你不是有市场行情信息吗? 上网查一下吧! 管理员查的结果是:我国当年的棉花市场求大于供。果然,春节前价格每公斤又涨到 5 元。全村近 20 万公斤籽棉全部卖出,一共多挣了 10 万元。"600 口人的小村,这可不是小数目呀! 去年的收入没吃亏,多亏及时掌握了信息。"村民很感慨。其实,标语口号再多,老百姓并不买账,而一件实事,就让他们心服口服。①

实证引导让农民朋友开阔了眼界,增长了见识,得到了实惠,增强了信心。农民朋友就不会觉得上互联网获取信息、交流信息是高不可攀、距离遥远的事情。

9. 多种媒介知识信息如何互补?

人类历史进程中,知识传递方式可以分为 3 个时期:口耳相传时

---

① 许兰健主编. 调查三农. 北京:人民出版社,2008:164

期、书写印刷时期、电子媒介时期。而电子媒介至今也经历了广播、电视、计算机数字化网络传递方式。每当一个新的知识传递方式出现，就有人预言新的传递方式将会取代原有的传递方式，流传最广的故事莫过于20世纪80年代美国著名情报学家兰开斯特的"无纸社会神话"。他预言在20世纪末，电脑阅读、电脑办公将取代纸质文献阅读而进入不需要纸的社会。一时间，成为世人热门的话题。然而，事实表明，尽管知识传递方式总在演进，但新的方式出现并未完全取代原有的方式，它们之间的关系是互补的。

　　在面向农村农民传递知识信息的公共服务中，广播电视村村通工程已完成，利用互联网、计算机技术推动农村信息化工程建设正在进行，农家书屋工程建设也正在向乡村覆盖，那么，众多媒介怎么共同发挥作用呢？让我们一起来了解。

　　广播的优点。广播是动用人的听觉来接收信息的，广播优势包括：①传播面广、传播迅速。广播使用语言做工具，用声音传播内容，听众对象不受年龄、性别、职业、文化、空间、地点、条件的限制。②感染力强。广播依靠声音传播内容，声音的优势在于具有传真感，听其声能如临其境、如见其人，能唤起听众的视觉形象，有很强的吸引力。③具有多种功能。广播可以用来传播信息、普及知识、开展教育、提供娱乐的服务，能满足不同阶层、不同年龄、不同文化程度、不同职业分工的听众多方面的需要。[1]

　　与此同时，很多广播的信息人们可以边做其他事情边听，可谓一举多得。

　　广播的弱点。①传播效果稍纵即逝，耳过不留，信息的储存性差，难以查询和记录。②线性的传播方式，即广播内容按时间顺序依次排列，听众受节目顺序限制，只能被动接受既定的内容，选择性差。③广播只有声音，没有文字和图像，听众对广播信息的注意力容易分散。

---

[1]　阿里巴巴媒体超市．http://info.china.alibaba.com/news/detail/

电视媒介就不用多说了,广播电视村村通已广泛惠及农民朋友,各种调查都表明电视已成为农民获得信息最重要的渠道。

但是电视也有其局限性。首先,和广播一样,传播效果稍纵即逝,信息的储存性差,记录不便也难以查询。其次,电视广告同样受时间顺序的限制,加上受场地、设备条件的限制,使信息的传送和接收都不如报刊、广播那样具有灵活性。

网络阅读的主要优点。传递快捷、不受时空限制,可查寻海量信息、交流互动方便,用于浏览时政新闻、发布信息、交流信息,查阅政府信息公开、申请网上办事等特方便。

网络阅读的局限。跳跃、链接功能强带来的只能是浏览式的"浅阅读",操作的熟练程度影响获取效率,互联网阅读还有"门槛"也是不争的事实。

纸质书刊优点。使用方便,可随时带、可随时翻阅反复利用、阅读简便成本低廉;可进行独立、安静、批判性地阅读与思考;安全性高,这是光盘易损伤,网络电子读物担心电脑故障、断电、病毒侵扰所不可比拟的。

即便是口耳相传这种人类最古老的知识传递方式,至今还仍是人类知识传递的基本方式。乡村人们经常聚集在一起聊天,也是交流信息的方式。

地处闽江边上的福建古田县双坑村,很多村民从事水上养殖业、水上运输业,村民们每天披着晨曦开始下水营生,下午两点左右收工。水上作业期间只能听广播,回家后才能看电视、上网。村信息站、农家书屋合二为一,晚间这里热闹起来了,村民阅览报刊、借书、看电视、上网、玩桥牌、聊天。不同的媒介传递知识信息在这里汇聚成和谐的交响曲,各得其乐。书屋管理员应充分利用多种媒介传递信息的特点,把握当地生产规律,把握乡村人们作息时间,了解不同群体的阅读特点,推介使用不同的媒介开展阅读辅导,在互补互动中相得益彰。

10. 怎样开展传统与现代传递知识相结合合法辅导?

　　平民教育学家晏阳初在 20 世纪 20、30 年代率领"平教会"在河北定县搞乡村建设活动时,在以农民为对象开展的社会教育中,就注重采集当地秧歌、鼓词、歌谣、工艺技艺、艺术、戏剧等文艺形式,编辑平民读物进行传习,[①]收到很好的效果。虽然,当今乡村在现代化、城市化建设中乡村民族民间文化大量消弭,但传统的乡土文化内层还是相对稳定的,民风民情、民俗文化仍"活"在广大村民日常生活中。他们传递文化知识信息虽然很少有"学术研讨会"之类的方式,但乡村知识信息传递、交流仍大部分在红白喜事、修谱祭祖、庙会仪式、逢圩赶集中进行。有时也具体落实到扭秧歌、舞龙、舞狮、放孔明灯、赛龙舟等娱乐活动中释放情感、愉悦精神、开阔眼界。我们可以看到,乡村一些有经验的文化站工作者在送文化资源下村时,在时间段的选择、场域的选择、信息资源传递方式方面都讲求实效性而自觉地进行"本土化"。他们很清楚村民在哪个时间段有哪些类型的文化信息需求,很了解村里红白大事规模,知道村民聚集的习惯性的具体时间、地点。届时,他们常用当地村民喜闻乐见的太平鼓、采茶戏、黄梅戏等传统节目先热热闹闹地唱个"过枝曲","闹台"聚众,再进行政策、安全、法

图8-11　福建延平王台村共享
工程服务网点播放节目服务

律、科普的宣传教育,让村民自主选择资源播放或拷贝。这种与传统文化相结合的服务方式,既让村民感兴趣,又学得来,接受快,在引导乡亲们分享公共文化服务的同时提升农家书屋的吸引力(图8-11)。

---

　　①　孟雷. 从晏阳初到温铁军. 华夏出版社,2005:16-19

11. 怎样推行科研、教育、推广相结合法？

科研、教育、推广相结合方法，是发达国家发展农业、促进科技成果及时推广应用，并在及时转化为经济效益的同时培养信息用户的信息利用能力的重要方法。① 农业生产与科研、教育、推广相结合的路径很多。我国目前还处于小农生产状态，农业生产与科研、教育、推广如何相结合？作者在福建仙游县调查乡村信息需求时，该县农民回答振聋发聩："科学技术是第一生产力道理我们懂，但农业科研成果贵农民买不起，经济信息不能及时转化为市场效益农民要不起，信息服务只提供生产没提供市场我们输不起。"②可谓一语道出国情、道出民意。但也应该看到，政府各部门、科研单位为"三农"服务中，有大批的科研成果免费提供农民使用。譬如农业部组织发行、赠送给共享工程农村服务网点"农业知识资源总库"系列光盘；"中国农业数字图书馆"（http://www.cakd.cnki.net/cakd_web/index.asp）大量的深入浅出文字、图像、视频资源正期待着与农民朋友、与农业生产对接。譬如作为"大宗作物"的紫云英，老一代农民大都知道它是稻田冬养的重要绿肥兼牧草。但怎样准确把握紫云英播种时间，以培肥地力，提高稻谷产量，改善品质，以及紫云英饲料加工、紫云英花酿蜜、紫云英花观赏的综合利用，却是农业专家这几年科研的新突破。似这样的科研成果已发行了教学培训光盘，但农民朋友并不知道。产生这种状况所缺的是传递知识的"中介"，缺的是公共知识"对接"的公共服务，书屋管理员在此担当的便是文献资源的收集，参与组织培训，将科研成果文献传递服务农民的"对接"的角色。

---

① 王文生编著. 中国农村信息化服务模式与机制. 北京:经济科学出版社,2008:50

② 方允璋. 乡村知识需求与社会知识援助. 东南学术,2007(4)

第九章　咨询与交流

1. 为什么要开展咨询与交流?

　　咨询服务与推广辅导有许多相通之处,但是它们是有区别的:推广辅导是为"不确定的知识"与"不确定的读者"建立起桥梁联系;而咨询服务是为读者提供个别的帮助,是为"确定的读者"寻找"确定的知识或路径"。

　　由于农家书屋的服务对象大多是没有利用图书馆文献机会和习惯的乡村居民,他们在生产生活中遇到的具体问题不知道要找谁,到哪里去找,哪些信息可以帮助解决问题,农家书屋管理员更需要掌握一些参考咨询的方法,学习一些查寻信息的途径,了解哪里可以获取到信息,这样不仅可以帮助他人,还能提高自己的能力。

　　为什么说农家书屋管理员要多交流? 人类行为规律表明,知识信息大部分是靠交流获得的。对千差万别的乡村需求,单靠传统的文献信息服务部门是远远不够的,非常需要农民主体参与互动交流。农家书屋管理员本身就是农民的一员,同时又具有身份的双重属性:一方面生活在乡村的农家书屋管理员本身就是受众之一,最了解本土情况,最了解乡亲们的需求;另一方面,农家书屋是农村公共文化服务体系中直接面对乡村受众的"低端口",是公共知识服务产生效益的最直接场所,农家书屋管理员在这个公共知识信息交流系统中担当承上启下、交流互动的中介角色。

2. 为什么说书屋管理员要成为"善于交流的知识经纪人"?

　　"善于交流的知识经纪人",用专业的话语来说,就是"牵线搭桥,为不确定的知识信息与不确定的读者建立起确定关系,替双方寻找机会并促成'交易'"。①意思是说书屋管理员不仅只是照看书屋,而是要学会积累、整理、传递知识信息,在知识信息与其需求者之间构筑起一个便捷的通道。乡亲们可以到书屋来咨询交流,也可以通过电话、电子邮件、QQ等方式得到咨询帮助;善于利用通常读者向书屋管理员咨询的机会咨询读者。长到老学到老,乡间的能人不少,在书屋这样的公共知识空间里,管理员应该有能力吸引乡亲们到这里来交流,管理员必须学会倾听、交流、沟通、探讨、积累等技巧。

现代乡村人们生产生活需要信息、需要知识这是毫无疑问的。问题是很多人的需求处于朦胧的、难以表达的形态,甚至需求者并未感受到自己有信息需求,除非有人提醒他。其实这种状况不奇怪。按"信息需求"结构划分,这种状况处于需求的"初级阶段"。例如某村民患了糖尿病,在日常饮食起居中该怎么调理自己,肯定是患者所关注的,而这种常见病调养的知识,相关的书刊杂志上、网络上多得是,患者却不知道怎么去找。这就需要书屋管理员去引导去"对接"。

在日益重视"面向基层面向农村"服务的国家大环境中,大到农业部网站,小到各地各种涉农网站,都有大量的与当地村民切身利益相关的知识信息资源可供参考利用,需要书屋管理员促成"交易"。如图9-1"翠屏湖在线"(www.cph.com.cn)的"乡土人才库"栏目,就是根据各乡镇村的经济主业,文化特色详细罗列各乡镇、村各行业的具体专家、技术员名单、联系方式。村庄居民寻找、交流互动更方便了。但许多老百姓不知道,要靠书屋管理员、信息员宣传介绍,充当知识的"经纪人"。

---

① 王子舟,吴汉华.图书馆职业的发展前景.中国图书馆学报,2008(2)

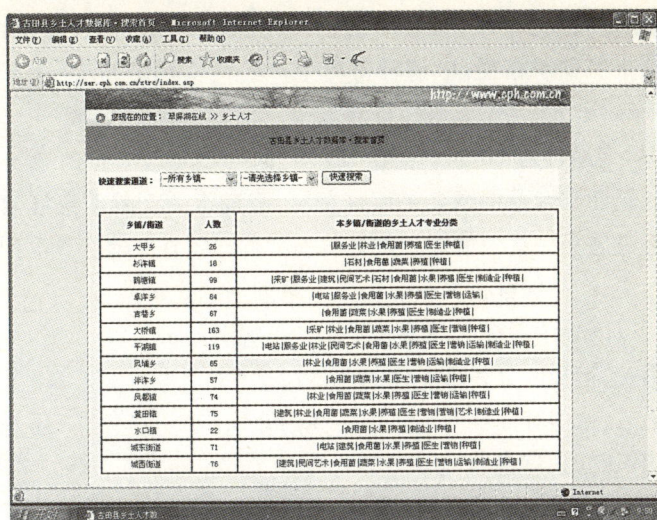

图9-1 "翠屏湖在线"的"乡土人才库"
（http://ser. cph. com. cn/xtrc/index. asp）

3. 怎么区分读者提问的类型？

了解咨询问题的内容性质是解答读者咨询的前提。咨询问题按其内容性质基本可分为三大类：

（1）事实性咨询（知识性咨询）

事实性咨询即读者要求通过文献查明某一事物实质性内容。具体而言：①"是什么"。如查找某一字、词、名称、概念的解释，查找某一地方名人、历史事件；了解某一制度（如当地医疗保险制度、本地区农村居民最低生活保障制度等）的实施细则。②"怎么做"。如查询某一协议书、申请书怎么写等知识性文本。总之，所咨询的问题落在某一知识点上。

（2）信息性咨询

所谓信息性咨询，简言之就是帮助查找某一项信息，读者得到这种信息后自己要决定下一步的行动。譬如：××（乡土）农技专家

（员）联系方式,县(市)某办事机构、某大医院联系方式;查阅中考、高考招生信息的路径;申请种畜禽生产经营许可证找谁;火车时刻表、汽车时刻表、飞机航班预订等。

（3）专题性咨询（知识信息"线"咨询）

专题性咨询是围绕某一特定主题,查询有关文献信息线索及相关动态进展等一系列情报。例如某一种养户要查询他的产品的市场供求行情,产品保鲜技术与运输等一系列信息线索。

所以区分读者提出问题先要作如下辨别:

第一,初步区分是事实性的还是信息性的。

第二,从内容性质判断是事实性的知识（知识信息点）还是专题性的知识（知识信息线）。

第三,确定采用哪种检索工具查找到答案的可能性最大,花费的时间费用最小,查找的成本最低。

4. 解答咨询的方式有哪几种?

农家书屋常用解答咨询的方式基本分为:

（1）口头解答或书面解答

将查找到的适用文献或文献的线索汇总,较简单的直接进行口头解答,例如某一本书书屋有否收藏或代售或最近是否要举办某一农技培训、讲座活动,等等。

比较复杂的问题最好书面解答。例如关于"糖尿病"、"脂肪肝"、"痛风"的食疗、康复等保健知识,涉及内容较多,咨询员不是医生,千万不能随口开"处方",再说读者也不太敢相信,还是提供给相关书籍资料为妥。

（2）实时回复或延时回复

实时回复包括现场面对面回复、电话回复、网络在线（如 QQ 方式）回复。

延时回复的原因受读者咨询问题的复杂程度,书屋管理员对信息源掌握的程度和信息源的易获得程度等多种因素影响。

（3）事实答案回复或提供查找线索的回复

（4）跟踪服务

什么样的情况需要跟踪服务？如配合紧急的灾情、疫情报告，如与人们生产生活密切相关的，政府政策出台与本地区落实情况等需要延续性服务的。

★同时，根据咨询题目性质和读者的要求，答复咨询还可以有如下方式：

（1）稳定性、事实性的知识（即"信息点"）可直接提供答案

例如"合同书"怎么写，某一历史事件发生的时间，某一惠农政策发布与实施的时间等。譬如某一搞农村运输的读者要与客户签一份运输合同，怎么写"运输合同书"，又如读者要了解什么叫"类风湿"病。这些都属于稳定的、事实型知识，书屋管理员可直接找有关"应用文写作"的藏书，利用《辞海》这样的百科全书性质的工具书，或利用电子图书，或利用搜索引擎上网查找到，直接给读者提供答案。

（2）系统性的知识（即"信息线"）可指引检索途径

①推介网站查找线索。例如要查询"孩子转学手续怎么办"这是属于动态型的系列信息，可直接推介上政府教育部门网站，又方便、又权威。

②提供寻找有关专家、技术员的途径。这需要书屋管理员平时注意收集相关的信息。尤其在当今深入推动的农村信息化建设中，很多地方已建起服务农村的网站，包括省级的如"广东农村信息直通车"（http://www.gdcct.gov.cn），地区级的如"福建宁德新农村商网"（http://nc.mofcom.gov.cn/ningde），县（乡）级的如古田县"翠屏湖在线"（http://www.cph.com.cn/），新农村公共服务平台上都设有"农业专家在线"、"乡土人才数据库"等联系方式，查阅与咨询都很方便。

需要提醒的是，有的农家书屋所在地区尚未建起像"新农网"这样的农村公共服务平台，书屋管理员可以触类旁通登录上一级的和其他地区的相关网站，因为许多知识，市场流通信息都相互联系，有

举一反三之功用。

5. 咨询服务的参考信息源来自哪几方面？

书屋参考咨询信息来源主要以下方面：

（1）文献信息源。纸质图书、杂志、报纸、光盘图书、数据库资源、电视节目、网络等载体的知识信息各具特色，农家书屋管理员涉及的参考信息源主要来自传统纸质报刊杂志、常用的工具书、广播电视节目、互联网信息、电子书刊等。它要靠书屋管理员多留意收集，以备不时之需。

（2）专家知识源。伴随着面向农村基层的公共服务体系建设的推动，越来越多的涉农部门专家、学者投入到信息参考咨询服务中，他们与乡土技术员一起，成为适用性很强的活态知识源。

（3）掌握获取信息的方法。在信息技术广泛应用，承载知识信息的媒介多样化，人与信息的关系愈来愈密切的当今时代，采用什么手段才能有效地学习、获取信息，已成为一种重要的学习内容与方法。书屋管理员很有必要掌握一些检索方法，如会用常用的工具书、会利用网络搜索引擎（有人称之为"终身贴身教授"）、会利用如"国研网"等一类具有权威性的参考数据库。

6. 农家书屋常用的工具书有哪些类型，如何配置？

我们先了解工具书有哪些基本特征和功用。

工具书与一般图书的区别：

工具书是搜索某一范围资料的信息密集型文献，按特定的方法加以编排，以可检索的方式，供人释疑解惑、临事查考用的。

图书一般是按逻辑次序对主题进行系统地阐述，是著述性的，是供人系统阅读用的。

工具书的特点：

从编制目的看，工具书具有查考性。

从内容材料看，具有概述性。广收博采、概要论述，言简意明。

从编排方法看,具有易检性。编排方法特殊,一检即得,甚为方便。

工具书具知识信息容量大,可信度较高,知识类工具书还有稳定性较强的特点。书屋收藏的工具书不要求专深,以常用的为主。如常用的字典、词典、综合性百科全书、年表、历表、地图集等。

工具书的功用:

①解释词语概念。各种语文性词典,综合性、专业性词典。如《新华字典》、《现代汉语词典》。

②提供文献线索。如各种书目、索引。

③提供各种统计信息、学术信息。如综合性年鉴、各专业年鉴等。

④提供各学科浓缩性知识。如《中国大百科全书》、《辞海》等。

例如《辞海》,它是以字带词,兼有字典、语文词典和百科词典功能的大型综合性词典。目前《辞海》最新的版本是 2009 年修订版(总条目近 12.7 万条)。其次是 1999 年修订版(收单字 19 485 个,122 835 个条目)。《辞海》以简体字为主,按部首编排,有笔画、汉语拼音、四角号码和外文索引。解字释词,均有书证,并注明出处。除供查找一般字词之外,还可查找成语典故、历史事件、古今地名、名著、历史人物、典章制度、团体组织、各学科名词术语等。是国内最广泛使用的综合性工具书,一般的问题都可通过查《辞海》解决。

农家书屋常用的工具书类型有:辞书、百科全书、年鉴、手册、名录、表谱、图录等。

(1)辞书的概念和作用

辞书是汇集与解说词语的工具书。它包括字典和词典。字典,以收字为主,是解释字的形体构造、读音、意义和用法的工具书,如《新华字典》。词典,以收词为主,是解释词语的概念、意义和用法的工具书,如《现代汉语词典》。

辞书作用:

①查找常用字、冷僻字、古文字等;

②查找现代词语、古代语词、文言虚词、成语典故、方言俗语、格

言、诗词文句等；

　　③查找人名、地名、物名、书名、历史事件、职官名、学科专业名词术语、机构团体名称等。

　　辞书的配置方式：

　　辞书是常用的工具书，农家书屋应以印刷型图书收藏与利用为宜。

　　(2)百科全书的概念和作用

　　百科全书是百科知识总汇，是广泛概括所有知识门类的概述性著作，是以词典形式编排的大型工具书。

　　百科全书提供浓缩的知识。由于它部头大、资料丰富、内容广泛，被称为"工具书之王"。其作用有：

　　①可供收集或核对某个国家、民族、城市、名人、名著、党派、组织、学科、学说、史实或事件资料。

　　②浏览和学习。可供人们系统学习或浏览，扩大眼界，增长知识。因此人们把百科全书誉为"没有围墙的大学"。

　　百科全书分综合性与专业性两大类。综合性百科全书如《中国少年儿童百科全书》，浙江教育出版社1991年出版，林崇德主编，约200名科普作者参与编著。全书分为四卷，涉及60多个科学门类，5000多条目，近5000幅插图，计400多万字，是国内第一部大型少年儿童百科全书。《自然·环境》卷涉及宇宙的演化，大地的变迁，生物的进化，动植物的形态，人体的构造等广泛的领域。《科学·技术》卷介绍了世界科技发展的漫长历程和伟大成就，中外著名科学家的献身精神和成功经验，数理化天地发生的现象和规律等。《人类·社会》卷使读者了解到自然界的生命是在不断进化的过程中，一代超越一代，直至产生了万物之灵的人类。人类又经历了无数次血和火的洗礼，才创造了如此灿烂辉煌的文明。《文化·艺术》卷使读者深切地感受到了人类灿烂的文化和艺术成果，是各个时代、各个国家的人民智慧和汗水的结晶。[1] 配有光盘,检索的效果因其多媒体图文并茂而直观、生动。该书堪称为一个老少皆宜的较权威的"百科知库",价格又不高,建议有条件的书屋配置一套。

地方综合性百科全书是查找某一地方的人、地、事、物和机构、团体、企业、学校等资料,全面了解某一历史沿革和当代市情的地域性工具书。例如,要查福州历史沿革和当代市情,就选用《福州百科全书》。

专科性百科全书如《中国医学百科全书》。

百科全书的配置方式:

购买少量常用的,以综合性的和本地方的为主。近年出版的各种百科全书一般都有印刷版和光盘版,电子版相对便宜实惠,但要有计算机设备才能阅读使用。

(3)年鉴的概念和作用

年鉴是系统汇集一年度重要时事文献、学科进展与各项统计资料,以供人查阅的工具书。需要提醒的是,某一年度年鉴所反映的是上一年相关情况。

年鉴的作用:

①提供一年来国内外大事,各国概况,各学科、专业或行业的大事活动、发展概况;

②查找有关统计资料、人物资料及重要文献、法规资料;

③可作为百科全书的补充;

④作学科知识阅读。

从近年发展看,年鉴是查检各类新资料的工具书。年鉴主要分综合性与专业性两大类。

综合性的年鉴作用相当于"年度版"的小百科全书。如《中国百科年鉴》是大型综合性年鉴,由概况、百科、附录组成。分门别类地反映上一年国内外每一个重大社会事件和自然现象,世界各国和国

---

[1]　http://iptv.zjol.com.cn/05iptv/system/2008/07/19/009749225.shtml

内各省、市、自治区一年的发展概况,及时反映各学科、各方面的新成果、新知识、新进展、新资料。

地方综合年鉴,如《××省年鉴》,可供查找某地区社会、经济发展概况,政治、经济、教科文各部门和各行业发展概况,以及重要政府文献,人物、机关、团体、企业大事和统计资料。

专业性年鉴。主要反映某一学科和行业的上一年情况,如《中国人口和就业统计年鉴》。《中国人口和就业统计年鉴》是一部以全面反映我国人口和就业状况为主的资料性年刊。书中收集了全国和各省、自治区、直辖市大量的人口就业统计数据,以及世界部分国家的相关数据。

需要提醒的是年鉴编辑的特点,即年鉴"一年一鉴",本年度年鉴反映的是上年度的资料。例如,要了解××省2005年商业零售业资料,应用《××省统计年鉴(2006年)》。

年鉴的配置方式:

配置对象:极少量的与本村经济主业密切相关的专业性年鉴。应注意的是年鉴因其"一年一鉴"的特点,属连续出版物,所以一旦确定某种年鉴属本书屋需要收藏的,就不要随便停购。

网络获取:大部分地方综合年鉴可从各地政府网站公开、直接免费获取。如图9-2。

(4)手册、名录、表谱的概念和作用

手册是汇集经常需要查阅参考的文献、资料或专业知识的工具书。它汇集的是准确数据、公式,是公认的经典科技知识。手册名称很多,包括指南、大全、要览、便览、必备、宝鉴等。有些资料性图书,如统计资料、政策法令汇编、条约集等,虽未标名"手册",实际上也具有手册的性质。

手册也是政府部门、社会团体开展公共服务、惠民便民服务中最常用的一种方式。

名录是专供查找各种机构、地名、人名等概况和通信联络方法的工具书,还有记载有地方历史沿革的地名录。

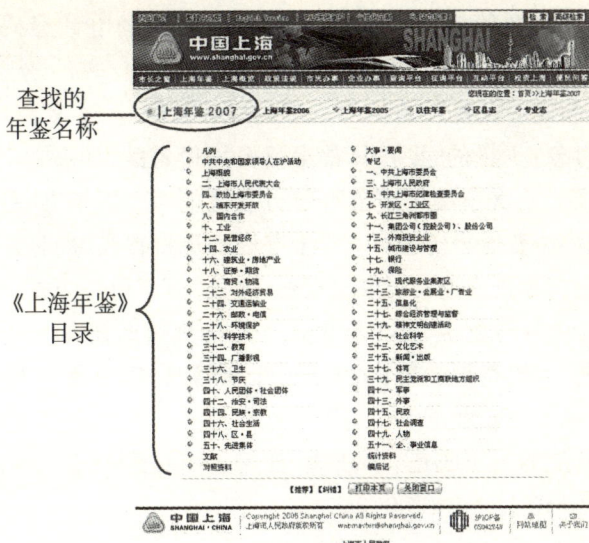

图9-2　上海市人民政府网站的年鉴页面

（http://www. shanghai. gov. cn/shanghai/node2314/node19803/index. html）

名录近年来发展很快，利用率也很高。尤其是公司、企业名录，可提供大量的经贸信息，但是名录的淘汰、更新也很频繁。

表谱是以编年或表格形式记载事物发展的工具书。表谱包括年表、历表、专门性历史表谱等。书屋常用的是一些历表、年表。

历表、年表的作用有：

①历表，日常生活中常用来换算重大事件的阴阳历对应。

②纪年年表，用于查考历史年代、帝王庙号、谥号、年号、干支、公元等。

③纪事年表，除纪年外，还记事。主要用于查考历史大事，大至政治、经济大事，小至名人生卒年月、报刊的创刊、停刊信息。如果要查某一历史事件，可利用综合性或专科性的各种"大事年表"或"大事纪"等工具书。

手册的配置方式：

配置对象：常用的专业普及性手册。

征集对象：政策宣传、居民办事指南、公开的电话号码本（黄页）、公共安全教育手册、防灾防疫宣传手册等。

年历、年表的配置方式：

配置对象：少量的、乡村日常生活要用得着的，如《中国历史纪年表》《中国历史大事编年》《五百年历书》《简明二百年历》等。

网络获取：普通年历表可直接上互联网免费查询，查询的方法也很简单——打开百度搜索引擎检索框，输入"万年历"，点击"检索"，显示网页排名首位就是"万年历表"，如果你想查询某人生日的公历与农历日期，可根据他的公（农）历出生年月日，很快查到对应的答案。例如，某人长辈农历生日为甲申年八月二十一日，要换算阳历生日何时，用《简明二百年历》等历表，即可查得该农历生日对应的阳历为 1944 年 10 月 7 日（图9-3）。

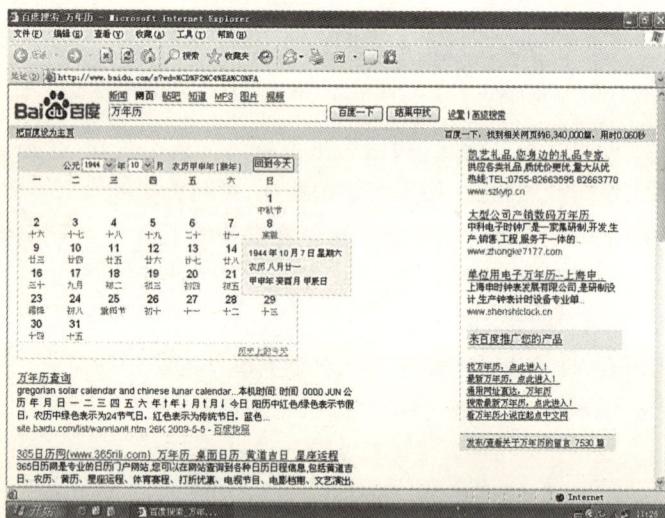

图9-3　百度搜索引擎检出的万年历查询页面
（http://www.baidu.com/s? wd =％CD％F2％C4％EA％C0％FA）

（5）图录的概念和作用

图录包括地图，科技、历史图谱，文物、人物图录等。

　　乡村居民日常生活中常用的是地图。包括普通地图、行政区划图、交通地图等，用来查找行政区划、旅游线路、交通线路等。

　　地图的配置方式：

　　需要提醒的是，地图是政府出版物，具有权威性，只能由地图出版社出版，书屋和村民购买时要注意出版者。

　　购买对象：常用的行政区图、交通地图，旅游地图等。

　　网络获取：例如打开（Google）搜索引擎的检索框，输入地区名称，如"北京市"一词点击"搜索"，地区名称的第一条词条一般是该地区的地图（卫星定位图）。你可以从地图中查寻相关需要，如图9-4。

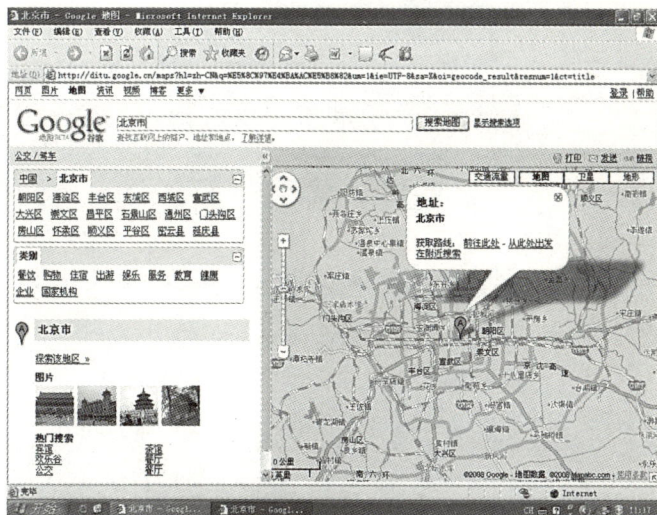

图9-4　Google 上的北京地图

7. 怎样利用不同网站的内容优势开展咨询服务？

　　互联网上有数以百万计的网站，各不同网站承载的信息内容各有特点亦各有优势。如果你能判断出读者咨询问题的性质，就可以"目标明确"地直接登录相关网站获取资源，更为高效更为实用。就像这些年市面上盛行超市购物,超市物品可谓丰富之极,然而你要买一个专门配件、特殊商品什么的,还是要找专卖店的道理一样。我们一起来看一些网站的不同内容的"优势"所在。

★查阅政府信息公开的,登陆本省(本地区)政府网站和政府相关部门(如省民政厅、省教育厅)网站,信息权威度高。例如查孩子中考、高考录取信息,网上申请办理经营行政许可证,要办户籍,办低保,要转学,要打官司,投诉等等。而且大部分政府网站界面相继设计了"场景式服务导航"(如图9-5)。

图9-5　福建省教育厅网站上的场景式服务导航
（http://www.fjedu.gov.cn/html/index.html）

★看时政新闻的,建议登录人民网、新华网等主流媒体。值得推荐的是,为了引导网络文化,国家专门建设了包括新华网、人民网、中国网、国际在线、中国日报网站、央视国际网络、中青在线和中国经济网等8家为中央重点新闻网站,并确定了24家地方重点新闻网站。[①] 对网上的新闻进行规范,权威性高。也就是说,正规的新闻都是由国家重点的新闻网站提供,商业网站不能自采新闻,只能转载。读者在商业网站上获取新闻信息时应注意核实新闻来源出处。

---

①　http://news.sina.com.cn/c/2004-11-09/09214189484s.shtml

★欲查找"三农"和农产品经营信息,登陆各级政府部门主办的涉农网站、行业协会主办的农商网站等,那里的信息更丰富、信息更新及时。

★欣赏地方戏剧曲艺作品、特色文化资源的,建议登陆全国文化信息资源网站共享工程(http://www.ndcnc.gov.cn/)和各省的文化信息资源共享工程网站(参见第十二章第12题的介绍)。

★想购书的,可直接登陆网上书城、出版社网站、中国农家书屋网读书栏目等(参见第六章第8题"怎样开展图书代购服务")。

★想借书的,可直接登陆就近的大中型图书馆网站查寻(必要时可进行馆际互借)。

★查某地电话号码、通讯地址的,可登陆地区、部门黄页(电话号码簿)如中华大黄页(http://www.chinabig.com.cn)、中国电信黄页(http://www.yellowpage.com.cn),中国网上114(http://www.china-114.net)等。

★有些问题,还可登陆各大型图书馆网站,如"上海数字文化网"(http://whgx.library.sh.cn/)中"农业天地"栏目,广东联合参考咨询与文献传递网(http://www.ucdrs.net/),全国文化信息资源共享工程网站上的"网上参考咨询"板块等,求助专业人员。

8. 为什么说当地"新农村网"是农民重要的信息源？

当地"新农村网"(各地这样的涉农网站都有很强的地域性特征的名称)是指本省、本地区、本县乃至本镇政府部门专门为服务"三农"建设的网站,是农村公共信息服务的大平台。由于这些"新农村网"上内容比较丰富又有特色,农民利用方便,正在受越来越多农民欢迎。例如金农网(http://www.agri.com.cn/)、"广东农村信息直通车"(http://www.gdcct.gov.cn)、河南新农网(http://www.hnxnw.com/)、建瓯新农村网络农坊(http://www1.jo.fj.cn:888/),福建古田"翠屏湖在线"(http://xnw.cph.com.cn/),"福建省宁德新农村商网"(http://nc.mofcom.gov.cn/ningde)人气都很旺。为什么呢？我们一起了解一下这些年全国"农村信息化工程"建设情况，让农民朋友们更加了解国家建设农村信息化这个庞大复杂浩繁公共工程的良苦用心，相信农民朋友们对充分利用像"新农村网"这样农村公共信息服务平台，并将它作知识信息咨询服务的载体有新的认识。

相对于广播电视"村村通"工程，正在渐进推广的农村信息化建设大家可能还没那么熟悉。农村信息化建设是贯彻落实国民经济和社会发展"十五"规划，贯彻中央《关于推进社会主义新农村建设若干重要意见》推进的。与广播电视"村村通"工程有所不同的是，农村信息化工程建设更讲求因地制宜，紧紧围绕着三农"服务对象，服务主体，服务内容，服务手段"四大基本要素构建，不断丰富着农村信息化的内涵。

★服务对象

农村基层组织、基层干部、农技人员、中小企业、中介组织、种养大户、农产品加工和运销大户、批发市场以及广大农民等。

★实施服务的主体

①国家政府相关部门。指中央政府、地方政府和基层政府，这些各级政府中的科技、农业、林业、水利、气象等部门依据自身职能特色，为"三农"提供生产技术、政策法规、统计数据、农产品和农业生产资料的市场供求与价格等信息服务。

②科研教学机构。包括教育部门、科研单位、情报信息机构等，这些事业单位在产生、传播和直接利用大量农业科技信息的同时，还培养专门人才和面向农村提供咨询信息服务。

③科技中介组织。包括事业单位、企业和民间组织，由它们构成的农村科技中介服务体系在科技信息、市场信息、人才信息的传播和评估，技术指导，人才培训方面发挥着重要作用。

④龙头企业、农民合作经济组织。龙头企业（如饲料厂、农机厂、农产品加工厂、种子公司、农贸公司、农业 IT 企业等）与农民合作经济组织一头连着广大农户，一头连着市场，并拥有比较雄厚的资

本、技术、人才优势,能直接参与并有效地组织农户参与农业产业化经营,因而是为农民提供信息服务的重要主体。

⑤行业协会。各类专业协会能够及时准确地捕捉到本领域的农产品和农贸市场动态信息,并将这些市场信息和农业科技信息及时、准确地传播给广大会员,并通过会员向周围农户扩散、辐射。

★服务内容

①科技信息。包括农业科技前沿动态、科技成果、科技会讯等农业高科技方面的信息,以及种植、养殖、储藏加工、植物保护、畜牧兽医等方面的技术信息。

②管理信息。包括农业产业化经营、各类农民专业合作组织、乡镇企业等先进典型的经营管理经验。

③市场信息。即化肥、农药、饲料、种子、农机等农业生产资料和各类农产品的市场供求信息及价格行情分析和预测信息,以及各类生产资料和农产品的进出口贸易信息。

④政策法规。即国家和各级地方政府颁布的与"三农"问题相关的政策、法律法规及标准规范。

⑤农业概况。即与农业有关的各领域、各行业的资源信息,包括土壤、气象、水资源、环境等方面的信息。

⑥品种信息。包括种植类品种信息,养殖类品种信息,农药、兽药以及乡镇企业产品的分类信息等。

⑦就业信息。包括城镇用人单位招聘信息,农村劳动力转移就业与求职信息。都包括需要劳动力数量、素质、求职取向、待遇要求等具体信息。

⑧教育培训信息。即各类专题培训(包括知识技术培训、专业技能培训、管理培训、道德素质培训、法律法规培训)、农业音像图书、远程教育等方面的信息。

⑨农村生活。包括生活消费指南、医疗卫生、体育运动、文化娱乐等信息。

★服务形式

①科技110：用户通过拨打电话的方式获得科技信息。

②手机短信发布与咨询。

③广播、电视（机顶盒）向用户发布。

④互联网在线咨询。

⑤专家大院、科技特派员、专家下乡：这是一种技术人员与农民面对面的信息交流方式，通过建立专家大院，不定期组织专家下乡，由专家直接向农民传递科技信息，推广先进适用的种植养殖技术和农产品加工技术，现场解决农村生产中出现的各种问题，为农民排忧解难。

⑥农业信息岗、信息亭、信息吧。

在组织管理模式上，以政府相关部门为主，"以政府推动、市场引导、多元参与"构成的信息服务主体模式。① 在技术服务手段方面，目前，"农村三网融合的发展趋势是农村低成本信息化的选择"②正在为政府、行业和广大农村居民达成共识，越来越多地方政府涉农部门正联手采用"三网合一"、"三电合一"、"科技110"等"本地化"技术手段，通过各地"新农村网"这样的公共服务平台，使得农民可以方便地、低成本地通过广播、电视、电话（手机短信）得到实用技术知识信息，得到专家指导；而电子产品不仅更新快还越来越便宜，农民正在越来越切实地感受到国家农村信息化服务体系建设带来的好处。我们可以电视公益广告中农民通过手机通信中得到专家指导的画面，感受到广大乡村居民分享公共信息服务的实惠。书屋管理员要用好并推介好这个参考咨询信息源。

---

① 中国农村信息化服务模式与机制．王文生编著．经济科学出版社，2007：8-12

② 梅方权．中国农业和农村信息化的发展分析．http://www.sdny.gov.cn/art/2007/12/21/art_627_35310.html

图9-6　广东农村信息直通车(http://www.gdcct.gov.cn)

9. 网络实时咨询有几种方式,怎么用?

网络实时咨询是网络参考咨询服务的主要方式。主要给用户提供一个更快、更直接地和咨询员进行在线实时交流的平台、界面。

网络实时咨询的优点:省时间,有现场感。

当前网络实时参考咨询主要有两种方式。一种是在所选择的网站注册(参见第七章第 3 题),发帖子咨询的方式。另一种是利用QQ 等在线聊天工具进行"面对面"提问、交流的方式。

第一种方式,假定已在"翠屏湖在线"网站注册,用户发帖子咨询的具体做法为:

第一步,登录网站,输入自己的"用户名与密码"。

第二步,在提问区输入要提问的问题,如图9-7"请问专家:油茶开花不结果是什么原因,有什么药可治吗? 要用什么药?"。

第三步,除了文字提问外,还可以上传照片说明咨询问题,这样更直观,也可以帮助补充文字表达的不足之处。

第四步,你可以浏览一下网站上是否有其他人咨询相同或相关问题以及专家、技术员的问答。如果有相似的,相信对用户有举一反三的帮助的。

图9-7　翠屏湖在线专家答疑系统
（http://www.cph.com.cn/zjzx/）

第二种方式,利用QQ等在线聊天工具进行咨询的具体做法:

第一步,输入自己的"QQ号与密码"登录。

第二步,与专家的QQ联系上。

第三步,输入要提问的问题,例如"茶叶卷曲、硬化、叶缘红褐焦枯,是什么原因？如何防治？"。

第四步,将专家回复的资料保存下来或打印出来。

以上两种方式相比较各有优缺点。第一种方式,咨询的问题和专家的回复公布在网站上,大家都能看到,信息传播面广,同时避免了重复回答同样的问题,减少了专家的工作量。第二种方式需要专家实时在线,得到的回复难以让更多的人共享,但通过视频聊天可以把问题表达得更清楚、更详细。

案例9-1:"数字武夷"已全部覆盖当地乡村,每个村庄都有子站,农民朋友有问题需要咨询,可到村信息站的电脑终端上,用触摸方式选择点击你要咨询的种养殖专家,进入咨询页面,其交流方式有

可能是通过视频面对面交流,也可以自己输入咨询问题(如图9-8、
9-9)。

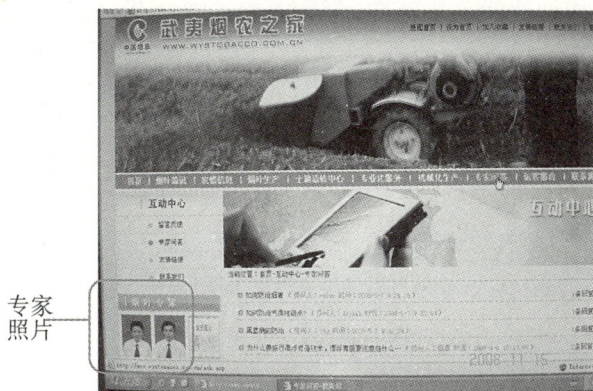

图9-8　武夷山村信息站终端页面——"烟农之家"

图9-9　专家答复某村民关于种养殖的咨询

(http://www.wystobacco.com.cn/viewask.asp?id=22)

10. 建立参考咨询档案有什么用,怎么做?

　　参考咨询档案的作用:一是通过参考咨询记录了解参考咨询的
工作情况;二是被作为今后改善工作的依据。建立参考咨询档案应

注意以下问题：

（1）不必对每条咨询结果都建立档案。

（2）参考咨询档案收集范围，包括工作计划、业务会议记录、工作日志、咨询服务登记表等。

（3）设计好参考咨询服务登记表。

实践表明，参考咨询服务登记表格设计事项简明、完整、规范的程度不仅是一种"磨刀不误砍柴工"的工作，而且也是农家书屋管理与评估不可或缺的业务内容（参见表9-1）。

表9-1 "农家书屋参考咨询服务登记表"

农家书屋咨询服务登记表

编号：_____

咨询日期			答复日期			
姓　名		单　位			电　话	
地　址			E-mail		传　真	
咨询内容						
检索类型	□专题检索　□定题跟踪　　□政府信息　　□其它					
提供内容	□全文　□视频　□题录		提供方式	□打印　□拷贝　□刻录　□其它		
政府信息	□法律法规　□政策文件　□网上办事		检索时间	□1年内　□3年内　□其它		
提供形式	□自取　　□E-mail　　□邮寄　　□特快专递　　□传真					
咨询方式	□面对面　□电话　　□书信　　□E-mail　　□QQ　□网络表单咨询　□其它					
接待人			答复人			
资料来源	1.馆藏：□图书　□期刊　□报纸　□图片　□光盘　□服务器存储　□其它　2.专家、技术人员　3.数据库：□维普　□万方　□Apabi　□国研　□人大　□其它　4.Internet资源：□Google　□百度　□其它　记录：					
处理结果	□完全解答　　□部分解答　　　□无法解答：					
读者反馈意见	□十分满意　　□满意　　□一般　　□不满意　　□十分不满意　注：如果您对我们的工作有任何意见或建议，请留言，以把我们的改进工作，更好地为您服务。　读者留言：					
遗留问题						

审核：_____

_____年____月____日

（4）选择重要的咨询问题建立咨询服务档案。

具体步骤为：

①填写咨询服务登记表。内容包括读者情况，咨询问题内容与要求，咨询过程、答复情况与提供文献的简单目录，解决问题效果与遗留问题等记录。

②按时间（季度、年度）汇订成册，设计一个简单统一的封面，写上起讫日期存档。

③其中具有实用价值和有推广价值的咨询专题资料，最好编印成专题书目，提供给用户。

第十章　参与式发展与资源共享(一)
——书屋的任务

1. 农家书屋践行"参与式发展"有什么好处?

在这里,首先需要理解"参与"和"共享"(也称"分享")的关系。它们都是外来词语,有时都可以用英文"Enjoy"表达,可见二者之间共通、交叉之处很多,从某种意义上说,参与的过程实际上就是一种共享的过程。但"参与"与"共享"之间又有所区别,"共享"是建立在"参与"基础上的,意思是不去"参与"也很难"共享"到成果,在日常生活中这道理是不言自明的。

"参与式发展"概念的实质即:"具有实践意义上的'参与式方法',并已成为当代国际发展领域最常用的概念和基础原则。"[①]"参与"和"共享"实际上是相辅相成互为关系的一种方法论。

那么,农家书屋践行"参与式发展"有什么好处? 答案是简洁而明确的:农民才是农家书屋的主体,只有动员鼓励农民主体参与书屋自我服务、自我管理,参与文化创造,在为"自己的"书屋出一份力的同时,分享着书屋提供的读书看报看电视,上网获取信息的好处,分享着村民们文化休闲的惬意,把书屋建设得热闹起来,成为村民聚会、交流、过公共生活的新型场所。

有这么一则报道,一位接受采访的农民高兴地说:"农家书屋建在村里,而且不增加我们任何负担,直接为我们服务,我们农民太高

---

　　① 荣尊堂编著.参与式发展:一个建设社会主义新农村的典型方法.北京:人民出版社,2006:1-3

兴了,我们感谢政府。"实际上,农民朋友在分享书屋服务高兴之余更需要"参与"。参与自我服务、参与自我管理。因为,根据内源发展理论,所有政府配给的、社会援助的书刊、技术和资金的支持在书屋发展中都被称为外部干预。而外部干预只能对农家书屋、农村信息化建设起到辅助性、推动性的作用。要真正实现书屋的可持续发展,需要农民充分认识农民主体对书屋建设的责任感和拥有感。所以说,农民主体地位来自于农民是新农村信息化发展的内在动力。"如果在认识和实践中忽视了这种内在作用,农民将会把农村信息化建设项目看成是国家和政府的事情。看成是所有外来人员的事情。"①

2. 怎样引导农民主体参与并共享农家书屋?

毋庸讳言,目前我国许多乡村的信息化建设,包括农家书屋建设在发挥农民主体地位作用方面还很弱,正如学者胡晋源所指出的,由于历史和现实等诸多因素的影响和制约,农民在农村信息化建设中的主体地位目前还只是一种理论和理想形态,现实中的农民主体地位实际上处于边缘化的"虚位"状态,处于一种因长期以来形成的政府行使职能的惯性延续和农民的传统依赖心理的"错位"状态,处于基本生存与发展能力的匮乏与不足的能力贫困的"弱位"等畸形的缺失状态之中。② 书屋也似这种状况。

引导农民主体参与共享书屋建设,主要从以下方面着手:

第一,建设丰富的、可共享的多元化、低成本、本土化的信息资源

这是借助农业部信息化专家梅方权的"农村信息化扶贫'两点论'"的启示,在知识服务与信息服务并存的农家书屋一样适用。

---

① 胡晋源. 农民主体地位视角下新农村信息化建设策略研究. 农业现代化研究,2007(9)

② 胡晋源. 农民主体地位视角下新农村信息化建设策略研究. 农业现代化研究,2007(9)

"两点论"即:一,农业和农村信息化扶贫建设,最重要的是要有丰富的信息资源实现共享。二,"农村信息化,要多元化、低成本、本土化。信息化不是光给民众提供信息,还包括消费、生产、流通、技术、管理、环境全过程(全球眼)的信息化"。譬如,武夷山市农民与游客可在村村信息站(农家书屋)体验 LED、触摸屏、电脑、液晶电视信息服务,并能在该市任何时间和地点,以一种可以接受的费用和质量,通过手机、电视、广播、网络等多种传递方式得到涉农信息、教育培训、村务公开信息咨询、电子商务、休闲娱乐的服务。① 实现乡村信息化的"多元化"、"低成本"(包括经济成本、距离成本、时间成本、技术障碍成本、易获得性成本、劳心劳力成本)。

"本地化"则要求提供的信息具有实用性、现实性、针对性,体现与乡村居民的生产方式、生活方式相适应,保证这些知识信息在农民群众之间可交流、可分享。闽中古田县"翠屏湖在线"网站不仅有针对县情的食用菌、水果、淡水养殖等生产信息,并且成立科技专家组,对通过网络传送上来的农业生产疑难问题,组织专家会诊,通过电话、电子邮件回复。该网站还提供了当地农业专家、技术人员、乡土医生的各种联系方式,家里没上网的村民在农家书屋查询,具有很强的可操作性与实用性。"翠屏湖在线"成为当地农民的"热线网站"。②

第二,激发农民的主体意识

著名律师崔武讲过《母亲让孩子分蛋糕》的故事:一位母亲,以前经常给儿子分蛋糕,但两个儿子似乎都不太满意,嫌自己的小,抱怨母亲偏心。这次,聪明的母亲制定了一个规则:由大儿子切蛋糕,由小儿子先选择蛋糕。这样一来,大儿子在切蛋糕时就唯恐切得不

---

① 武夷山打造"数字武夷". http://lw. china – b. com/wxwh/20090310/735340_1. html

② 林剑英."翠屏湖在线":农民致富帮手. http://www. 66163. com/Fujian_w/

公平了。这个故事其实强调的是公民主体意识,强调社会个体的主体意识和个体的主体解放、尊重与维护。[①] 但这个故事表达的绝不是"以我为中心",而是希望大家都来体验一下,才能知道自己需要什么,该怎么分享。实际上传统的乡村民俗活动中,这种民众主体意识的激发方式是常用的。福建客家人聚居的连城县有着延续数百年的元宵"游大龙"大型民俗活动传统,该活动沿袭了群众轮流坐庄的游戏规则,世世代代都"与生俱来"地知道"应该怎么做",而年年办得红红火火,群众主体意识就是这么激发的。福建仙游县昌衫村图书馆之所以多年来越办越好,其中有一点是用了村里六个老年管理员轮流当班,其服务态度、服务质量自然在群众中有评说,从而激发了相互"攀比"的自我服务、自我管理的主体意识。

第三,以"活动"为载体扩大村民主体参与度

通过"活动"推动村民学习、交流是乡村居民接受交流知识信息的主要方式之一,有着根深蒂固的传统。为什么这么说呢?

一来,"活动"是传统农耕时代生产方式产生的乡村居民生活形态。中国数千年农耕社会为何有诸多的传统节日和活动,皆因传统农业生产靠天吃饭,生活极不稳定,要依靠亲属血缘、社群地缘和神缘(民间信仰)关系筑起社会关系网以求得生产保障,并通过它抵御敌对势力。农忙时节、红白大事、天灾、兵匪滋扰时更需要族人、社群相互支援的集体行动。

二来,"活动"有利于增强凝聚力。自古以来,农耕传统中为求上苍保佑、求祖宗保佑、酬神还愿,也为了经历繁忙农事后调适自己,娱乐自己,乡村居民创造并沿袭着许多传统节庆习俗,开展集体活动,通过活动共同体悟、维持传统,例如传统的庙会、戏场、庆丰收的文娱体育活动来凝聚人气,交往走动朋友。

三来,"活动"为村民提供学习、交流的一个更大平台。长期以来,乡村是一个"面对面"的口头文本社区,在这样的熟人社区中传

---

① 贾梦雨. 公民意识:一块蛋糕怎么切. 读者,2009(20)

递信息用语言、副语言(语气、表情、动作)就可以传情达意,并不一定要用文字。不过,当今社会文字资料交流阅读已越来越重要,开展如培训、讲座,面对面手把手教学、示范,表演、竞赛,播放群众喜闻乐见的视频节目等,为人们集体学习交流搭建活动平台;通过活动引导公众发表理性的公共舆论,已成为农家书屋承担的不可或缺的社会职能。

当然,开展活动是需要花费的,需要政府与社会投入,这就需要乡村文化站长、书屋管理员用心策划,创造机会、创造条件组织活动,或参与组织各种活动,吸引村民主体的参与度。

第四,"急沙慢土"的能力培养

"急沙慢土"是中国黄泛区老百姓人人皆知的道理。"洪水漫滩时,水势缓慢,水落后留下的是肥沃的淤泥,若是急流掠过,将好土带走,剩下的尽是荒沙,好地反而成了薄沙地,他们极其精炼地把这种过程概括为'急沙慢土'。为了防止'急沙'的形成,农民们在不妨碍防汛行洪的前提下,常常会修建一些护滩的工程"。赵旭东先生在《"急沙慢土"的联想》一文中由此联想到了孟加拉卓有成效的非政府组织之一"行动援助",他提出:自然是这样,社会也不例外。我们的社会真的需要从基础上培养一种自我组织的能力,这种能力是基层社会得以延续和发展的给养,离开了这种能力的培养,再多的外部力量的介入都可能徒劳无功,无法扎下根去,弄不好甚至还可能像黄河的急流一样把仅有的一点肥力都带走了。

孟加拉社会的贫困是众所周知的,但即便是在这样的贫困状况下,那里的人防灾和抗灾意识都是极为强烈的,这显然是跟由政府与非政府组织积极开展的社区动员有着极为密切的关系,当然也跟这个国家自建国以来开放地接受各种外来的影响有着极为密切的关系。在孟加拉,作为国际非政府组织之一的"行动援助"(ACTION-AID!)机构做的很多事情都是跟这种能力建设密切联系在一起的。不论是减灾还是扶贫,以社区为基础的能力建设都被这个机构放在首位。随处可见的有这个机构标志的宣传册,许多都在强调这种基层的能力建设。他们为洪水多发的灾区准备了有着防灾知识描图的册子，小孩子通过各种颜色的描图就可以掌握其中的知识，比如来了洪水应该往哪里躲，贵重的物品应该放在哪里，如何帮助自己和其他人逃生等。这是在潜移默化当中就能够培养起来的防范灾害发生的意识，这些做法体现了一种新的理念，那就是让项目地的人民自己学会抗拒灾害的做法，并在此过程当中培育相互合作的自我与社会救助的能力。①

农家书屋的建设也一样是培育农民群众信息能力的潜移默化过程。广大农村群众蕴涵着巨大的创造力，过于急迫的要求"普及"的外部力量说不定让处于弱势地位的农民的意愿更无法表达，还会把农民对农村生活的一些预期希望都卷走了。

3. 将书屋打造成乡村"信息交流中心"有什么好处，怎样打造？

将书屋打造成乡村"信息交流中心"的好处是：让书屋有丰富的信息资源实现共享；群众能够方便地获取知识信息；通过书屋开展的培训、交流把书本知识"本土化"，让群众可以接受并吸收；村民在书屋的氛围中可以自由平等交流，发表意见与建议。书屋成为日常生活中的"必需品"。

怎样打造农家书屋"信息交流中心"，应关照以下4个方面：

第一，书屋必须是信息资源集散地。在农家书屋，借阅图书和获取信息并存是当前的特征，更是农村、农民的现实需求。只有将各种渠道向乡村输送来的图书、报刊杂志、电子资源，包括使用这些电子资源所必需的电脑、网络、移动播放器、电视集中投放到书屋（信息站），集中在一起，才能让农民方便地、低成本地使用。《乡镇综合文化站管理办法》要求文化站的主要职能是"开展书报刊借阅、时政法制科普教育、文艺演出活动、数字文化信息服务、公共文化资源配送和流动服务、体育健身和青少年校外活动等"，同时要求文化站通过

---

① 赵旭东．"急沙慢土"的联想．读书，2009(5)

各种方式履行职能,也是基于这样的道理。

第二,书屋是乡亲们聚会的"常在"场所。作者在第二章已经谈过,书屋的选址应该是"常在"的场所,是乡亲们"常去"的地方,而人群经常聚集的地方本来就是信息传播传递的公共信息场所(空间)。调查表明,即便在电视普及率已很高的乡村,村民不管是收看电视农业节目、法制在线节目,还是欣赏地方戏、曲艺节目,村民仍是喜欢聚在一起边看边谈论,因为在公共空间里传达交流的信息最能产生感悟、共鸣,也较容易接受、吸收乃至消化部分知识。

第三,"面对面"交流仍是乡村人们学习知识、交流信息的主要方式。"面对面"交流是人类信息传递的最基本方式,这一点,不管人类信息传递方式演进到什么地步都不能取代的。"建立图书馆是为需要图书馆的人们服务的,但使图书馆员感到吃惊的是,并不是所有需要图书馆的人都利用图书馆,另一方面,许多人都涌进图书馆,但并不意味着人们都是来借书、读书。即便是科学家积累知识,大部分来源于同学术渊博的人们交谈,源于参加各种专业会议以及有益的专业性联系。"①谢拉这段论述对图书馆场所知识交流的功能作了颇为精到的阐释。图书、报刊书面语言是人们用以表达知识信息的一种方式,在人们汲取的知识中,还需要通过视觉、嗅觉、触觉、听觉等各种感官和智力,通过表情、各种技艺以及各种形式的社会联系进行交流。"面对面"交流、手把手教学、现场示范的文化知识传递交流方式地域性、民族性特征明显,在传统社会群体性很强的乡村更为突出。

第四,村民在书屋里可以自由平等地交流,发表意见。做到这一点将产生两个方面效果。一方面管理员要给书屋开辟营造可供交流的氛围,要让乡亲们感受到,在书屋,就像在传统村庄中的戏场、村口大树下、"饭场"乃至现代"老人会"活动中心那样自由发表意见,形成公共舆论。福建仙游县昌杉村图书馆虽然阅览桌椅很简陋,但这

———————
　　① (美)杰西．H．谢拉著;张少丽译．图书馆学引论．兰州:兰州大学出版社,1986:92-94

里已成为村民聊天讨论的好去处。另一方面,在实行村庄自治中,村规民约、民主听政制度、村务公开已成为必须公开的内容之一,被要求进入村俱乐部,进入村文化活动中心,进农家书屋等公共活动场所公开、共晓。农村信息化建设中,已有不少地方的村务公开、明细账送上当地网站公开,在村信息站(书屋)、在已上网的农户家里都可以查看。我们可以从图 10-1—10-3 一组照片中有所领略。

图 10-1 福建延平区西芹镇坑布村森林资源转让招标会

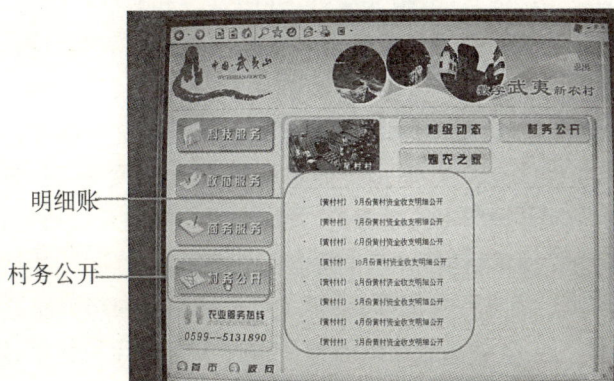

图 10-2 "数字武夷"黄村信息中心村务公开明细账的页面

图 10-3　武夷山市星村信息站内上墙的村民主听政制度

4. 怎样配合增强"民俗文化时空"的知识传递交流功能？

"民俗文化时空"指传统民俗文化活动的时间和空间场所，像祠堂、庙会、集市圩场、乡村戏场戏台等场所空间，像春节、元宵、中秋、端午乃至地方神诞等传统节日。我们知道，乡村大量的传统文化活动充满浓浓的乡土风情，带有祖先崇拜、神明崇拜和村民自娱自乐、自我释放的双重功能。乡村少了民俗文化时空将不成其为乡村，而政府不利用好民俗时空也难以建设"和谐乡风"。那么，上下都开始重视"民俗文化时空"建设时，书屋服务怎么融入其中呢？随着改革开放、解放思想，许多有经验、有能力的基层领导、乡村文化工作者都善于运用民俗场域开展图书流动服务，尝试结合本土文化进行创新，诸如倡导并营造"祠堂新貌"、"庙会新风"、"农谣新唱"。

"祠堂新貌"。祠堂具有保存宗（家）族文献资料和彰显家族荣耀的牌匾、楹联和传承祭祖活动的实物使得许多有年代的祠堂具有了民间博物馆、民间图书馆功能。

图 10-4 福建连城四堡设在邹氏
祠堂内的雕版印刷展览馆

图 10-5 长乐首占镇赤屿村黄氏
祖厅读书角

祠堂是地方经济发展水平的象征和民俗文化的代表,有专家称祠堂是"用自己存在的方式诠释时代文明",从民俗学角度看是有一定道理的。以福建为例,改革开放后,福建各地祠堂重建、修建又掀起高潮,尤其是沿海地区民间资金充足,祠堂修建不仅外表堂皇、宏伟、肃穆,内部还都设有阅览室、棋牌室,设置了书报刊室,不少村庄将村文化活动中心、农家书屋设在古老而又年轻的祠堂。福建祠堂众多,今天仍是村里人常去的场所。闽西北地区、福州地区政府要求各部门、企事业单位与村庄长期结对子,将书报刊送进祠堂、村庙、村礼堂。乡村"三堂改书堂"的成效是充分利用"民俗文化时空"的很好例子。

"庙会新风"。就是在传统庙会、圩场集市上带动传统小吃业、民间技艺表演、小农产品生产销售的同时,引入阅读、"科学普及"教育。许多地方政府在庙会期间组织专家、医疗队进庙会服务群众,牵引农村经济合作组织、企业公司、中介机构加强交流。文化部门组织引导村民组织的乐队、秧歌队、交际舞队参加重大节日活动,参加乡村传统节庆活动,开展赛事评比,活跃着乡村人们公共文化生活。图书馆、文化馆进庙会服务也成为一员。闽南龙海县图书馆小分队在当地每年长达一个月的"普渡"期间,坚持携带科普知识、文艺节目光盘,携带电脑、投影仪到各个村庄巡回流动展播,携带该馆长期编印的、已被当地群众所熟悉的《农家信息集萃》供村民选择，特受群众欢迎，该馆连年被当地宣传部评为"科普进普渡"的先进单位。据媒体报道，已有不少乡镇文化站、基层网点到庙会到圩场上开展图书信息流动服务，我们期待书屋的流动服务在庙会、圩场集市上再创新风。

"农谣新唱"。也正如前面已谈过的，乡村文化人用古老的"诗、谣、谚"韵律，用方言、用民谣传唱惠农政策、科普知识，讴歌乡村新风，它不仅是群众自发创造的自我接受新事物、传递新文化的有效方式，也是我党革命斗争时期唤起民众的有效武器。乡村文化站、书屋要做的是关注并主动收集这些宝贵的乡土资料，参与组织乡亲们传习，创造条件编印乡土刊物，浙江嘉兴平湖市新埭文化站编印《新埭文化》平民刊物，借以提升新埭人文精神；福建仙游县枫亭文化研究会编印的《枫亭文化研究》旨在"鉴古喻今光耀枫亭"；闽西北客家人聚居县宁化民间耆老创作的客家山歌、快板、童谣，集成《先进文化进祠堂》小册子传唱；长汀县举办已举办十七届农民文化艺术节，结合宗祠文化节，各村代表队表演了民间艺术、民乐演奏、山歌联唱。①

当然我们也必须看到，农家书屋参与增强"民俗文化时空"传递现代知识信息服务还是一个机遇与挑战并存的课题。传统世俗的道德教化与现代话语中的思想政治教育如何结合，传统的乡规民约与国家法律法规如何互补，传统的世俗文化生活空间与现代农家书屋的公共知识空间如何相结合，如何更融洽地将"传统民间公共文化生活"与读书获取公共信息的"公共文化生活"在法律、道德共同性与功能性的多元互动中相得益彰，是一个相当漫长的过程，还需要基层政府、农民主体共同努力，希望有更多的农家书屋参与探索实践。

---

① 陈天长．弘扬客家文化 长汀举行农民文化艺术节．闽西日报，2009-10-30

5. 书屋怎样发挥"本土知识"的作用？

"本土知识"（Indigenous knowledge）特点是：（1）以经验为基础；（2）往往经过几个世纪的检验；（3）适应当地的文化和环境；（4）与当地的风俗习惯、制度、人际关系、礼仪融为一体；（5）为个人或小区所遵守；（6）有活力并在不断变化发展。"中央电视《理财在线》播出了"60元一斤土鸡"的节目，介绍了黄泥岭土鸡原生态的养殖方法。为了保证"土"，村里养殖户签订《土鸡养殖责任书》共同遵守"品种纯""饲料土"的老掉牙的"奶奶辈"养殖方法，"鸡只出村不进村"等诚信的村规民约。成立了"农民专业合作社"。使得"守土有方"的黄泥岭土鸡身价倍增。① 人们分享黄泥岭村养殖土鸡的成功，实际上这都是经验型的、为社区所共同遵守的"本土知识"。本土性、地方性也使得农家书屋传递知识信息形式多样。"乡村人们长期靠口传心授、靠面对面交流，靠语言、副语言传情达意，靠经验累积进行知识和信息交流获取的人类自在方式成为惯性的使然。"②在农村，农业专家和乡土技术员很受欢迎，他们有知识、有经验，更有生活与体验。以果树培育为例，闽北山区果农的体验是：书本是学习果树栽培、田间管理的普遍性知识，很需要，但水果品质却与当地的土质、气候等有很大的"本土"关系，需要本土专家现场再培训。"本土知识"是村民生产生活的重要组成部分，书屋要善于利用。

6. 社会力量援建乡村图书馆有哪几种方式，农家书屋怎么争取？

农家书屋争取社会力量援助是保持书屋活力的重要的力量，是争取多渠道援建的不可忽视的途径。而近年来，社会公益组织（如基金会）、企事业单位在参与乡村扶贫活动中也已经意识到，对大多

① 遂昌黄泥岭土鸡"飞"进央视. http://www. zjagri. gov. cn/programs/database/agriInformation/view. jsp? id=140952

② 方允璋. 乡村知识需求与社会知识援助. 东南学术,2007(4)

数穷人来说,人力资本才是他们最大的财产,投资于人力资本是减少贫困的有效途径。于是,扶贫活动和公益基金更多地转向到提高落后农村人力资本的项目上。①　王子舟先生总结社会力量援建农村图书馆主要模式有四种:独立建馆办馆、捐资建馆与捐书助馆、与公共图书馆合作、志愿者服务。它对农村公共文化服务有"补缺"作用。

(1)独立建馆办馆的模式。创办主体有个人、企业、非营利组织等。由个人自办自管的图书馆主要分布在基层,多为街道图书馆(室)、农民图书室。本手册第十一章将有专门介绍。

(2)企业援建。援建乡村图书馆(室)(近年称"农家书屋")是众多企业单位在创建各级"文明单位"活动中比较乐意采用的方式。他们一般选择一些基础较好的乡村文化活动中心共建,为之添置图书、书架、电脑、电视机等设备,贴上标签,挂上牌子,还资助开展读者活动。涌现了为数可观的"移动书屋"、"气象书屋"、"邮电书屋"、"金融保险书屋"等,随着创建文明单位的深入和评估指标的细化,这些企业很自觉地不断补充、充实着农家书屋的资源。但企业独立在乡村建馆的还很少见。

(3)与政府部门合作。如福建省读书援助协会与省文明办、省教育厅、省文化厅等部门合作援建农村中小学爱心图书室、新农村图书室等。"福建省文化厅、省读书援助协会计划从2008年起3年内,每年投入500万元配送图书并配各相应书架,重点援建5个县(市、区)、100个乡(镇)图书馆。受援建图书馆同时被文化厅确认为共享工程基层中心,获共享工程资源配送;被省图书馆确认为福建省图书馆基层分馆,享有图书流动服务权。"②此信息发布后引起了福建不少基层图书馆的重视,但它有一定的"入门"条件。

(4)与社会力量、公共图书馆合作。这种合作方式多是乡村提供场地与服务,某一社会力量捐赠设备,图书馆提供图书文献与业务

---

①　王子舟,马艳霞. 民间读书社的兴衰与新生. 中国图书馆学报,2006(11)

②　福建之窗. http://www.fujian-window.com

指导的合作方式,目前正被各地图书馆越来越多地应用在总分馆新体制建设过程中,如福建仙游县昌杉村图书馆,厦门灌口镇分馆,广东省"流动图书馆"延伸的诸多乡村流动图书室等就是一种双赢的办馆方式。多年来闽北地区各县宣传部还给各事业企业单位下达了援建乡村图书室的具体数量质量指标。这些合作方式直接推动了乡村图书室的发展与巩固,但也容易出现"流于形式"的现象。

(5)志愿者行动。如北京天下溪教育咨询中心利用国内外慈善资金在国内捐建公益图书馆,2003年已为云南省弥勒县捐助16个小型图书馆,2006年又推出了"给你的家乡捐一座图书馆"的公益活动,加大基层图书馆捐助力度,开设"天下溪"网站(www. brooks. ngo. cn),设"乡村图书馆"栏目,一些著名教授、学者帮助编写辅导教材,制定乡村图书馆规章制度,提供乡村图书馆援助、交流、学习的平台。①

社会、民间社团援建渠道多元,援建规模、方式不一,农家书屋应在以下方面配合争取受援工作:

(1)创造"准入"条件。"准入"条件包括场所面积、管理人员与基本素质、基本设施设备、开放是否正常等。

(2)呼吁当地主管领导出面。"父母官"的话远比书屋管理员的有效,主管领导获得社会援助渠道信息较多,但他们工作忙,有时难以顾及,书屋管理员要做的是向领导反映乡亲们的阅读需求,反映邻地书屋的受援情况等。

(3)主动与当地民政局、文明办联系挂号。社会、民间社团的援助一般都希望取得受援地民政局、文明办的支持与宣传,可以从中获得相关信息。

(4)关注专门网站的信息。例如"乡村图书馆"("天下溪")网站(http://www. brooks. ngo. cn/)、"中国农家书屋网"(http://

---

① 梁晓燕. 把公益行动做到最实处. http://www. brooks. ngo. cn/xctsg_brief01. html www. zgnjsw. gov. cn/），都是为援助乡村图书馆建设搭建的平台，书屋管理员应及时获得图书援助或专家指导信息，汇报给上级并参与各地农家书屋、乡村图书馆建设经验交流。

农家书屋争取志愿者援助时应注意问题：

"志愿者"是公共事业服务最普遍的参与形式。企业家、教授、专家、学生、干部、居民们用自己的热心，用自己的社会责任感，用自己的一技之长为乡村居民服务。但志愿者的形式也是多样的，当今招募志愿者有带有官方色彩的（如由学校团委的组织配合等），有一定的行政依附性，有流于形式的弊端；而社会志愿者自发参与乡村图书馆援建的形式才真正属于完全的民间行为，更凸显自主、自由、自愿，他们讲求实效，凸显创造性，有可能成为具有中国本土特色的志愿者助馆模式。

志愿者人力资源具有以下特点：①参与者较自由，不同年龄结构和知识结构的都可以参加；②松散型组织；③提供服务方式多样；④流动性大等。受援的农家书屋应注意把握以下几方面：

（1）尊重不同志愿者的差异，充分发挥不同专业、不同能力志愿者的作用。

（2）与志愿者保持联系、及时沟通。诸如报告书屋运营情况、工作进展、出现的问题、亟须哪方面援助等，不少志愿者往往有能力、有自己的途径帮助书屋、帮助农村读者解决一些问题。

（3）将书屋工作完全托付给外来的志愿者的做法是不对的。

7. 政府主导型——农村文化协管员怎么服务？

村级文化协管员是 2006 年福建省政府推行的农村"六大员"之一，是为加强基层文化工作队伍建设而建立的"县级文化主管部门指导，乡镇文化站管理，任务绩效考聘，服务广大村民"的农村文化协管员管理机制。

目前福建省 14 000 多个建制村（行政村）都设立了村级文化协管员制度。村级文化协管员年龄在 35 岁至 45 岁之间的占全省总共近 1.5 万名的六成以上,高中以上文化程度的占七成,成为全省新农村文化建设的重要力量。

2008 年福建省提高全省农村文化协管员津贴补助发放标准,从每月 50 元提高到每月 100 元。各市、县政府视当地财政情况再给予一定的补贴。"各地文化协管员采取村里推荐乡镇,乡镇考核把关,经公示后,县文体局备案的形式选聘。"①

福建省文化主管部门给村级文化协管员制定的主要职责如下:

(1)根据本村的实际情况,提出村级文化建设规划及意见,并组织实施。

(2)主动运用本村的文化设施及文艺手段,宣传党的路线、方针、政策,普及科学文化知识,传递经济科技信息,为群众致富、促进当地经济建设服务。

(3)组织开展丰富多彩、群众喜闻乐见的文艺、体育、节庆民俗及电影、录像放映等活动。

(4)管好图书阅览室,开展群众读书、学习、培训等教育活动;协调选送文艺爱好者参加各类文化艺术讲习班(讲座),辅导和培训群众文艺骨干。

(5)注意发现当地的文化遗产资源,配合上级有关部门积极做好文化遗产的宣传和保护工作。

(6)配合当地政府和文化主管部门,做好当地的文化市场管理工作。

(7)在村"两委"的支持下,根据当地实际情况,充分发挥和利用自身的优势,大力发展文化产业,促进农村文化经济的发展。

从村级文化协管员建设的宗旨、管理机制、工作职责和所聘用的人选,仍可看出乡村文化建设综合性强,带一定的非专业性。村文化

---

① 漳州市文化与出版局. 加强农村文化协管员队伍建设 培育一支"不走的"文化工作队. 农村工作通讯(福建农村文化建设特辑),2007(12 下)

协管员的诸多任务也印证了乡村工作"上面千根线,下面一个针"的现实角色。

据目前福建乡村文化协管员工作情况看,大多还是体现在运用乡镇村的文化设施和文艺手段,宣传党的方针政策,组织开展群众性文化体育活动、节庆民俗活动、电影放映等活动,丰富村民文化生活的较为立竿见影的显性效益上。管理图书阅览室只是他们工作的一个部

图10-6　闽北王台村级文化协管员培训班

分,具体参与到网络信息资源共享服务的还很少。但在调查中,村级文化协管员坦言,省政府给村级文化协管员发月补贴让他们有了与"国家人员"的贴近感,调动了积极性;建立"乡村文化协管员之家"有利于增进交流,打开些工作思路。我们可从闽中山区永安市200多位村庄文化协管员开展的工作中领略一二:

(1)成立了"乡村文化协管员之家",联结全市228个建制村文化协管员队伍。

(2)组织协管员业务培训,组织交流各村开展活动的成果与体会。

(3)举办"沃土芬芳"文化协管员摄影展。协管员们用照相机记录展示村庄村民生产生活、文化生活特色场景,展示交流文化协管员的技艺。

(4)开展村际图书资源共享。例如该市洪田镇政府要求所属的建制村,每村每年出资500元汇集到镇文化站集中购买图书。各村文化协管员的任务第一是负责定期轮换图书,开展村际资源共享;第二是收集反馈村民信息需求,以此作为镇文化站调整图书采选的参照。

(5)协助组织生产技术、生活技能培训。采集并反馈乡亲们的知识信息需求,协助镇文化站适时统筹安排开展培训。

(6)协助开展非物质文化遗产普查工作。村文化协管员是各地非物质文化遗产普查的骨干,他们带动了"文化寻宝"活动,一批鲜为人知的民间工艺、作品、民俗表演得到挖掘。

永安市村级文化协管员们所做的工作值得广大农家书屋借鉴。

2009 年秋,福建省文化厅主办全省村级文化协管员文化技能大赛。选手们充分展示了才华,很多表演令人惊奇,除了农村常见的二胡、笛子等乐器表演,有的选手还表演了古筝、芭蕾。他们带着乡土气息的出场让人们对"村级文化协管员"这个身份有了更为直观的认识。① 与此同时,福建省委宣传部、省文化厅编发《农村文化协管员手册》,开展全省性的农村文化协管员培训,开展"农村文化协管员知识竞赛"活动,促进交流,促进村级文化协管员提高业务水平。当然,政府主管部门还应继续完善村级文化协管员绩效与管理机制,切实加强农家书屋的服务。

8. 半公益型——农村信息员怎么服务?

农村信息员是根据农业部《"十五"农村市场信息服务行动计划》中"推动农村市场信息服务网络延伸,建设农村信息员队伍"的要求,由政府组织培训和考核认可的。农村信息员主要来源于乡镇农业科技人员、种养经营大户、农业龙头企业、中介组织以及村、组干部中有能力,尤其是拥有电脑和网络的农民。② 农村信息员是我国农村信息服务体系中的生力军。由于是半公益性质,担任农村信息员就应有一定的权利与责任、义务,虽然尚未有主管部门正式的管理

---

① 福建省文化厅.福建万名村级文化协管员各显神通.http://www.fjwh.gov.cn/templates/index.html

② 王文生编著.中国农村信息化服务模式与机制.北京:经济科学出版社,2008:160-161

职责行文,但参照各地区所制定的职责主要如下。

权利:

(1)享有参与农村信息服务建设和建言献策、批评监督的权利。

(2)享有对农业系统网络上网费用的优惠权。

(3)享有参与专业协作组织的权利。

责任和义务:

(1)更新观念,提高对农业信息化重要性的认识,树立服务农户的宗旨,热爱农村信息服务工作。

(2)围绕当地农业发展、农民增收主题,密切联系周围的农民,主动了解掌握农村、农民、农业生产(包括加工、经营及市场)需求的动态,及时、准确地收集、分析、发布或传递信息。

(3)充分利用"一站通"网络、电视、电台、报刊、杂志等各类渠道的信息资源,通过因特网、有线广播、黑板报等形式,把信息传播到农民手中,扩大信息覆盖面。

(4)加强学习,提高自身素质和服务本领,注重实效,力戒形式主义,讲求质量,有效提高信息利用率。

(5)对自己发布传播的信息真实性严格把关,防止传播虚假信息。

(6)配合县(区)、乡(镇)农村信息服务机构的相关工作。

由于各地情况不一样,具体到某一农村信息员应该做哪些工作,怎么做,都在探索中前进。在这里,以武夷山市村级信息员工作制度与实施情况为例加以说明。

武夷山市信息中心为该市100多个村庄信息员规定的工作制度内容包括:①规定开放时间/周;②基本的设备使用与维护;③解答咨询;④培训辅导;⑤协助组织开展各项活动和宣传;⑥管理信息站里的书报刊等。其中关于培训村民使用电脑的工作,市信息中心采用的激励措施是:村信息员每培训的一个农民学员通过了市信息中心组织的考核,便发给30元奖励补贴。激发了信息员开展村民培训的积极性,他(她)们对照着市信息中心统一编制的《"数字武夷"新农村信息化工程农民朋友培训教材》内容,手把手教农民学员上网技能,用搜索引擎搜寻信息,学习收发电子邮件,学习发布农经信息参与电子商务活动。据了解,这项激励措施有效调动了有的村级信息员培训积极性。

我们有理由相信,农村信息员这支社区"知识信息经纪人"队伍在推进农村信息化进程,缩小数字鸿沟,参与培育新型农民,引领农民在农业生产经营中通过多种媒介交流互动,共同应对市场风险等方面将发挥越来越重要作用。

第十一章　参与式发展与资源共享(二)

——农民主体的自我服务与自我管理

1. 激活民间资源的公共服务提供机制对农家书屋有什么好处?

　　在乡村的公共服务提供机制建构中,政府是最重要和必需的,但却不是唯一的。我国乡村公共服务供给不足现象普遍存在,但中国广大乡村,读书改变命运的传统仍顽强地传承着。纵观乡村底层社会,多少年来,许多村民在努力地以自己的方式进行"知识自救"。"他们认识到:根本而言,村庄事物不仅是政府事务,更是老百姓自己的事情,许多的共同需求需要通过自身联合行动才能得到满足"。① 在激活乡村公共服务提供机制中,"关系资本"起着重要的创新作用,可以帮助缓解公共文化服务资金、设备、书刊、人员缺乏的困扰。

　　这种民间组织资源的对象主要指所谓的"大村民",即曾经担任过领导的,以及一些虽然本身不曾在国家的各级组织中任职,但其后代在当官。他们中并不都能算得上"民间权威",只有当他们被"激活"后,才能动他们的"关系资本"这块"奶酪"。再就是家族中的"说话人"(大部分为"老人会")。实证表明,一个村庄关系资本的效能激发离不开精英的作用和亲缘关系的桥梁。

　　20 世纪 90 年代,闽中仙游某乡党委书记严明训退休回到一个叫杉尾的偏远村庄,在他老家杉尾、昌山一带的农村里,孩子除了学校的课本外,再没有阅读习惯,但这能怪孩子吗? 从前的农村,孩子放学后

---

　　① 靳永翥. 关系资本:贫困乡村公共服务提供机制研究的新视阈. 东南学术,2009(5)

还能帮父母干些农活,而现在的农村干农活的人少了,很多家长外出务工,孩子不用帮忙干活了,孩子放学或假日里总是在东游西荡,不法黑网吧便瞄上这一商机,无处可去的孩子有的就整日里泡在网吧里,浪费时光。老严忧心忡忡的同时,想成立一个旨在兴教助学民间基金会改变村貌,得到同村同姓退休老同志的赞同。他们借鉴先人发动群众办公益的做法,1994年开始,带着一班年过花甲的老同志,挑着最简单的行李,住最简陋的旅社,自掏腰包花费,走访400多位在外乡亲,行程7000多公里,其中艰辛可想而知。他们终于用四处奔波"讨"来的钱,成立了"兴教助学基金会"。他们求助政府部门援助设备,求援省、市、县图书馆的延伸服务,通过买书借书,联合办馆方式创办起村级图书馆。这些"大村民"身体力行的感召力得到社会各界的支持,10多年来,基金会共筹资近300万元,当地寺院也参与资助,寺内老和尚动情地说:"我们把群众烧香的钱,捐给图书馆买书给孩子们看,也是做善事,心里会得到安宁。"在老严的牵头带动下,这些捐款先后为村中小学解决了危房修建、扩建校园的环境改善;建起了"润英教育基金楼",资助特困学生200多。2004年杉尾、昌山村教育基金会图书馆开馆,在500平方米的图书馆里,科技类、文学艺术类、方志类、法律类、少儿读物、报刊等各类书刊近3万册。虽然只是"村图书馆",但其服务的覆盖面随着群众一传十十传百地扩大,把周边数十个自然村的几万村民,十来所中小学近万人的师生吸引到图书馆来。村图书馆配备6个大多是老年人的管理人员,推选思想素质好文化水平高的退休老教师当馆长。办馆难,守馆更难,因为是免费开放借阅,管理难度更大。6个管理员轮流值班,做好借阅登记,负责催讨,促使村图书馆管理走上规范化轨道。几年来,村图书馆平均每天200多人次来读书看报。双休日,阅览室更是充满读书的气氛。[①] 像这样利用民间资源、民间关系资本来创新贫困村庄公共物品提供机制的事例还真不少。农家书屋可持续发展非常需要利用村庄这份宝贵的民间资源。

[①] 陈蔚华.这里的杉树会开花.http://www.ptxw.com

2. 乡村老年群体组织怎样自我服务、自我管理?

村庄老年群体庞大,有较充裕的时间。社会学研究者甘满堂研究福建民间自组织情况时指出,在福建传统社区里基本活跃着三种以男性老年人为主体的非正式组织,即村老人协会、宗祠管理委员会、村庙管理委员会。

老人协会。建立在以地缘为基础的乡里社会的帮助组织。最先是由村庄老人自发组织的,后来得到基层政府的注意和承认,成为民间老人福利互助组织。宗祠董事会。组织的权威来自血缘认同。没有自己的上级主管部门。村庙管理委员会。组织的权威来自社区神崇拜认同。有的由县级宗教管理部门或县市道协领导,但大部分村庙没有自己的归口管理部门,只要不违法、不影响社会稳定,政府并不干涉村庙信仰活动。

就开放性而言,宗祠组织相对封闭,主要以血缘关系参与;村庙组织与老人协会则具有开放性。从参与范围看,三者往往是重叠在一起的,这三个组织基本上将村庄老人精英都统一到自己的组织中来,从而形成村落中世俗权威的中心。村落社区的政治、经济精英们都是这些世俗精英的亲戚、邻居,对于世俗精英们的意见常常是言听计从的。世俗精英们依靠自己的声望,获取政治或经济上的支持,村落中公共活动场所因此得以兴建,各种文化娱乐教育活动得以开展。乡村民间自组织的复兴,在一定程度上填补了社区乡村公共事业无人兴办的空白。[①]

乡村老年群体开展自我服务、自我管理的特点主要体现在他们一方面有着丰厚的地方性知识的积累,一方面自觉传承乡土文化传统,将乡村传统教化方式与现代教育内容相结合,将传统文化与先进文化有机交融,让乡村人们在他们熟悉的环境中阅读增长知识、交流信息、休闲娱乐。

---

① 甘满堂. 村庙与社区公共生活. 社会科学文献出版社,2007:275-276

祠堂、寺院、村庙、庙会是传统乡村社区公共生活空间。在传统社区中,农家书屋利用祠堂、庙堂、村礼堂等传统公共场所时,这种特色更明显。素有"理学名邦、东南邹鲁"之美誉的闽北,村庄有着深厚的文化积淀,村村有着不止一个的祠堂、庙堂、礼堂。闽北地区文化主管部门充分利用这一资源,引导发动民间力量,进行"三堂(祠堂、庙堂、废旧礼堂)改书堂,先进文化进乡村"的实践。"目前,南平市已将500个行政村的祠堂、庙堂和破旧礼堂成功嫁接改造为500家文化俱乐部,其中上档次、上水平、上规模的就达100多家,仅祠堂、庙堂就有60家,投入资金达600多万元。"①"三堂"改"书堂"的做法推广后,迅速被福建各个地区采纳而蓬勃开展。"书堂"基本依托老人会管理。他们自我服务自我管理的主要特点体现在以下几方面:

(1)道德教化

虽然封建时代祠堂、族规、家谱等工具,把乡村事务家族化导致乡村公共空间难以发育,但在聚族而居的传统社区,祠堂作为宗族人的精神家园,仍是宗族的公共空间,是族人公共生活的重要场所。在营造宣传氛围方面,传统教化与现代教育和谐并存。祠堂布置庄严肃穆,许多祠堂为先贤悬挂牌匾,显祖耀宗;凸显祖宗的训示,家族的家规和对子孙的期望,形成了丰富多采的宗祠文化。福建长乐首占镇赤屿村黄氏祠堂大门口楹联:"江夏名家声远播,紫云肇祖泽长垂"更是为众多的海内外后人所代代相传铭刻于心的"家训"、"座右铭"。福清海口岑兜"林氏宗祠"内为纪念林则徐悬挂"民族英雄"牌匾。在福清东瀚"林氏宗祠"内,族人为纪念林同骅、林同炎、林同骥三位海内外知名院士,悬挂"兄弟三院士"牌匾和当时国家主要领导人与他们的合影。祠堂所营造的对后人"见贤思齐"、"光宗耀祖"的激励作用不可小视。农家书屋、农民读书社、村活动中心进"三堂"改"书堂"后,配备了书报刊和阅读设备,加强了科技知识、科普

---

① 王世亮. 南平市 三堂改书堂工作初探. http://www.fjysg.net/ncwh/2009-07-30/

知识、政策宣传、法律知识、休闲娱乐的内容,在"三堂"中设立了道德柱、道德墙、道德回廊。南平南山镇吉昌堂设置"道德柱",夏道镇右圣宫设置"道德墙",西芹镇玉封庙设置"道德回廊",游定夫纪念馆设置"道德壁画",聘请了楹联名家名手撰写反映移风易俗、积善崇德的道德古训和箴言,使之成为发扬民间文化传统的活教本,①形成独特的"书堂文化"。

图11-1　闽北峡阳祠堂内文化宣传与活动

共享工程在乡村设置示范点时,主管部门考察后,认可了这样的社区公共空间和民间自我服务、自我管理的传统优势,将部分网点设入祠堂村庙。福建南靖县新西尾村新西尾寺管理委员会负责管理该村文化活动中心,得知该中心成为共享工程基层示范点时,他们为自己的工作得到政府认可而倍受鼓舞。"南平大横镇大横村将太保庙办成村民文化俱乐部,由守庙老人管理得井井有条。"②

(2)读者服务

闽西永定县湖雷莲塘村是由6个自然村、8个姓氏组成的山区

---

① 王世亮.南平市 三堂改书堂工作初探. http://www.fjysg.net/ncwh/ 2009-07-30

② 胡敏辉,陈金健.继承、创新、扬弃、升华——南平市"三堂改书堂,文化进农家"的做法与启示. http://www.civilness.com/2004

农村。由镇老人会1996年创办"莲塘读书社"。在镇领导支持下，在乡亲们努力下，读书社由30多平方米扩展至350多平方米，书籍上万册，报刊20多种。成为宽敞、光线充足、环境优美、内容充实的场所，聚集着众多读者。他们的自我服务亦很有乡土味：第一，建立了八个"读书角"。即"六一角"、"三八角"、"五四角"、"九九角"、"七一角"、"致富角"、"法制角"和"计生角"。这种图书分类法与前面所说的农家书屋图书"六分法"有点相似，而"七一角"、"致富角"、"法制角"和"计生角"又增添了法律政策宣传的氛围。第二，以村读书社为依托，成立了"留守人员之家"。添置了羽毛球、乒乓球、象棋、军棋等，吸引村老人、孩子看新闻、娱乐、休闲，丰富了村里近百名留守人员生活。①

图11-2　福建永定县莲塘村读书社

（3）表彰先进

即在祠堂设功德榜、能人榜、成才榜、好样榜、寿星榜"五榜"。各上榜人员首先由街道、居委会的同姓氏召集人提出上榜人员名单，上报祠堂管委会。祠堂管委会主任召集小组评议，综合群众意见评定，在宗氏祠堂进行"公示"，书写上榜，记录族谱。氏民被评上五

---

①　李添华。永定县湖雷镇莲塘村成立"留守人员之家"．闽西日报，2008-08-23

榜,管委会组织贺喜队到上榜者家颁发荣誉证书,悬挂"榜上题名人"荣誉牌。祠堂设"五榜",唤起村民"雁过留声,人过留名"古训的记忆,许多村民以祠堂、庙堂、礼堂"榜上有名"为荣。

(4)培训讲座、编写乡土文献

退休回乡的教师、基层领导参与半义务的政策法律宣传教育"讲师团"到村庄轮回"讲学"。闽中、闽南等地宣传部门还给"退休干部讲师团"和本区辖村老人会下达宣传教育任务指标。福建晋江市要求村级老人会每月举办培训班,由"退休干部讲师团"备课巡回讲演"失地农民养老保险"、"农村合作医疗保障"、"怎样保护老人合法权益"、"怎样防治未成年人犯罪"、"老年人保健"、"养生新概念"等,据反馈,与民生、民情、民意、民主相关的讲座培训越来越受村民欢迎。此外,更多的退休老同志成为编写乡土文献的主力军,为抢救文化遗产、编写乡土教材、编纂家族谱牒,弘扬优秀乡土文化做贡献。

(5)创设基金会

基金会是维持民间公共文化活动场所运营的基础性保障。由村庄耆老出面筹集创设基金会,这些民间权威们一方面多方筹措资金,一方面安排经营管理,为保证资金源不断而实行账目公开。例如闽南深沪镇22个民间文化艺术社团开支全部实行账目公开(如图11-3),从而保证资金链不断,保障文化活动开展。

(6)书屋开放讲求效率

农家书屋开放时间的长短决定着书屋人力资源的投入程度。前面已谈到,乡村地域性强,受众面较为集中,服务对象相对稳定,农耕传统生活节奏、生产规律习性依在。村民白天外出劳作,孩子上学读书,利用书屋有明显的阶段性特征、季节性特征和传统节庆习俗、圩日贸易集市的积聚性特征。因此,在开放时间上实行非全日制相对灵活方式节省人力资源。一些运营较正常的农家书屋、农民读书社、文化活动中心并非"全日制"开放,但其开放时间与村民生产生活相适应,效率更高。

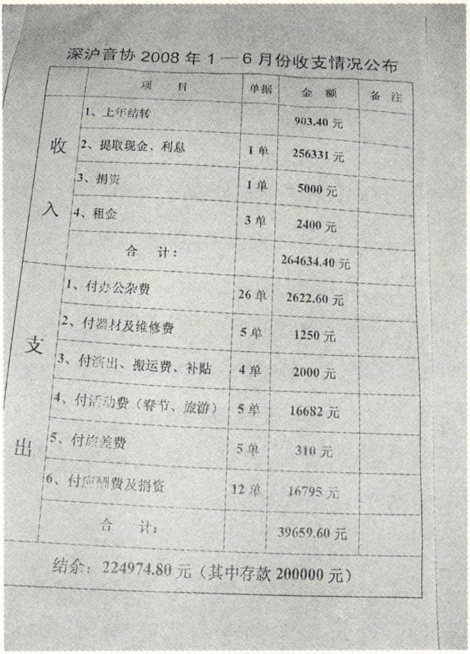

深沪音协2008年1—6月份收支情况公布

	项　目	单据	金　额	备　注
收入	1、上年结转		903.40元	
	2、提取现金、利息	1单	256331元	
	3、捐资	1单	5000元	
	4、租金	3单	2400元	
	合　计:		264634.40元	
支出	1、付办公杂费	26单	2622.60元	
	2、付器材及维修费	5单	1250元	
	3、付演出、搬运费、补贴	4单	2000元	
	4、付活动费（春节、旅游）	5单	16682元	
	5、付旅差费	5单	310元	
	6、付应酬费及捐资	12单	16795元	
	合　计:		39659.60元	

结余：224974.80元（其中存款200000元）

图11-3　福建晋江深沪镇音协账目公开

(7)激励机制实在

综观乡村知识自救行动，志愿者群体是重要人力资源。主要参与者多为热心公益事业的社区精英、老年人或残疾人。村庄基金会多会给固定义工相应的补贴保证志愿工队伍稳定。闽南的村老人会激励机制就显得实在，例如为每年参加讲座培训9次以上者颁发一、二、三等奖；给为老人会、农家书屋、篮球场等公共场所打扫卫生的老人奖励米、面、油等实物。

3. 老人群体等自我服务中应注意哪些方面问题?

应该看到，乡村老人群体在乡村文化教育自我服务方面是很有潜力的，主要看当地政府、宣传部门的引导，也与老人会“领头人”素质威望及对公益事业热心度与措施有关。

（1）注意引导

农村自发性、传统型、相对松散型的人力资源在运作中有可能产生正的或负的社会效应，乡镇党委、政府、宣传舆论媒体应注意引导。

（2）尊重"大村民"

用好耆老的民间权威资源，促使他们不仅在公共文化服务领域，并且在争取公共文化建设的物质援助方面发挥更大正面效应。

（3）理解老年群体的服务能力

老人协会、祠堂管理委员会、村庙管理委员会在运用传统方法传递知识信息、进行道德教育、提倡文明乡风、进行励志教育等方面有其优势。但也应该看到，计算机技术、网络技术设备设施进入书屋，老人们难以胜任的弱势就显现出来。这也提醒上级部门"送文化"时必须简化技术设备的使用难度。

（4）不断充实资源

传统民间家族举办教育着重点是为了培养官僚政治人才，祠堂教育重修身齐家的道德教化，"对于社会实用科学关系甚微"。[①] 因此，祠堂文化建设中还要加强实用科技知识、科学普及知识、文化休闲书刊和视频节目资源的补充。

（5）给志愿者酬劳

不管哪一类型的志愿者，无论专职还是兼职，没有酬劳是无法长期坚持下去的，仅靠个人"精神"支撑的终不是长久之计，乡村人必须为生计去"讨生活"。图书馆学家王子舟先生指出，为公益事业没有任何酬劳而陷入生活困境的事迹只能让社会"心痛"。

4. 乡村文化人怎么自我服务、自我管理？

民间自组织的农民读书社、图书馆、文学艺术社团，在风风雨雨历程中凡能坚持下去的创办者已明显意识到，单一的功能难以满足

---

① 陈支平. 近500年来福建的家族社会与文化. 上海: 三联书店上海分店,1991:213

日益增长的农村文化知识的需求,这些公益文化创办者大多有所特长,别看他们平时不显山不露水,但他们利用自己的知识、经验,凭借他们对家乡发展的责任感,他们充满乡土气息的文化特长在自我服务、自我管理过程中多能结合当地情况,不拘模式各显特色。

(1)村民办图书馆(读书社)的特点

创办主体主要有农民(甚至有残疾人),乡村精英、退休人员等。如仙游县村耆老办的昌杉村农民图书馆,闽侯退休教师办的通州书馆、杏山书馆,东山县农民办的法律图书馆等。村民办馆的共同背景一是面对村民读书难,二是面对乡村文化生活贫乏,黄赌毒沉渣泛起的现状而唤起的社会责任感。办馆的特点是贴近村民,他们知道村里每位村民的情况,有什么困难,需要什么帮助。"刘石江是寿宁县竹管垅村的一位普通农民,创办家庭图书馆三十几年来,他跟随时代的发展变化,根据乡亲们的需求多次调整藏书结构,引导农民读书用书,组织成立'竹管垅乡茶叶研究会'带领科学种茶、制茶走致富路。坚持中午、晚上开放,农闲雨天及节假日全天开放的灵活方式。成了当地农民读书学习、交流和文化活动的中心。"①

(2)乡村文化"能人"自我服务、自我管理的特点

文学艺术结社传承是他们中较多地采用的一种方式。一些酷爱文学艺术的农民以文会友,将四邻八村的文学艺术爱好者吸引到文学艺术社中来结缘传承。上世纪 80 年代初期,随着文革"书荒"结束,全民读书热的兴起,八闽乡村相继出现大量民间文学社、书画社、音协、灯谜协会等艺术社团,就是他们中的佼佼者。虽然能长期坚持下来的已不多,但从中体现了"野火烧不尽,春风吹又生"的人民群众自发力量的顽强性。上世纪 80 年代就活跃在民间文坛上的闽西"野果文学社",其创始人在十几年的艰苦创业过程中,一边用踩三轮车载客的微薄收入坚持民间文学创作,发展社员,创办社刊《野果

---

① 刘益清. 大山里的文化领头雁:寿宁农民刘石江创办家庭图书馆. 福建日报,2005-12-01

文学》报；一边组织民间文艺演出队、演讲会为百姓服务，被乡亲们亲切地称为"民间宣传部"（图11-4）。进入21世纪，一些民间文艺结社逐渐与市场经营相结合，使得民间文艺得以传承。许多被命名为国家级、省级"民间艺术之乡"、"特色艺术之乡"的艺术传承之所以生生不息，民间结社顽强自发传习是重要因素。"目前福建省农村有民间诗、书、画收藏等社团1000多个，南音、十音八乐、车鼓队等民间表演队伍2000多支。"①

图11-4 《野果文学》编辑部

他们的创作，他们的自娱自乐、自我展示浸润着乡土文明。文学艺术结社传承多已成为农家书屋服务的特色之一（见图11-5）。

图11-5 福建古田县双坑村农家书屋画室

---

① 福建广电集团．福建推动农村公共文化建设丰富群众文化生活．http://www.fjysg.net/news/xwxx/2009-11-27/378.html

5. 农民合作经济组织怎么开展自我服务、自我管理?

乡村专业协会是指某一类农产品生产规模较大,在自愿基础上成立的农户自我管理、自我服务的专业协会、合作经济组织。根据《中华人民共和国农民专业合作社法》,许多地区成立了众多的乡村专业协会,如茶叶协会、蔬菜协会、养猪协会、养鸡协会、养鱼协会等。

农民合作经济组织、行业协会的自我服务、互助服务把涉农单位、龙头企业、专业合作社联系起来,调动各种专业技术潜能,集中了技术、资金、市场、经营,是乡村"自下而上",发挥市场力量,引入第三方参与农村公共产品的供给,开辟农村公共产品供给的新路径。"它的优势是贴近需求,建立市场回馈机制,开展个性化服务。"①农民合作经济组织具有很强的自愿性和自发性,往往是通过血缘或地缘关系联系起来的,具有农民主体性、地缘性、业缘性和亲缘性的特征。他们直接面对生产和经营,最知道自己需要什么,在相关的知识信息服务中更具现实性、针对性甚至前瞻性,更受农户欢迎。湖南省江永县的农民专业合作社在自我服务就抓住几件事:第一,注重技术培训,提升社员素质。大部分专业合作社通过举办培训班、刊发资料等形式开展技术服务,提高农民的整体素质。该县农民香柚专业合作社定期召开香柚、夏橙等水果的技术培训会、交流会,邀请专家讲授"无公害、绿色农产品生产技术",及时向农户落实标准化生产技术及操作规程。第二,开展示范推广,降低生产成本。粗石江香柚专业合作社建立了一个标准化示范园,对社员果园进行测土配方施肥,引进频振式杀虫灯,推广了"江永香柚剪磨收集花粉毛笔点授技术"等科技成果,进行物理防治病虫害,实行无公害标准化生产,让广大社员及时接受新技术成果推广。第三,集中资金投入,提高服务层

---

① 王文生. 中国农村信息化服务模式与机制. 北京:经济科学出版社,2008:31-32

次。粗石江香柚专业合作社投资 60 万元购置了香柚热收缩膜包装机和香柚洗果、烘干、打蜡生产线,拟建设 1500 平方米标准厂房和储藏库为社员服务,降低了农民对产品进行商品化处理的资金投入,提升了产品档次,提高了服务层次。① 沈阳市有林果专业合作社 83 个,吸收社员 1878 户,入社果树面积达 16.8 万亩。有 17 支以农民为主体组建的林果科技服务队活跃在沈阳市农村,向林农和果农提供技术指导和咨询。这些乡土专家和技术大拿们,依托专业合作社、协会,实现了农民自我服务、自我管理,实现了林业技术指导直接到园、科技服务直接到户、技术要领直接到人。② 农村专业合作社(协会)不仅实现与外部市场的对接,还定期或不定期开展科技信息培训和信息交流、分析活动,培养了一批科技信息员,共同建立了信息发布制度,及时组织各种信息传给农户。闽北东峰镇桂林村农民刘洪带动村里成立了葡萄合作社和农民读书社,村民学科技、学文化的热情一下子高涨了起来。他带着村里葡萄养殖户每天都要上网络论坛去看帖子、发帖子,跟各地的葡萄专业户交流经验。③ "各地政府也正在积极地对建立农产品专业协会组织给予政策上的支持。"④地处闽西北山区林区的清流县,经济主业之一是培植发展绿化苗木,民间组织成立苗木生产经营协会,协会开展技术培训,产品经营联营,组织信息发布交流,受到农民广泛关注积极参与。县政府对发展生产、建立行业协会,对外经营交流、招商也大力支持。登录该县政府网站(www. fjql. gov. cn)可以有所感受。

　　农家书屋在参与专业协会、农民合作经济组织自我服务中所扮

---

　　① 唐家和. 湖南省江永县农民专业合作组织的调查与思考. http:// xz4. 2000y. net/114005/index

　　② 沈阳农村喜现 1800 多户新社员:依托专业合作社实现了农民自我服务自我管理. 辽宁日报,2009-06-14

　　③ 福建建瓯:"网络课堂"进乡村. 经济日报,2007-11-22

　　④ 王文生编著. 中国农村信息化服务模式与机制. 北京:经济科学出版社,2008:31-32

演的角色,主要还是在提供书刊信息借阅查阅服务,提供书屋这个公共信息交流空间,参与组织他们举办生产加工培训、经营培训等。据了解,不少农家书屋管理员本身就是农村信息员二者互兼。

值得书屋管理员们关注的是,在现代信息技术运用中,电子商务已成为许多农民合作组织、农户乐意采用的方式。号称"中国芦柑之乡"的福建永春,为了拓展市场营销,永春芦柑协会创办了"永春芦柑网"。讲求实惠的农民尝到了电子商务的甜头,纷纷参与其中的电子商务活动。这种以行业协会自组织形式开辟的各种农商网站、网页已越来越多,书屋管理员要经常上网搜索建立相关农商网址导航,进行宣传推介。

图 11-6　中国永春芦柑信息网

(http://www.yclugan.com/hyzc.asp)

6. 书屋为什么要宣传展示民族民间文化,怎样展示?

与城市居民相比,我国 8 亿农民更多地承继着中华民族的传统文化,许多民族民间文化在广袤的山野林间,靠广大的乡村的农夫村妇的口传心授得以代代传承。它包括方言俗语、谚语、民歌、民谣、民间传说、故事；传统表演艺术、民俗活动、礼仪、节庆；有关自然界和宇宙的民间传统知识和实践；传统手工艺技能及与上述表现形式相关的文化空间。它是乡村的记忆，是乡村的文化创造，是中华民族的"根"文化，是传统。它体现着一个民族的、地域的、乡村的特色，它植根在普通百姓日常生活中，是一个地方文化生活乃至不可或缺的大众文化，是人民创造的生活美。它就像空气和水一样，人们生活离不开它，却不一定了解它。从某种意义上讲，乡村文化遗产保存得较好的，其乡村"共同体"的凝聚力相对强，文化生活较丰富，乡村的物质文明建设、精神文明建设也相对和谐。然而，在当今世界"现代化"强烈冲击和对传统文化忽视的背景下，民族民间文化正在衰落、消弭，使得乡村物质文化和精神文化失调现象越发突出。尊重本土文化，还是农民为主体，农民是主角。农家书屋不仅要调动乡亲们参与文化建设的积极性，也必须是保存、传播优秀民族民间文化知识的场所。

民族民间文化展示主要有如下几种方式：

（1）设民俗展馆（室）

民族民间文化的文化传承、弘扬的保护有两种基本方式。一种是活态保护，即继续融入民众整体生活中去，进行适当的生产性、保护性的开发。另一种是静态保护，即对民间文化的成果加以记录、收集保存和展示。乡间设民俗博物馆或民俗展室就是一种静态保护的方式。

民俗展馆（室）多以家族血缘、村庄地缘、神缘为主题，以本土生活资料、文化精神产品（文字的、图像的、口头的）记录，传统民俗生活的物化产品（实物）为主线，尽量系统地搜集、整理、展示民俗生活的总体概貌。

图 11-7　福建晋江深沪镇文化
中心民俗馆一角

图 11-8　闽北樟湖坂文化站的
蛇崇拜民俗展室

（2）乡贤事迹展与乡土文艺（工艺）作品展

传统的乡贤事迹展多设在家族祠堂内，但多姓的村礼堂、村文化活动中心也有这样的内容。在人文荟萃的福建长乐地区，大量的名人纪念馆（室）、博物馆、民俗馆建设在他们的故乡、老宅，这些展馆作为缅怀乡贤，弘扬优良传统的场所和人文旅游景点，显现出仪态端庄、文化内涵丰富的新农村时代特色。

（3）设置"地方文化活动室"

"地方文化活动室"即开展地方文化活动项目所需的道具、服装、相关知识介绍、排练的处所。县乡镇政府、民间组织每年举办民俗文化活动促使地方文化活动蓬蓬勃勃开展。闽北地区乡村在"三堂"内开辟太平鼓、战胜鼓、腰鼓、罗平鼓、门后鼓活动室，"三舞"（秧歌舞、扇子舞、钱棍舞）活动室。福建很多乡村设有民间乐队活动室、地方剧协活动室。这些年，设置"地方文化活动室"，开展民间文体活动，在文化遗产积淀丰厚的乡村可以说有声有色。"民间文体活动平时作为乡村人健身娱乐项目，定时排练，节庆日里还作为大型节目上街表演。"[1]"地方文化活动室"的创建使得地方文化活动有了

---

① 王世亮．南平三堂改书堂初探．http://www.fjysg.net/ncwh/2009-07-30

物质性的依托,在既健身又娱人的活动中使得乡土文化变成每个人的切身感受与体验。书屋宣传展示民族民间优秀文化产品,将促进乡村文化遗产静态保护与活态传承相互补充,促进非物质文化遗产的整体性、深层次保护,促进其良性发展。

第十二章　图书馆延伸服务与农家书屋

1. 图书馆延伸服务与农家书屋有何关系？

图书馆延伸服务也称"图书流动服务"。流动服务在发达国家已有百余年历史，他们在图书馆管理体制上一般设"总馆分馆制"，即由中央馆、分馆以及流动图书馆构成一个地区的图书馆系统，通过资源的流动，实现中心馆服务的延伸。"在日本，公共图书馆系统分为四个层次：即总馆、分馆、图书站、流动图书馆。或再增加第五个层次，配书点（流动车难以停靠的地方设点）。"①形成一个区域性的图书馆服务网络，以力求在图书馆的网点布局、设置地点等地理位置上缩短距离，方便读者，服务读者。

开展延伸服务是公共图书馆的主要任务之一。但我国图书馆延伸服务起步较晚，它是近年来针对大中型图书馆馆藏资源利用不充分，而大部分基层图书馆资源匮乏，城乡图书馆发展差距巨大的矛盾而重新强调推行的措施。毫无疑问，农家书屋是图书馆延伸服务的主要对象，广大乡村群众是图书馆延伸服务的重要受惠群体。现阶段如何让农家书屋着实受惠图书馆延伸服务，是各级图书馆和农家书屋必须正视，并要相互配合扎实推进的。

2. 农家书屋在图书馆延伸服务中可以在哪些方面受益？

农家书屋在图书馆延伸服务中是免费的，受益主要有以下方面：
（1）获得书刊资源。包括纸质书刊、电子书刊、数据库资源。

---

① 吴建中．21 世纪图书馆新论．上海：上海科学 文献出版社，2003：143

（2）业务工作的统一管理。如书刊资源采集、图书分类、编目加工整理服务等。

（3）读者活动。包括参与并分享总馆组织的一部分读者活动。如：征文比赛、读书演讲、联欢、讲座等。

（4）参考咨询服务。

（5）业务辅导。包括文献流通、馆际互借服务和利用计算机网络获取资源的技术和基本维护的辅导。

在以上诸项延伸服务中，最普遍、最受益的当属书刊流动服务。因为上级图书馆不管是采用分馆形式还是流通点、流动服务形式，送到书屋的书总是要定期不定期轮换着，使得书屋这部分书刊资料一直处于动态更新中，增强藏书的实用性，也增强书屋的活力。

3. 影响农家书屋在延伸服务中受惠的因素有哪些?

农家书屋了解以往图书馆延伸服务存在的不足，有助于"知己知彼"，便于对上级图书馆开展延伸服务的管理模式、服务方式、服务手段、文献信息资源可获得性和易得性及书屋如何配合提出具体合理的请求。

反之，图书馆对农家书屋延伸服务亦应如此——双方都必须建立在相互了解的基础上互动。

影响农家书屋在图书馆延伸服务中受惠的因素主要有以下3方面：

（1）管理体制的影响

其一，分灶吃饭的影响。当前省、市、县、街道或乡镇图书馆分别由与之相适应的各级政府设立，各级图书馆之间没有直接的行政隶属关系，图书馆之间或者上下级图书馆之间，一般只是协作协调或者业务辅导关系，没有总馆分馆概念。这种"分灶吃饭"的管理模式缺乏总馆对分馆的各项协调功能。其二，多头管理的影响。多头管理服务使得农家书屋疲于应对却又缺乏具体的指导，使得农家书屋难以切实受益。

（2）县级图书馆服务能力不足

由于众所周知的原因，直接面对广大乡村的公共图书馆"低端口"——县级图书馆，相当部分处于馆舍破、藏书旧、人员素质差、读者少的"空壳图书馆"或"植物人"生存状态，"硬件"、"软件"不足，难以开展延伸服务。

（3）互动不足使得延伸服务流于形式

其一，开展延伸服务的图书馆对乡村千差万别的需求了解不够，虽然走出了馆门，但服务缺主动性，引导作用很弱，表现在：

①投入流通的文献资源类型单一；②服务方式单一，缺乏主动性；③文献内容缺乏针对性、实用性；④贴近生产、贴近生活的信息缺乏系列化，农民不敢要。

案例：跟随科技卫生文化下乡服务的图书馆志愿者如是说："下乡几天感觉图书馆摊位最冷清，科技服务队、医疗卫生队、文艺演出队、艺术扶贫队、书店摊位则问诊、科技咨询、技术示范、辅导选书购书的群众络绎不绝。"这种感言反映出图书馆延伸服务的能动性不足。

其二，农家书屋、乡村图书馆管理员对现代图书馆功能了解不够，难以代乡亲们表达具体的诉求。

其三，当图书馆送的书刊远远不能满足日益增长的农民信息需求时，长期缺乏图书馆服务的农民更难表达出需求意识。

《国家"十一五"时期文化发展纲要》中提出图书馆要服务方式创新，"县（市）图书馆逐步实行总馆分馆制，丰富藏量，形成统一采购、统一编目的图书配送体系，充分发挥县图书馆对乡镇、村图书室的辐射作用，促进县、乡图书文献共享"的表述，就是倡导在县、乡镇、村范围内实行一体化垂直管理模式，它对于辐射前些年几乎是空白的乡镇村图书馆建设来说极具指导意义。

4. 图书馆延伸服务的模式主要有哪几种，它们之间关系如何？

图书馆延伸服务的模式主要有 3 种。

(1)传统图书馆延伸服务模式。包括选择设立分馆、流通点、流动服务等模式。

(2)数字图书馆延伸服务模式。这种模式如当前的文化共享工程的服务模式。文化共享工程依托各级图书馆和社区、乡镇、村文化活动站(室),建立和完善以省级中心、市县分中心、社区和乡镇、村基层服务点为主体的四级服务体系,以卫星网、互联网、有线电视/数字电视网、镜像、移动存储、光盘等传送资源方式,实现文化信息资源在全国范围内共建共享。

(3)传统图书馆分馆与共享工程的乡村服务网点复合模式。即纸质书刊与电子资源并存于书屋,传统借阅服务与网络、数字资源服务"一站式"的复合形态。

不管是传统的总馆分馆、流通点、流动服务,还是数字图书馆延伸服务,或是复合模式延伸之间的关系,实际上是性质一样、关系一体的。各种载体信息资源作用是相互补充的。也就是说,农家书屋作为分馆、流通点的同时,也肯定是共享工程乡村服务网点。

由于国内公共图书馆事业发展不平衡,农家书屋分享图书馆延伸服务的时间有先有,参与分享的模式不尽相同,分享资源的丰歉也存在差异,但了解图书馆延伸服务的基本方式是很有必要的。

5. 农家书屋如何参与流通点服务管理?

总馆分馆制一般实行由中心图书馆负责管理所有下属各级图书馆的一体化垂直管理模式。在计算机网络支持下,在同一总馆管理的分馆、流通点读者借还图书、参考咨询更方便了。在这里,书屋管理员必须了解的是分馆、流通点主要职责。

(1)分馆设备设施配备

①一般来说,至少要有50平方米以上的阅览室,有阅览桌椅、书架等基本设施;②有专职或兼职的管理员;③装载传送数字资源可以选择以下几种模式:电视机＋DVD机、移动播放器＋投影仪(或大屏幕电视机)、互联网＋计算机终端、互联网＋计算机终端＋移动播放

器＋投影仪（或大屏幕电视机）。

（2）业务

①接收总馆配送图书、轮换图书的相关交接手续；

②图书流通服务；

③宣传发动本村读者办借阅卡，利用总馆资源；

④协助开展读者咨询；

⑤收集到的地方文献可送总馆编目、加工；

⑥维护书刊和设备；

⑦组织参与总馆的读者活动；

⑧收集并反馈读者需求。

（3）物流支持

可由总馆统一安排。

（4）其他

如果总馆分馆间实现了图书自动化网络管理，可以接收数字资源，书屋管理员还应具体承担以下的服务：

①利用计算机终端远程登录到总馆系统进行借书、还书，还可以利用终端一次检索整个总馆和各分馆的书目和馆藏信息，开展馆际互借。

②利用网络、电脑（或移动播放器）、投影仪（或大屏幕电视机）分享总馆的电子书刊阅读、视频资源播放等服务。

6. 流动图书馆有哪些基本特征，怎样运营？

基本特征："流动图书馆"仅从名称字面上看可能产生两种理解。一是在基层有阵地、有基本设备、有书刊、人员等要素基础上，上级图书馆给予流动性的文献资源补充。二是仅凭运载工具（机动车、人力车、马驮、骆驼背）装载的有限的书刊开展"流动书库"服务。作者将前者界定为"流动图书馆"。因为，前者有阵地、有空间、有存储知识与扩散知识的条件，具有图书馆的基本职能和社会职能。近几年政府、国内外慈善机构开展的面向贫困地区图书馆的援助，很多就采用"流动图书馆"模式。

　　分馆怎么运营？让我们先来看一下广东省流动图书馆的运作。广东省 2003 年启动流动图书馆建设，采用政府拨付购书资费，省图书馆负责具体管理，依托物流传递的模式，向经济欠发达地区图书馆输送图书，周期性地在各馆间流动。"广东流动图书馆建设的目的并不是简单地送书下乡，期望的是能有效地解决欠发达地区图书馆文献资源短缺的突出困难，并能促进各地方政府对公共图书馆的重视和投入，抛砖引玉。"①"至 2009 年 4 月，广东图书馆流动分馆（县级）增至 66 个，各分馆已在基层建立了流动图书室。累计接待读者超过 1725 万人次，阅览册次近 3270 万，外借册次超 165 万，咨询简述超过 24 万。"②为了促进分馆建设保证正常运转，总馆为流动图书馆设置了"准入条件"如下：

　　（1）每年市（区、县）图书馆单列专项购书费达到五万元以上；

　　（2）在馆工作人员达 8 人以上；

　　（3）提供 120 平方米的阅览室作为分馆使用；

　　（4）具备上网条件；

　　（5）与广东流动图书馆分馆相适应的馆容馆貌；

　　（6）承诺每周至少五个晚上开放至九点钟。③

　　在这里，并不是说农家书屋分享流动图书服务都需要具备这样的"准入"条件，但起码的场所设施、经费、专兼职人员等基本要素还是要有的。

7. 流通点有哪些基本特征，怎样运营？

　　基本特征：流通点指有固定的服务场所；配有专（兼）职管理人

员;可定期得到总馆轮换书刊;与延伸服务单位的业务关系相对单一。

流通点怎么运营? 流通点是延伸服务的又一种类型。它在规模上,设施配备要求方面都比较灵活。开展延伸服务的图书馆一般会遵循实用、效益原则,"成熟一家,发展一家",相比较而言,流通点的方式较为适合现阶段的许多农家书屋采用。

宁波市对乡村图书馆流通点延伸服务中,要求"乡村图书馆面积 50 平方米,藏书 2000 册以上,有专兼职管理人员,每周最少开放三天,每年政府对图书馆投入 3000 元以上,有完善的借阅制度等建立条件,以保障延伸服务切实可用"①

8. 流动服务有哪些基本特征,怎样开展?

基本特征:流动服务即为巡回书库,指用某种交通工具作为"流动书库",如汽车图书馆,马背上的图书馆,骆驼图书馆等,定期或不定期地为馆外的读者送书上门,或在资源匮乏、交通不便的边远地区设图书流动站,为当地读者提供图书借阅服务。由于流动服务具有独特的节约、灵活、快捷、方便、主动等特点,在一定程度上弥补了边远地区图书馆覆盖率不高的缺陷,成为大中型图书馆延伸服务中经常采用的方式。

流动服务怎么运营?

(1)定期到乡村居民点、到乡村中小学校、到乡村墟日上开展图书借阅,电子资源播放、拷贝。

(2)利用展板开展流动展览服务。

(3)编印发放推介书目、宣传资料,开展咨询服务。

(4)值得一提的是在数字资源服务方面,近年文化共享工程实施中给乡镇村配置了"移动播放器 + 投影仪"等设备,一台像 DVD

---

① 刘燕,谭龙敏．宁波农村流动图书馆建设情况调研．图书馆建设,2008 (3)

那样体积的移动播放器,内置硬盘可存储200G以上资源(可容纳上百部视频资源,数万册电子书刊),相当于一个小型电子图书室。一些共享工程乡镇服务点携带移动播放器、投影仪,到农贸集市,到乡村校园,到庙会,到乡村戏场等地方开展流动服务,他们播放节目,帮助群众登记、拷贝资源,很受乡亲们的欢迎。

图 12-1　闽北乡村基层服务点到集市墟场上流动播放视频资源服务

9. 书屋分享延伸服务的印刷型书刊有何特点,怎么配合?

农家书屋可与当地的县图书馆、市图书馆甚至省图书馆联系,申请作他们的分馆或流通点,相信图书馆会很乐意接受的。当然,前提是书屋要有场所、基本的书刊、专兼职人员等"准入"条件。一般来说,书屋分享延伸服务的印刷性书刊有以下特点。

(1)周期性流动。也就是说,上级图书馆投放到书屋借阅的图书要进行周期性流动,虽然说这部分图书财产权不在某一书屋,但图书"流动"意味着经常在更新,其作用有效地补充了固定馆藏量不足的缺陷。

(2)图书已分编过。延伸服务送往基层的图书均是已分编过的,有特定的排架号,管理员只需根据当时与延伸服务的上级图书馆的协议要求排好架位即可。

(3)有条件的地方,图书馆与书屋之间实现了通借通还。有的书屋可以得到总馆配给的装有图书馆业务管理系统的端口,联上互联网,读者用借阅卡一刷,所有的借阅信息都记录到总馆的管理系统中,此时书屋管理员就省却了"做好借阅记录"这一环节。并且总馆还可以通过给终端装视频摄像头,用QQ很方便地与书屋进行"面对面"的交流、咨询。

书屋管理员要配合做好以下工作:

(1)做好借阅记录。这是图书馆文献流通服务的基本要求,记录图书借阅的目的:一是清楚图书的去向,二是据此反映某一书的被利用状况。

(2)收集读者反馈。面对需求千差万别的基层乡村送书服务,图书馆越来越在意阅读效果反馈。书屋管理员有责任反馈本村读者用书的意见,譬如,某省流动图书馆原定半年为周期为分馆更换图书;但有的分馆读者反映要延长周期,否则许多书来不及看;有的请求分期流动,即适合本村读者长期需求的,延长在馆周期。又比如,哪些类型书刊本村读者很需要补充,哪些书在这里有点"滞"了等。这些反馈意见对于开展延伸服务的图书馆来说都是非常宝贵的,它们是图书馆调整、改善延伸服务的重要依据。

10. 书屋怎样接收延伸服务的电子书刊数据库?

一般来说,书屋接通了互联网,配置有电脑,就可以分享延伸服务的电子书刊数据库,但在使用中要注意以下特点:

(1)一般要在线利用。因为电子书刊数据库市场化程度很高,图书馆只会去购买使用权。在签订购买服务协议时已被数据库商限定了诸如使用的群体范围、下载的限量等,所以一般只能在线利用,即便下载到自己的电脑里,也受着数据库的商业性制约,有的书刊一段时间后可能打不开而无法阅读。

(2)一般需要账号、密码。这一点好办。与提供电子书刊延伸服务的图书馆签订使用协议书即可获得账号、密码,按照图书馆提供的网址,上网登录账号、密码就可以阅读全文(如图12-2)。

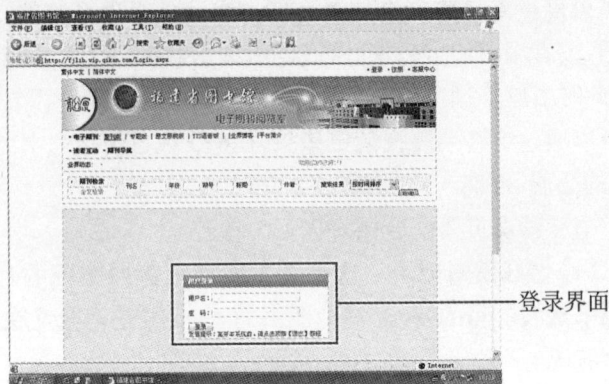

————登录界面

图12-2　福建省图书馆网站上的"龙源期刊"库登录页面

(3)书屋分享的电子书刊一般经过选择。如国家图书馆向全国基层农村服务网点传送的电子图书基本是医疗保健类、种养殖类的。

11. 书屋如何有效接收文化共享工程的免费资源?

农家书屋接收来自文化共享工程国家中心和国家图书馆、省级图书馆向基层乡村提供的免费使用的数字资源主要有4条途径。

(1)互联网直接访问。已接通互联网的书屋,可直接访问文化信息资源共享工程网站(http://www.ndcnc.gov.cn)、各省级分中心网站、当地市县级支中心网站。

(2)用移动播放器装载播放。如本书第五章第8题阐述的用移动播放器到上级图书馆装载更新资源的服务模式。

(3)接受上级配送的光盘。

(4)合作共享。合作共享就是倡导"因地制宜",多渠道、多模式地推动普及的方式。以福建省为例,目前书屋可分享到的有以下模式:

①依托农村党员干部现代远程教育,实现文化共享工程全省

"村村通"。

依据中共福建省委组织部与中国电信福建公司签约的农村党员干部现代远程教育项目建设协议,福建文化共享工程的资源已成功搭载在福建农村党员现代远程教育网络平台上,以 IPTV 方式实现了全省"村村通"(图 12-3)。

"适用技术"
页面

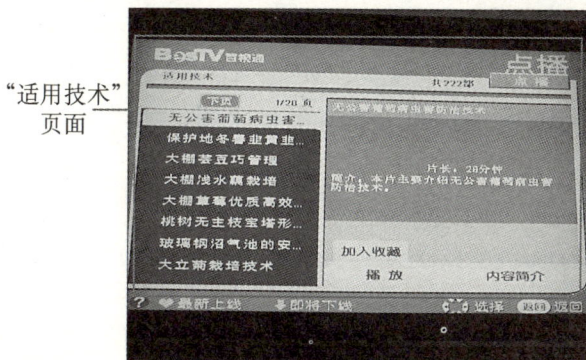

图 12-3　福建"村村通"IPTV"适用技术"页面

②依托政府电子化政务工程推动农村资源共享

"数字武夷"是政务福建的组成部分。文化共享工程福建分中心、国家图书馆与数字武夷中心接通了政务网,顺畅地发送视频资源,开放 16 万册电子图书、1 万册电子期刊 IP 访问权限,赠送 1000 个能访问 4 万册电子图书的账户,协助成功开创了"中国农民网络图书馆"。武夷山村民在已经全覆盖该市所有乡村的村信息站(农家书屋)里都可以阅读(如图 12-4)。

③依托农村信息化工程整合共享

为了扩大共享工程受众面,闽中山区古田县图书馆(支中心)文化信息资源共享平台直接嵌入古田县农村社会服务联动中心主办的"福建古田·中国食用菌之都门户网站·翠屏湖在线",借助该县农村信息化工程覆盖几乎 100% 的村庄,乡村人们更方便分享文化共享工程的资源。

中国农民网络图书馆

电子书刊点击阅读版块

图 12-4　中国农民网络图书馆

（http://www. wuyishan. gov. cn/nmtsg/）

文化共享工程资源

图 12-5　"翠屏湖在线"网站上的文化共享工程资源版块

（http://wh. cph. com. cn/）

　　以上几条接收资源的途径并不是相互排斥、非此即彼的，而是并存互补，让乡村居民更多渠道、更方便地分享信息资源。

　　文化共享工程实施中，通过省、市县、乡镇文化事业网络和电子通信网络把数字资源服务送到广大乡村是一种理想的设计模式，实际存在的差距也是不争的事实。2009 年，为协助各省做好县级支中心和乡镇基层服务点建设，文化共享工程国家中心制作了县级版（分南方、北方两版）和乡镇版（分南方、北方两版）初装资源母盘下发各省。其中视频文件 2500 多个，时长 1500 小时，每天 4 小时播放,可不重复播放一年。这些资源已经装到各县级图书馆和部分乡镇网点的服务器中,配有移动播放器的农家书屋可以就近去选择装载。其资源内容主要有:

- 电影欣赏:主要包括农村题材、综合题材等。
- 建设新农村:主要包括农业种植、农业养殖、农民工务工培训、农村政策法规等内容。
- 医疗保健:包括生活中的医疗保健常识和传统中医按摩等内容。如《及早发现脑中风》《简易中医按摩与自我保健——头痛、头重》等。
- 关爱未成年人:包括动画片、儿童电视节目、主题班会等内容。如《中华勤学故事》。
- 戏曲荟萃:包括京剧、昆曲、评剧、黄梅戏、豫剧、河北梆子、曲剧、采茶戏、二人转、赣剧、桂剧、花鼓戏、晋剧、锡剧、湘剧等。
- 欢乐曲艺:包括北方鼓曲、北京琴书、单弦、京韵大鼓、梅花大鼓、评弹、铁片大鼓、西河大鼓、乐亭大鼓、天津时调、河南坠子、相声小品等。
- 综艺晚会:包括非物质文化遗产展演、少数民族汇演、历届春晚等内容。
- 名家讲坛:包括百家讲坛的热播讲座和图书馆系统的经典讲座。讲座的内容涉及历史、文学、科学、音乐、美术、教育、健康和热点话题。
- 文化专题片:包括非物质文化遗产、传世国宝、古代名人圣贤、民族风采、民俗大观、文房之宝、博物馆镇馆之宝等系列。
- 国家图书馆资源主要包括电子图书、讲座、展览。一部分安装在服务器,一部分安装在 PC 机上。

随着信息技术的广泛应用,今后文化共享工程还会推出更多样的服务方式,让农村群众更便捷地分享服务。

相比较而言,各省级图书馆(共享工程省级分中心)提供的数字资源更具地方特色。例如:北京——北京记忆,河北——杂技,安徽——徽派建筑、历史文化名城,山西——走进山西,吉林——东北抗日联军斗争史,上海——上图讲座,湖北——荆风楚俗,广西——广西游记,四川——绵竹年画,陕西——特色数据库群,新疆——新疆少数民族表演艺术资源库,丰富多彩、图文声像并茂的众多数字资源不仅保存地方文化遗产资料,广泛传递优秀民族民间文化,也是老百姓所喜闻乐见的内容之一。希望乡村人们有机会登陆国家与各省的文化信息网站(见附录2:各省文化信息网址)欣赏。

12. 怎样分享各地文化信息网的特色资源?

"文化信息网"是这些年各地重视抢救保护中华民族优良传统文化、优秀文化遗产而纷纷建立的,可谓精彩纷呈、丰赡多姿、魅力无穷。

如果说农民群众阅读书刊资料含有为生产、为生活的现实性需要,具有功利性的目的,那么,阅读欣赏国家级和各省级大中型文化信息网站上的图文声像并茂的特色文化资源,对于群众文化休闲、开阔视野、增长知识,陶冶情操,了解优秀的民族民间文化,是很不错的选择。以下我们以欣赏传统的年画、民间工艺,听讲座,查寻家族谱牒为例。

例1:年画资源库欣赏

你想欣赏传统年俗的重要表现形式之一——年画,可以登陆国家图书馆网站上的"年画资源库",这是个多媒体库。具体查阅方法如下:

(1)点击国家图书馆(http://www.nlc.gov.cn)。进入主页上的"华夏记忆"栏目,在二级页面的本馆特色资源库中选择"年画撷英",进入检索界面。或点击文化共享工程网站(http://www.ndcnc.gov.cn/)主页上的"国家图书馆资源导航板块"(图12-6),进入国家图书馆数字资源走进文化共享工程页面(图12-7)

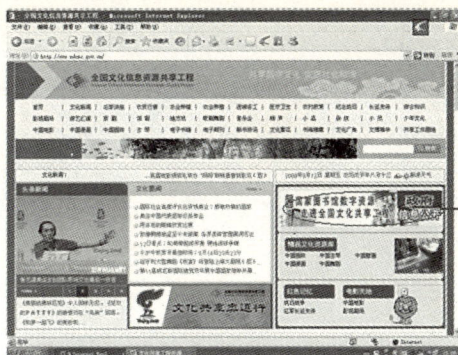

图 12-6 在文化共享工程网站上的国家图书馆数字资源链接

图 12-7 国家图书馆数字资源走进文化共享工程页面

（2）检索想欣赏的资源。检索的途径很多，常用的有名称检索、关键词检索、分类法检索三种方法。从农民朋友对年画的感情、对年画的功用了解的程度，最可能被采用的是第二种——关键词检索法。以下逐个演示：

第一种方法，名称检索。前提是你应知道某一年画的名称或年画制作者的名称才能选择（如图 12-8）。这种方法称之为"特性检索"。

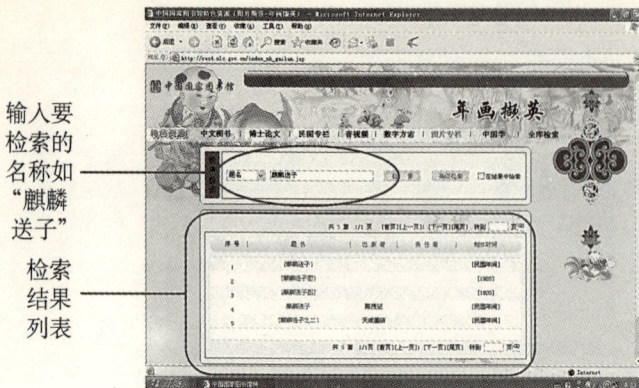

输入要
检索的
名称如
"麒麟
送子"

检索
结果
列表

图 12-8 年画名称检索界面

第二种方法,关键词检索。即输入能较准确表达你想查的某一内容的关键词。实际上,"年画"内容的关键词多是世世代代老百姓所熟悉的,如用于避邪的"门神",祈福招财的如"福、禄、寿",祈祥保平安的如"吉、瑞、麒麟"等词汇,检索结果很好(如图 12-9年画关键词检索画面)。

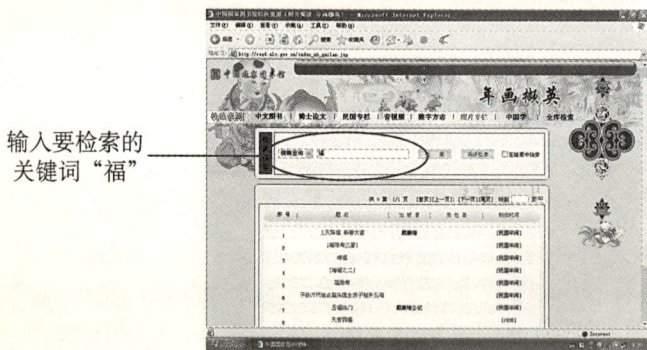

输入要检索的
关键词"福"

图 12-9 用"福"关键词检索出的界面

在返回的结果中选择你想看的某幅年画(如图 12-10)。其故事般的内容介绍(如图 12-11)和精美的画面(如图 12-12)让你流连忘返。

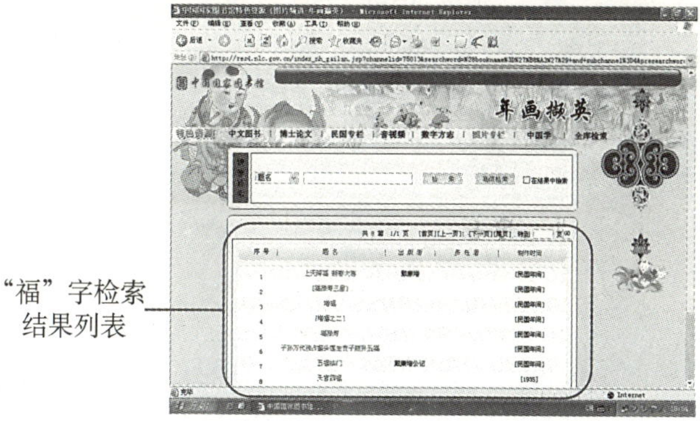

"福"字检索
结果列表

图 12-10　年画检索结果列表

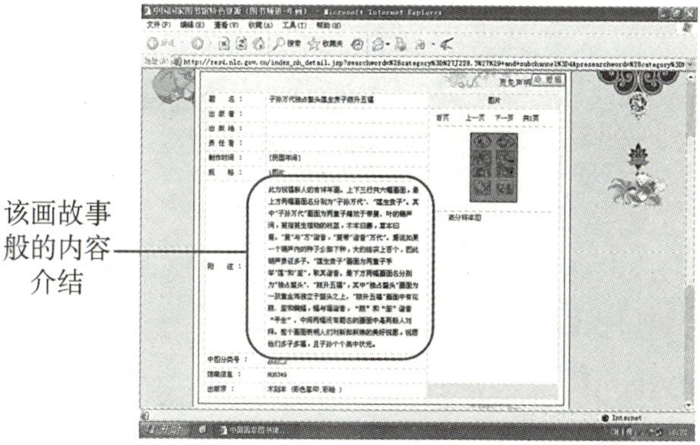

该画故事
般的内容
介结

图 12-11　被检索出年画的元数据(标签)界面

　　第三种方法,分类检索。即输入《中图法》分类号"J228.3"(年画在中图法中的分类号码),点击"检索"。其结果是年画资源库中所有归入"J228.3"类号的年画目录全部展现在你眼前(如图 12-13),而后你进行逐条选择、点击具体观看。这种方法称之为"族性检索"。

图 12-12　被检索出的精美的年画画面《子孙万代独占鳌头莲生贵子瓶升五福》

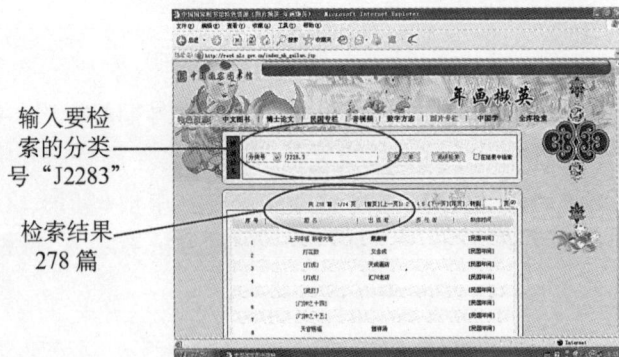

输入要检
索的分类
号"J2283"

检索结果
278 篇

图 12-13　年画分类检索界面

例2:陕西文化信息网上"安塞腰鼓"欣赏

这是个多媒体库。具体查阅方法如下:

第一步,登录到陕西文化信息网(http://www.snwh.gov.cn)(图12-14),选择"非物质文化遗产专题数据库"点击进入(图12-15),伴随陕北高原刚劲激昂,浑厚庄重,铿锵有力的鼓点声,风姿多彩的"陕西非物质文化遗产"映入眼帘(图12-16)。

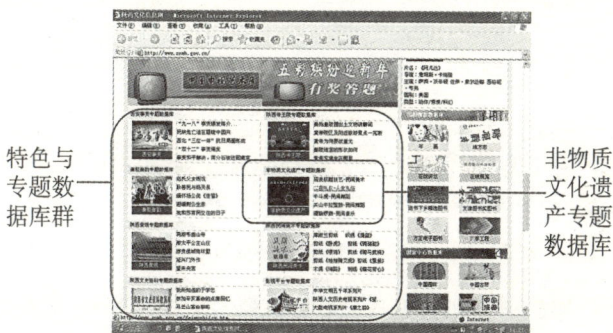

图 12-14　陕西文化信息网上"特色与专题数据库群"的"非物质文化遗产专题数据库"

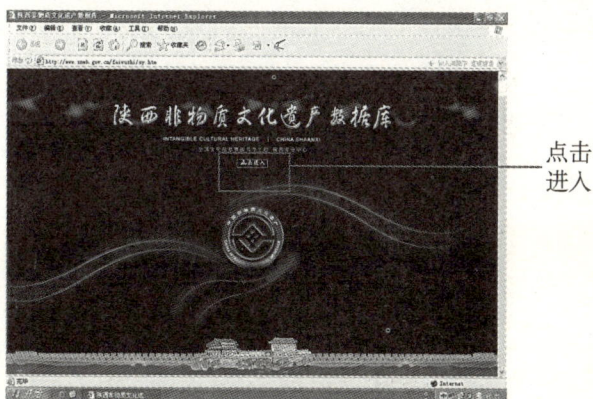

图 12-15　点击进入"非物质文化遗产专题数据库"

第二步,选择点击要观看欣赏的项目内容。如"安塞腰鼓"(图 12-16)项目。

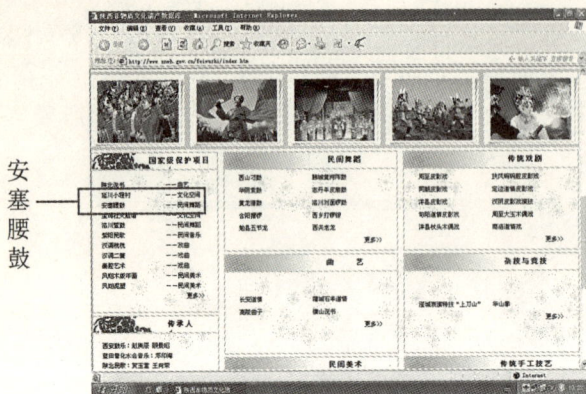

图 12-16　陕西非物质文化遗产项目页面

第三步,你已可以浏览有关"安塞腰鼓"的历史渊源、主要价值、传承状况等文字介绍(图 12-17),并可以自由地欣赏"原生态的"彪悍豪放、气势磅礴、威猛刚烈、舞姿优美、流畅飘逸的"安塞腰鼓"视频节目(图 12-18)。

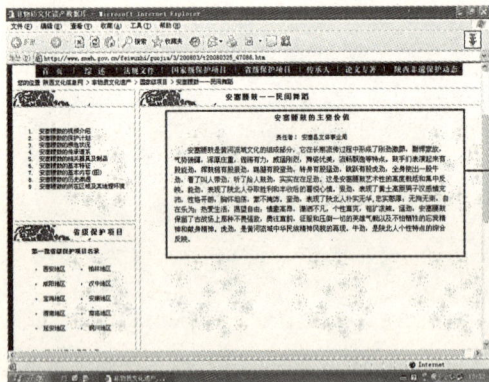

图 12-17　安塞腰鼓的主要价值文字介绍

图 12-18　安塞腰鼓视频资料

例3：利用家（族）谱牒资源库查寻祖先信息

背景：华夏民族安土重迁，不忘祖先，不忘乡土是民众深深情结，土地、家园更是中国农民赖以生存的基础。然而，人多地少、土地贫瘠、战火、天灾等历史、地理、政治原因，又使得人口移动迁徙频繁。著名的电视剧《闯关东》讲的就是三百年数千万名山东人向关外移动求生存求发展的坎坷；《走西口》诉说的是延续数百年山西人走西口的血泪与坚忍，悲凉与艰辛；而东南的福建、广东也是历史上中原移民播迁地，乃至之后的下南洋向海外再播迁……大量的移民都有着共同的特点——不忘自己的祖先、自己的家园、自己的"根"。当国家兴盛，民众安康时，人们心灵深处的寻找"祖先"、"寻根"意识就会得到释放。即便在美国这样的发达的移民国家，民众寻根热也一点不逊色，美国建有专门的"祖先网站"为人们"寻根"提供平台。美国各级公共图书馆多购有这样的数据库为社区居民提供服务。如今，中国乡村大规模城镇化，农民兄弟想改变生活，希望往城市迁都无可厚非，但人没有"根"的意识如同无"魂"。况且，他还是家族间的天然纽带、网络，不可随意弃之的。寻找祖先的渠道很多，譬如可以从家族世代口口相传故事中得到，可以在本家祠堂的谱牒上追寻。

如今,数字化与网络也为追寻更上辈的祖先增添了一条不受时空限制渠道。我国的一些大型档案馆、图书馆正陆续将收集的谱牒编制成书目或进行全文数字化转换,制作成谱牒数据库送上网站提供民众寻根服务。利用家(族)谱牒的网络资源库寻找祖先信息具体操作如下:

　　第一步,你在追溯大致的方向基础上,选择登录访问某大型图书馆、档案馆建设的家族谱联合目录。例如登录到历史上移民大省的福建,进入福建省图书馆网站(http://www.fjlib.net)。

　　第二步,进入该网站主页后选择"数据库"栏目,打开后来到"地方文献专题数据库"中"福建家谱联合目录"和"馆藏家谱提要数据库",值得一提的是后者,这是福建省图书馆为广泛征集、积累数十年的馆藏家谱编制的提要数据库,它为寻根问祖的人们提供了想了解基本的、必备的信息。例如某一谱牒最重要的信息——谱主、姓氏来源、家族迁徙过程、入闽始祖、家族名人和社会名流、历代播迁移民情况等均有重点揭示,书屋管理员可向乡亲们推介这样一种寻根渠道(如图12-19、图12-20)。

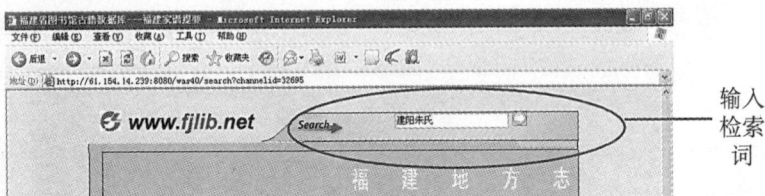

图 12-19　福建省图书馆谱牒提要数据库检索界面
(http://61.154.14.239:8080/was40/search? channelid = 32695)

例4:观看讲座资源

　　中央电视台推出"百家讲坛"节目,聘请专家学者用平实生动的语言与公众面对面讲述,把那些老百姓认为高深、高雅的"学问"进行平民化的阐述,浓厚的语境产生了很强的现场感染力,深受公众喜爱。讲座服务也成为这几年图书馆开展延伸服务的热点,图书馆通过讲座活动与社会各界建立了广泛联系,集聚了各学科专家学者利用图书馆阵地与读者传递知识、交流知识,吸引了更多公众参与互动交流。这些讲座多与讲演者签订了视频转播协议,刻录成光盘、送上网,讲座资源同样也成为农民朋友们乐意接受的获取知识方式。讲座资源获取方法有 3 种:

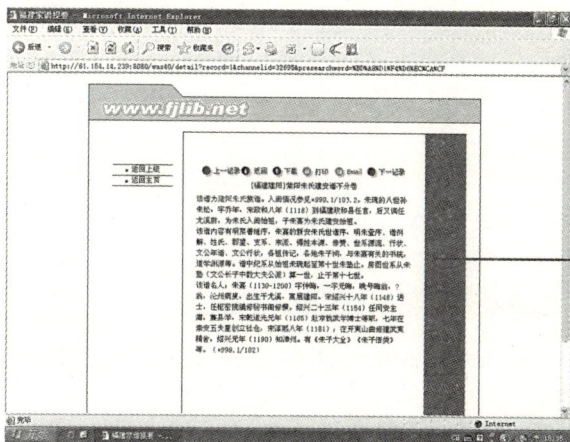

图 12-20 被检索出的建阳朱氏族谱数据界面

（http://61.154.14.239:8080/was40/detail? record = 1&channelid = 32695 &presearchword = % BD% A8% D1% F4% D6% EC% CA% CF）

第一种,向上级图书馆申请发放讲座视频的光盘。

第二种,申请将讲座资源装入书屋的移动播放器带回。

第三种,通过互联网登录到共享工程网站或各大型公共图书馆网站上免费在线观看或下载播放。国家数字图书馆走进共享工程的"在线讲座"栏目下,就有许多讲座视频节目提供（http://vod2. nlc. gov. cn/）。

"在线讲座"栏目下点击右下方"more（更多）"就有许多列表方式的节目单供选择。（参见图 12-21、图 12-22、图 12-23。）

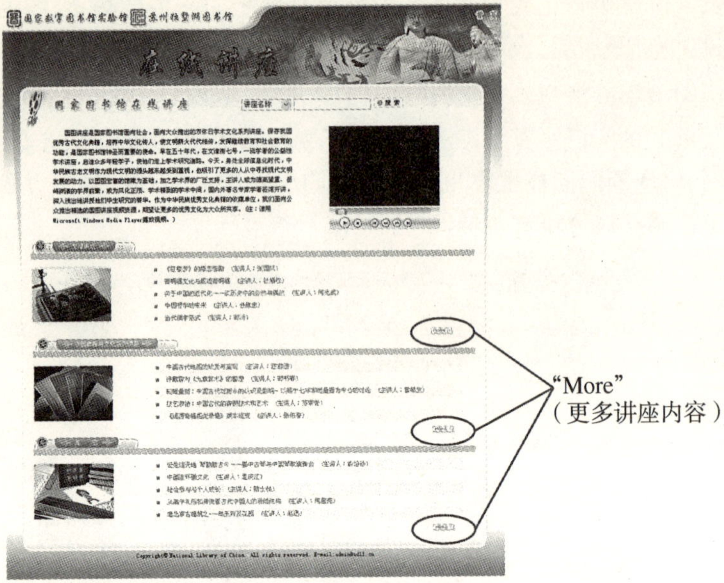

"More"
（更多讲座内容）

图 12-21　国家数字图书馆走进共享工程的"在线讲座"栏目页

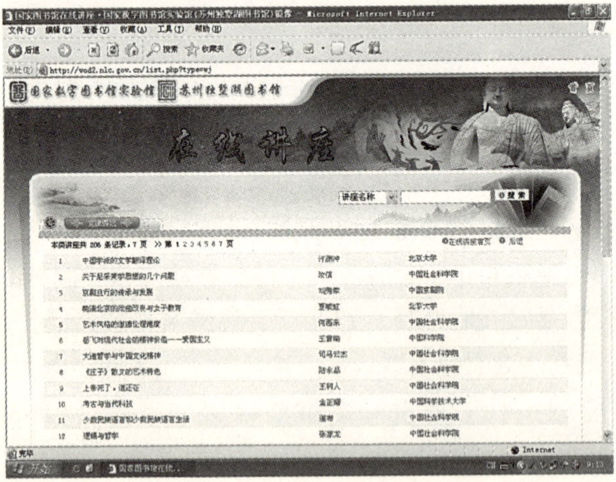

图 12-22　"在线讲座"节目单列表

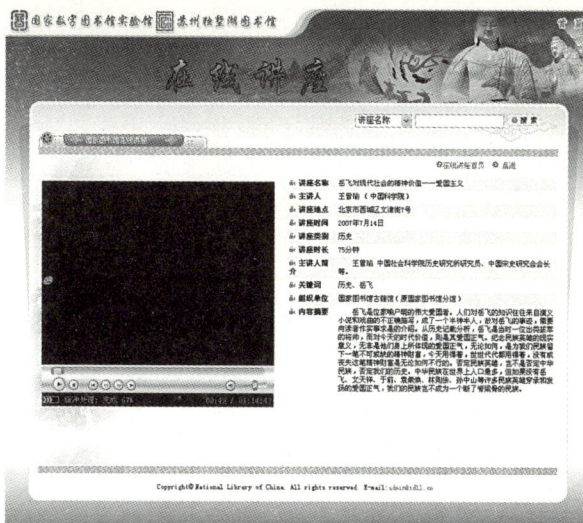

图 12-23　讲座"岳飞对现代社会的精神价值——爱国
主义"视频讲座元数据界面

以上介绍的特色文化资源只是众多文化信息网站上的沧海一粟,更多的要靠管理员去选择去推介给乡亲们分享。

13. 农家书屋可分享哪些图书馆培训服务?

农家书屋可分享图书馆提供的免费培训主要如下:

(1)基础业务培训。包括文献资源采集、分类、编目、流通知识,业务规章制度的制定等知识的培训。

(2)技术培训。包括简单的书刊修补、装订操作技能;文献加工(贴条形码、书标)排架、图书典藏保护(防蛀、防尘、防晒、防湿)等基础知识,以及计算机操作技术技能,如何获取网络信息资源等。

(3)阅读推广辅导培训。包括利用图书馆知识、查找文献信息的方法,培育阅读兴趣,提高信息素养等。

培训服务可以要求图书馆专业人员到现场操作指导,必要时也可以派人到上级图书馆学习。

14. 书屋可分享图书馆哪些类型的书目延伸服务？

书屋可分享图书馆书目编制的延伸服务主要有两种方式。一种是传统的文献目录编制服务（包括编制分类排架号）；另一种是围绕某一主题内容而编制专题书目。

多年来，县图书馆为农村图书室开展的各项延伸服务中，最基础的就是帮助编制包括分类排架号在内的书目数据和图书排架号。这里强调的是，为了避免书屋图书分类排架号制作混乱，影响图书有效利用，书屋管理员应请求上级派来的编目员做好两个重要环节的工作：

第一，帮助制定（修订）本书屋分类使用本，保障书屋类分图书和排架的延续性、稳定性。

第二，请县图书馆专业人员帮助理顺图书排架号。即控制与修正社会各方援助时制作的分类排架号繁简不一、重号等令人头疼的现象。

关于第二种方式——编制专题书目，作者在第八章第6题专题信息资源组织中叙述过专题书目编制方法与实例。围绕乡村某一专题知识需求开展专题书目编制服务，对于农户逐渐走合作经营之路，加强应对市场风险，有着针对性强、系列化程度高、服务面相对集中的需求适用性；对参与抢救保护民族民间文化遗产专题知识服务来说，这些都是图书馆的分内工作，责无旁贷。书屋管理员亦应根据农户发展经营需求，根据乡村文化资源挖掘整理的要求，充分利用图书馆延伸服务的机会，提请上级图书馆帮助组织专题信息资源、编制专题书目。

15. 书屋怎样请求定制服务和推送服务？

定制服务和推送服务实际上是建立在"需求引导"的基础上的专门信息服务。

定制服务，即图书馆根据受众请求，组织相应的信息资源提供服务的方式。其特点是互动性高、针对性强、目的明确。农家书屋应主动与上级图书馆沟通,反馈村民知识需求状况、文化生活喜好、对文献资源类型的适应性(纸质书报刊或声像型、电子型文献),对服务方式的要求等信息,以便图书馆根据乡亲们的需求组织资源。例如:受村庄文化传统影响,福建长乐村民在文化娱乐资源方面大部分喜欢闽剧,而闽北一些村庄却喜欢京剧。闽北政和县图书馆给乡村流通点送书前,多会征求服务对象的意见进行配置,提高书刊流动服务实效。

推送服务,即图书馆为满足用户对某一专题信息系列化需求而采用的跟踪服务方式。其特点是系列化、延续性。请求推送服务主要有两种方式:

一种是图书馆事先征求意见,根据书屋的反馈选择一批相关的书刊资源配送出,让村民面对面的二次选择,图书馆在选择中不断优化资源配送;另一种是利用网络推送技术为用户提供(技术性较强不在此细述,欢迎书屋向上级图书馆提出诉求)。

随着农民生产、生活、文化需求的日益增长,随着农民朋友利用图书馆意识的提高,订制服务与推送服务需求将会越来越多,书屋应积极配合开展村民需求调查,适时向上级图书馆提出请求。在双方互动中,提高图书馆延伸服务的社会效益,让农民朋友更多受益。

附　录

附录1：中国图书馆分类法(第四版)简表

类号	类名
A	**马克思主义、列宁主义、毛泽东思想、邓小平理论**
A1	马克思、恩格斯著作
A2	列宁著作
A3	斯大林著作
A4	毛泽东著作
A49	邓小平著作
A5	马克思、恩格斯、列宁、斯大林、毛泽东、邓小平著作汇编
A7	马克思、恩格斯、列宁、斯大林、毛泽东、邓小平生平和传记
A8	马克思主义、列宁主义、毛泽东思想、邓小平理论的学习和研究
B	**哲学、宗教**
B0	哲学理论
B1	世界哲学
B2	中国哲学
B3	亚洲哲学
B4	非洲哲学
B5	欧洲哲学
B6	大洋洲哲学
B7	美洲哲学
B80	思维科学
B81	逻辑学(论理学)
B82	伦理学(道德哲学)
B83	美学
B84	心理学
B9	宗教
C	**社会科学总论**
C0	社会科学理论与方法论
C1	社会科学现状及发展
C2	社会科学机构、团体、会议
C3	社会科学研究方法
C4	社会科学教育与普及
C5	社会科学丛书、文集、连续性出版物
C6	社会科学参考工具书
[C7]	社会科学文献检索工具书
C8	统计学
C91	社会学
C92	人口学
C93	管理学
[C94]	系统科学
C95	民族学

C96	人才学	F49	信息产业经济（总论）
C97	劳动科学	F5	交通运输经济
		F59	旅游经济
D	**政治、法律**	F6	邮电经济
D0	政治理论	F7	贸易经济
D1	国际共产主义运动	F8	财政、金融
D2	中国共产党		
D33/37	各国共产党	**G**	**文化、科学、教育、体育**
D4	工人、农民、青年、妇女运动与组织	G0	文化理论
		G1	世界各国文化与文化事业
D5	世界政治	G2	信息与知识传播
D6	中国政治	G3	科学、科学研究
D73/77	各国政治	G4	教育
D8	外交、国际关系	G8	体育
D9	法律		
		H	**语言、文字**
E	**军事**	H0	语言学
E0	军事理论	H1	汉语
E1	世界军事	H2	中国少数民族语言
E2	中国军事	H3	常用外国语
E3/7	各国军事	H4	汉藏语系
E8	战略学、战役学、战术学	H5	阿尔泰语系
E9	军事技术	H61	南亚语系
E99	军事地形学、军事地理学	H62	南印语系
		H63	南岛语系
F	**经济**	H64	东北亚诸语言
F0	经济学	H65	高加索语系
F1	世界各国经济概况、经济史、经济地理	H66	乌拉尔语系
		H67	闪－含语系
F2	经济计划与管理	H7	印欧语系
F3	农业经济	H81	非洲诸语言
F4	工业经济	H83	美洲诸语言

H84	大洋洲诸语言	K81	传记
H9	国际辅助语	K85	文物考古
		K89	风俗习惯
I	**文学**	K9	地理
I0	文学理论		
I1	世界文学	**N**	**自然科学总论**
I2	中国文学	N0	自然科学理论与方法论
I3/7	各国文学	N1	自然科学现状及发展
		N2	自然科学机构、团体、会议
J	**艺术**	N3	自然科学研究方法
J0	艺术理论	N4	自然科学教育与普及
J1	世界各国艺术概况	N5	自然科学丛书、文集、连续出
J2	绘画		版物
J29	书法、篆刻	N6	自然科学参考工具书
J3	雕塑	［N7］	自然科学文献检索工具
J4	摄影艺术	N8	自然科学调查、考察
J5	工艺美术	N91	自然研究、自然历史
［J59］	建筑艺术	N93	非线性科学
J6	音乐	N94	系统科学
J7	舞蹈	［N99］	情报学、情报工作
J8	戏剧艺术		
J9	电影、电视艺术	**O**	**数理科学和化学**
		O1	数学
K	**历史、地理**	O3	力学
K0	史学理论	O4	物理学
K1	世界史	O6	化学
K2	中国史	O7	晶体学
K3	亚洲史		
K4	非洲史	**P**	**天文学、地球科学**
K5	欧洲史	P1	天文学
K6	大洋洲史	P2	测绘学
K7	美洲史	P3	地球物理学

P4	大气科学(气象学)	R74	神经病学与精神病学
P5	地质学	R75	皮肤病学与性病学
P7	海洋学	R76	耳鼻咽喉科学
P9	自然地理学	R77	眼科学
		R78	口腔科学
Q	**生物科学**	R79	外国民族医学
Q1	普通生物学	R8	特种医学
Q2	细胞生物学	R9	药学
Q3	遗传学		
Q4	生理学	**S**	**农业科学**
Q5	生物化学	S1	农业基础科学
Q6	生物物理学	S2	农业工程
Q7	分子生物学	S3	农学(农艺学)
Q81	生物工程学(生物技术)	S4	植物保护
[Q89]	环境生物学	S5	农作物
Q91	古生物学	S6	园艺
Q93	微生物学	S7	林业
Q94	植物学	S8	畜牧业、动物医学、狩猎、蚕、蜂
Q95	动物学		
Q96	昆虫学	S9	水产、渔业
Q98	人类学		
		T	**工业技术**
R	**医药、卫生**	TB	一般工业技术
R1	预防医学、卫生学	TD	矿业工程
R2	中国医学	TE	石油、天然气工业
R3	基础医学	TF	冶金工业
R4	临床医学	TG	金属学与金属工艺
R5	内科学	TH	机械、仪表工业
R6	外科学	TJ	武器工业
R71	妇产科学	TK	能源与动力工程
R72	儿科学	TL	原子能技术
R73	肿瘤学	TM	电工技术

TN	无线电电子学、电信技术	**X**	**环境科学、安全科学**
TP	自动化技术、计算机技术	X1	环境科学基础理论
TQ	化学工业	X2	社会与环境
TS	轻工业、手工业	X3	环境保护管理
TU	建筑科学	X4	灾害及其防治
TV	水利工程	X5	环境污染及其防治
		X7	废物处理与综合利用
U	**交通运输**	X8	环境质量评价与环境监测
U1	综合运输	X9	安全科学
U2	铁路运输		
U4	公路运输	**Z**	**综合性图书**
U6	水路运输	Z1	丛书
[U8]	航空运输	Z2	百科全书、类书
		Z3	辞典
V	**航空、航天**	Z4	论文集、全集、选集、杂著
V1	航空、航天技术的研究与探索	Z5	年鉴、年刊
V2	航空	Z6	期刊、连续性出版物
V4	航天(宇宙航行)	Z8	图书目录、文摘、索引
[V7]	航空、航天医学		

附录2：部分省市文化信息网网址

北京记忆 http://www. bjmem. com/bjm/

广东数字文化网 http://www. gddcn. gov. cn/

贵州数字文化网 http://www. gzndc. cn/

海南文化共享 http://gxgc. hilib. com:8088/libportal/main/

海西文化信息网 http://www. fjwh. net/

河北文化信息资源共享中心 http://www. dhbc. net/libportal/dhbc/

河南文化网 http://www. hawh. cn/Template/home/index. html

黑龙江文化信息网 http://www. ljwhxx. cn/

湖北数字文化网 http://hbgxgc. library. hb. cn/

湖南文化信息网 http://www. culture. hn. cn/

吉林省文化信息网 http://jlwh. jllib. com/

江苏文化共享工程 http://www. jsgxgc. org. cn/

江西文化信息网 http://www. jxwh. gov. cn/

辽宁文化信息网 http://www. lnwh. gov. cn/

内蒙古文化信息网 http://www. nmgcnt. com/

南宁文化信息网 http://www. nncin. com/

南宁文化信息网 http://www. nncin. com/index. asp

青海民族文化网 http://www. qhwh. gov. cn/

全国文化信息资源共享工程 www. ndcnc. gov. cn

全国文化信息资源共享工程广西中心 http://gxwh. gxlib. org. cn/

泉州记忆－闽南文化生态保护区 http://www. mnwhstq. com/was40/
　　tsg-index. jsp

三晋文化信息网 http://www. sxcnt. com

山东数字文化网 http://www. wenhua. sd. cn/webaction. do

陕西文化信息网 http://www. snwh. gov. cn/

上海数字文化网 http://whgx. library. sh. cn/

四川文化信息网 http://www. sccnt. gov. cn/

天津文化信息网 http://www. tjwh. gov. cn/

西藏文化网 http://www. tibetculture. net/

西域文化网 http://www. xiyuren. com/index. html

云南文化信息资源网 http://ndcnc. ynlib. cn/

浙江数字文化网 http://www. zjcnt. com/

中华文化信息网 http://www. ccnt. com. cn

附录3：农家书屋书刊借阅规则

一、农家书屋图书、报纸、期刊、音像制品等出版物全部实行开架借阅，在书屋内读者可自行取阅，阅毕放在阅览桌上。

二、外借图书、报纸、期刊、音像制品等出版物，凭本书屋借书证，办理外借登记手续后，方可带出室外。

三、报纸、工具书只供书屋内阅读，一般不外借。有特殊需要的，凭借书证办理借阅登记手续，外借时间不超过3天。

四、借阅图书、期刊、音像制品每次限借2册（盘、盒），每次借阅时限不超过15天。

五、借出的图书、报纸、期刊、音像制品要按期归还。如需续借，应按规定重新办理借阅登记手续。

六、自觉爱惜图书、报纸、期刊、音像制品等出版物，不得折页、勾画圈点、撕割，如有遗失、损坏，按原价1至3倍赔偿。

参考：贵州省新闻出版局·贵州省农家书屋借阅制度. http://www.zgnjsw. gov. cn/management/glzd/index. html

附录 4：农家书屋文明公约（供参考）

一、"农家书屋"服务对象为书屋所属行政村（乡、镇）的所有村民。

二、"农家书屋"遵循全心全意为农村群众服务的宗旨，通过图书、报纸、期刊、音像制品等出版物的借阅（代销售）等活动，为读者提供"借得到、买得起、看得懂、用得上"的出版物，为建设新农村提供精神动力、智力支持。

三、凡按规定办理了借书证的村民，可凭借书证在本书屋借书。

四、"农家书屋"每周开放时间不得少于 21 小时，具体开放时间在书屋明显处向村民公告。

五、严禁非法、违禁出版物的入藏和流通。

六、共同维护公共秩序，保持书屋安静，勿大声喧哗。

七、爱护环境卫生，保持书屋整洁，不随地吐痰，乱扔杂物，严禁吸烟。

八、管理员要主动告知村民还书时间，保证按时归还。同时要求村民不要弄脏、弄破图书，不要在书上涂写乱画；保管好图书不要丢失；如果丢失或损坏要作适当赔偿；如上次借书尚未归还，则不能再借新书。读者应予配合。

以上文明公约希望书屋管理员、全体村民和外来读者共同遵守。

参考：贵州省农家书屋读者须知

附录5：农家书屋（文化共享工程村级服务网点）电子阅览用户须知 （供参考）

为规范农家书屋电子阅览的管理，特制定以下用户须知：

第一条　用户进入电子阅览室须凭个人身份证等相关有效证件登记。入室后须服从工作人员的安排，在工作人员指定的机位上机。上机过程中如需换机，须经工作人员同意。

第二条　用户上机须遵守国务院《互联网上网服务营业场所管理条例》和文化部《关于加强公共图书馆电子阅览室管理的通知》等相关制度。

第三条　用户须爱护电脑设备和其他公共设施，如有损坏，照价赔偿。

第四条　为维护阅览环境与秩序，不得在室内吸烟、吐痰、大声喧哗及饮食，违者按有关规定处罚。

第五条　为保护网络系统不受病毒侵害，谢绝用户自带光盘、U盘等自有存储设备上机使用。如故意对网络系统造成损坏者，将视情节轻重移交相关部门进行处理。

第六条　如有需要复制文件或相关文本信息者，请与工作人员联系。

第七条　用户不得利用农家书屋、文化共享工程各服务点的设备和场所，制作、传播含有色情、赌博、暴力、愚昧、迷信等不健康内容的电脑游戏和信息。

第八条　用户不得有从事危害网络安全和信息安全的行为。

第九条　用户不得利用互联网上网制作、复制、查阅、发布、传播含有下列内容的信息：

（一）反对宪法所确定的基本原则的；

（二）危害国家安全、泄漏国家秘密、颠覆国家政权，破坏国家统一的；

（三）损害民族尊严、国家荣誉和利益的；

（四）煽动民族仇恨、民族歧视，破坏民族团结的；

（五）破坏国家宗教政策，宣传邪教和愚昧迷信的；

（六）散布谣言，扰乱社会秩序，破坏社会稳定的；

（七）散布淫秽、色情、赌博、暴力、凶杀、恐怖或者教唆犯罪的；

（八）侮辱或者诽谤他人，侵害他人合法权益的；

（九）法律、行政法规禁止的其他内容。

第十条　本规定未涉及的有关事项，按照国家和本省有关主管部门制定的法律法规和管理制度执行。

附录 6：书刊遗失损坏赔偿办法（供参考）

农家书屋的书刊是免费提供村民阅读的公共物品，欢迎村民利用。但人为造成书刊遗失、损坏的应赔偿。经村民大会讨论表决通过，农家书屋书刊遗失损坏赔偿办法如下：

一、建议遗失损坏书刊者买一本同样的书、刊（光盘）作赔偿，由管理员给新买的书进行加工补缺。

二、丢失者可以请求管理员帮助代购，丢失者按实际购到的书价付款。如果管理员无法买到，读者不能强求。

三、市场上已买不到的书刊，按遗失、损坏书、刊（光盘）价格的3—5 倍赔偿。

四、凡在图书、期刊、光盘上涂改、撕页、剪裁者一律按遗失损坏赔偿。

附录7：《农家书屋分类法使用本》范例（供参考）

适用范围：凡正式入藏本书屋的图书（包括正式出版物和非正式出版物）；资料（包括各种宣传小册子等）；声像资料。

1. 使用分类法的文本

本书屋采用《中国图书馆分类法（第四版）》（简表）类分图书，并作为图书排架用的分类号。

鉴于"六分法"文字表达直观、简单，宜用于向农民朋友宣传推介图书。

2. 类分图书的详简程度

采用《中图法》"简表"截取一书的分类号见表1

表1　用《中图法》详表与简表类分同一图书的结果对照

书名	详表类号（类名）	归类级别	简表类号（类名）	归类级别
《合同的履行、变更、转让与终止》	D923.65（合同法）	6	D9（法律）	2
活着/余华著（小说）	I247.57（中国现代长篇社会伦理小说）	6	I2（中国文学）或I24（中国小说）	2 3
小镇喧嚣：一个乡镇政治运作的演绎与阐释	D67（中国地方政治）	3	D6（中国政治）	2

3. 关于使用分类法复分表进行辅助区分

本书屋藏书不多，不用分类法复分表进行辅助区分

4. 同类图书的个别化区分方法

本农家书屋采用"种次号"排列同类书。在具体分类工作中采用种次号记录卡，其式样如表2所示。每用一个种次号，就在相应号码的空格中打上"√"注记，打过"√"的不得再使用。其样式如下：

表 2　种次号卡及被使用的样例

类号：I2　　　　　　　　　　类名：中国文学

01	√	11	√	21		31		41		51		61		71		81		91	
02	√	12	√	22		32		42		52		62		72		82		92	
03	√	13	√	23		33		43		53		63		73		83		93	
04	√	14	√	24		34		44		54		64		74		84		94	
05	√	15	√	25		35		45		55		65		75		85		95	
06	√	16	√	26		36		46		56		66		76		86		96	
07	√	17	√	27		37		47		57		67		77		87		97	
08	√	18		28		38		48		58		68		78		88		98	
09	√	19		29		39		49		59		69		79		89		99	
10	√	20		30		40		50		60		70		80		90		00	

注：表 2 表示，I2 中国文学在本书屋已用掉 17 个号，即已有 17 种同类图书。

5. 关于同一种图书的多卷册个别化区分

一种图书由多个卷册组成一种（部、套）的，如多卷书或丛书。当他们集中分类并给种次号后，该多卷书、丛书的各不同册（次）之间还得进行卷册号的再区分。例如某一版本"水浒传/（明）施耐庵著（上、中、下三册本）"，取号为 I24/5，该书上册即 I24/5/1；中册即 I24/5/2；下册即 I24/5/3。

6. 种次号使用中应注意的问题

（1）关于"种"的规定问题。一书的多种版本（原本、不同注释本、修订本、不同译本等）可以分别编制种次号。例如花城出版社出的《水浒传》取号为 I24/5，而《水浒传》（少年版）可另取种次号，如 I24/9 等等。

（2）种次号记录卡的保管。种次号卡是分类给号的重要"票据"和依据，应当专门保管，勿随意放置、丢失或毁坏。根据分类的需要还须随时增补。

7. 多卷书、丛书的归类方法

(1)多卷书：入藏本书屋的多卷书遵循整套集中给同一个分类号的原则。(见上述第5点的《水浒传的例子》。)

(2)丛书：入藏本书屋的丛书一般采用分散标引的方式。即，给某一套丛书的每一种单行本按其论述内容的学科属性归入到相应的类目。例如福建教育出版社出版的《小学图书角丛书》，收有10辑100种适合少年儿童阅读的思想教育、史地、文学、科技知识、手工制作等内容，宜为每一种书分别归类。

8. 光盘等声像资料的归类方法

如同图书归类。

后 记

"请您将自己的科研成果进行转化——将理想变为现实! 农村太穷,农民太苦!"这是 2008 年元月,福建省社会主义学院副院长、福建省人大常委会委员、台盟中央委员、台盟福建省委副主委、福建省全民终身教育促进会副理事长兼秘书长陈宜安教授给我的新年短信祝辞,也是宜安教授得知我正参加北京大学王子舟教授主持的国家社会科学基金重点项目"05ATQ002 弱势群体的知识援助与图书馆新制度建设"课题研究后的深情嘱托。几乎同时,我接到国家图书馆出版社金丽萍老师的电话,征求我是否愿意撰写《农家书屋实用手册》这样一本普及性读物,并告诉了我专家教授与出版社对这本书的策划、意图与期望。"不好写"这是金老师当时打的"招呼"。以上的外因加上"我能为农村、为农民做点什么"的情愫,交汇成我当时的决心:好的,我试试,但要给我点时间。当然,也倚仗着自己几十年来的知青、农村小学教师和长期基层调研辅导的经历与体验的"底气"来应承。实际上,当通过了写作纲要,正式落笔写作时,却发现与农民朋友话语交流的表达方式存在差距。两年多来,三易其稿。但在这过程中,也引发我提出了更多的话题,"逼迫"我更勤勉地用脚、用心、用各种方式更进一步贴近农村,贴近乡村人们的生产生活;促使我更关注政府部门、社会向三农送什么资源,怎么送;激发我更积极地去推介辅导,去参与交流,去学习,去发现问题,试图用更多的实证来阐述"怎么做"的形而下表达;也"驱使"我更注重形而上的理论学习。

"三易其稿"是挑战,是磨砺,更是收获。我得到导师王子舟教授的悉心指导,得到出版社老师的委婉纠偏,受到过农民朋友直率的批评,倾听到农民朋友诚恳的建议与具体的诉求,得到像福建古田县农村社会服务联动中心等涉农部门的支持,得到像永定县图书馆陈大富馆长、龙岩红坊镇文化站张水荣站长、寿宁县农民图书馆创办者刘石江以及仙游县杉尾村"大村民"严明训先生等的真诚回应与配合,让我一次又一次切身感受蕴涵在底层的伟大的创造力。在深表感谢的同时,我也深刻意识到,大家都在尽自己的一份社会责任,用出版社老师的话说,"我们都是在做份内的事"。确实,一本小册子扛不起什么大旗,但我们都在践行着以人为本,面向基层,惠及农民群众,推动学习型乡村建设的公共服务职责。本着这种心态,我的心是平静的,我们的合作是愉快的。

受福建省文化厅和省图书馆委派,我参加了全省公共文化服务部分项目的评估与督导工作,使自己有接触基层更多群体的机会,我格外珍惜之。

我还要感谢为本书作大量的电子文档处理的同事黄应瑞。这位毕业于厦门大学物理学专业的农家子弟,以对农村农民的诚挚情感,一遍又一遍地帮我修改、选择图例案例,花费掉他大量的晚间与双休日时间。当我为此深表谢意时,他却说,"这是一件很有意义的事,我也从中感受并学到了知识。"我的丈夫谢水顺同志仍以他自己的方式默默地支持着我,有时甚至让我唏嘘。

搁笔之际,正值窗外春雨潇潇。潇潇的春雨正引领着我们迎来又一个公共文化服务的春天。因而,本手册的出版发行并不意味着作者就此停下继续探索实践如何更有效地为农村、为农民公共知识信息服务的脚步。作者期待读者的批评指正。

方允璋谨识
2010 年春节于福建省图书馆